suhrkamp taschenbuch 2016

*Mutter Courage und ihre Kinder* ist Brechts vermutlich erfolgreichstes, mit Sicherheit aber folgenreichstes Stück. Mit seiner Berliner Inszenierung von 1949 trat das epische Theater endgültig aus der Phase der Theorie und Programmatik in die der szenischen Erprobung und Realisierung ein. Dabei wurden Maßstäbe gesetzt, die in der Erarbeitung des »Courage-Modells« und in der Verfilmung der Modellaufführung des Berliner Ensembles gleichsam kanonischen Rang erhielten. So wichtig Stück und Inszenierung damit für die Nachkriegs-Rezeption wurden, so stark haben sie die vom Stücke-Schreiber befürchtete »Einschüchterung durch Klassizität« bewirkt: Theater und Literaturwissenschaft sahen sich durch Brechts eigene Lösungen und Deutungen festgelegt. Diesem teilweise berechtigten Eindruck und seiner Folge, einem gewissen Überdruß, ist weder mit Belehrung noch mit Polemik zu begegnen, wohl aber mit mehr Information.

Der neue Materialienband – der Zusammenstellung verpflichtet, die Werner Hecht zuerst 1964 als Band 50 der edition suhrkamp vorgelegt und in elf folgenden Auflagen erweitert und ergänzt hat – beruht auf einer neuerlichen Sichtung der Quellen. Die meisten der von Hecht ausgewählten Brecht-Texte sind auch hier wieder abgedruckt. Außerdem wurde aufgenommen, was in verschiedenen anderen Publikationen veröffentlicht ist, bislang jedoch nur dem zur Verfügung stand, der Zugang zu allen Editionen hatte: so insbesondere Äußerungen in den Modellbüchern, im ›Arbeitsjournal‹, in den Briefen. Aus den Manuskripten im Bertolt-Brecht-Archiv wurde eine größere Zahl neuer Texte ausgewählt und nach den Originalvorlagen wiedergegeben, vor allem sehr aufschlußreiche Varianten aus der Erstfassung des Stücks von 1939. Eine Auswahl exemplarischer Kritiken der Züricher Uraufführung (1941) und der Berliner Erstaufführung (1949), der Abdruck einiger wesentlicher Analysen sowie Bilddokumente zu den Modellinszenierungen im Deutschen Theater Berlin 1949 und in den Münchner Kammerspielen 1950 komplettieren den von Klaus-Detlef Müller herausgegebenen Band.

# Brechts
# »Mutter Courage und ihre Kinder«

*Herausgegeben von Klaus-Detlef Müller*

suhrkamp taschenbuch materialien

Suhrkamp

Foto: Ruth Berlau

suhrkamp taschenbuch 2016
Erste Auflage 1982
© Suhrkamp Verlag Frankfurt am Main 1982
Suhrkamp Taschenbuch Verlag
Alle Rechte vorbehalten, insbesondere das des öffentlichen Vortrags,
der Übertragung
durch Rundfunk und Fernsehen
sowie der Übersetzung, auch einzelner Teile.
Satz: Georg Wagner, Nördlingen
Druck: Ebner Ulm
Printed in Germany
Umschlag nach Entwürfen von
Willy Fleckhaus und Rolf Staudt

# Inhalt

# Abkürzungsverzeichnis

wa   Bertolt Brecht. Gesammelte Werke in 20 Bänden. werkausgabe edition suhrkamp. Frankfurt/Main 1967.

AJ   Bertolt Brecht. Arbeitsjournal. 2 Bände. Hrsg. v. Werner Hecht. Frankfurt/Main 1973.

B    Bertolt Brecht. Briefe. Herausgegeben und kommentiert von Günter Gläser. Frankfurt/Main 1981.

BBA  Bertolt-Brecht-Archiv.
     Angegeben ist jeweils die Archivmappe und nach dem Schrägstrich die Blatt-Nummer.

Olsson   Bertolt Brecht. Mutter Courage und ihre Kinder. Historisch-kritische Ausgabe. Hrsg. v. Jan Esper Olsson. Lund/Frankfurt/Main 1981.

# I. Voraussetzungen

## Entstehung und Beziehung zu Grimmelshausen

*Die genauen Umstände der Entstehung von ›Mutter Courage und ihre Kinder‹ sind ungeklärt. In einem Notizkalender von 1939 hat Brechts Mitarbeiterin Margarete Steffin quer über die Spalten des 27./28. September 1939 notiert: »Brecht hat Mutter Courage angefangen«, über die Spalten vom 29. Oktober bis 3. November 1939: »Courage fertig«. Offenbar handelt es sich um die nachträgliche Fixierung der ungefähren Arbeitsdaten. Im Zusammenhang mit der Kopenhagener Aufführung von 1953 hat Brecht jedoch mehrfach erwähnt, das Stück sei in Dänemark, »unter dem fünischen Strohdach«, d. h. in Svendborg, entstanden, das er am 23. April 1939 in Richtung Schweden verlassen hatte. Andererseits kann aber als sicher gelten, daß eine der wesentlichen Anregungen für die Gestalt der Courage von der schwedischen Schauspielerin Naima Wifstrand ausging, die Brecht im Sommer 1939, auf seinen Wunsch hin, die Ballade ›Lotta Svärd‹ des finnischen Nationaldichters Johan Ludvig Runeberg übersetzte. Das Stück entstand, als die Arbeit an dem in den letzten Wochen des dänischen Exils begonnenen ›Guten Menschen von Sezuan‹ ins Stocken geriet. Es darf jedoch unterstellt werden, daß Vorüberlegungen in die Svendborger Zeit zurückreichen. Genaueres ist nicht zu ermitteln, da das Stück weder im ›Arbeitsjournal‹ noch in den Briefen vor seiner Fertigstellung erwähnt ist.*

*Eine enge Beziehung zu den skandinavischen Exilländern, auf die Brecht rückblickend hinwies, ist unverkennbar. Mit Sorge betrachtete der Stückeschreiber die Bereitschaft seiner Gastländer, sich mit den Hitlerschen Eroberungsplänen zu arrangieren, in der Hoffnung, dabei Geschäfte zu machen. Er glossierte diese Haltung in den grotesken Einaktern ›Dansen‹ und ›Was kostet das Eisen?‹ (1939) und später wieder in den ›Flüchtlingsgesprächen‹ (1940) in kaum verschlüsselter Form. Auch ›Mutter Courage und ihre Kinder‹ ist in diesem Kontext eine Warnung vor dem geschäftstüchtigen Einverständnis mit dem bevorstehenden Krieg.*

*So wählte Brecht nicht von ungefähr zur Veranschaulichung seiner Warnung den Dreißigjährigen Krieg, der für die Geschichte*

Skandinaviens – insbesondere Schwedens – einen ähnlich hohen Stellenwert hat wie für die Geschichte Deutschlands.

Der Name der Hauptfigur ist von Grimmelshausen übernommen, aus der ›Lebensbeschreibung Der Ertzbetrügerin und Landstörtzerin Courasche‹ (1670) (schon Grimmelshausen verwendet alternativ die Schreibweise ›Courage‹). Die Bedeutung der barocken Anregung ist ebenso oft über- wie unterschätzt worden. Brecht sah in der Courasche offenbar vor allem eine volkstümliche literarische Figur aus der Zeit des Dreißigjährigen Krieges – von der Handlung des Grimmelshausenschen Romans hat er direkt nichts übernommen. Allerdings gibt es eine Reihe indirekter Übereinstimmungen.

Wie Mutter Courage ist auch die Courasche von den Kriegsereignissen fasziniert: sie begibt sich planvoll und zielbewußt in das Kriegsgeschehen. Ihr Antrieb ist eine als männlich verstandene (im Sinne des religiösen Ordnungsdenkens widernatürliche) Rauflust und – wie bei Brecht – Geldgier. Ihr Name ist eine erotische Anspielung: die Courasche hat sich in Männerkleidern unter das Kriegsvolk gemischt und ist bei einem Streit über die Ehre ihrer böhmischen Nation in eine Rauferei geraten, »unter welcher Arbeit mir mein Gegentheil mit der Hand in Schlitz wischte / mich bey dem jenigen Geschirr zu erdappen / das ich doch nicht hatte / welcher zwar vergebliche / doch Mörderische Griff mich viel mehr verdrosse / als wann er nicht leer abgangen wäre« (23)[1], weshalb sie ihren Gegner schändlich zurichtet. Von ihrem Rittmeister zur Rede gestellt, erklärt sie ihre Wut damit, »daß er mir nach der Courage gegriffen hat / wohin sonst noch keines Manns-Menschen Hände kommen seyn« (24). Der Name ist aber von Anfang an zweideutig, weil er zugleich die außergewöhnliche Beherztheit bezeichnet, die den Krieg zum Lebenselement der Courasche macht. Dabei verbinden sich das erotische und das kämpferische Motiv der Namensgebung im Zeichen der Geldgier. Sie versteht die Liebe als eine Möglichkeit, ihre »Wahr recht theur an Mann (zu) bringen« (33), wobei es ihr in ihren zahlreichen, wegen des Kriegsverlaufs immer nur kurzfristigen Ehen darum geht, die

---

[1] Grimmelshausenzitate nach der Courasche-Edition von Wolfgang Bender (Tübingen 1967) und nach der Edition des Simplicissimus Teutsch (ST) von Rolf Tarot (Tübingen 1967).

*Hosen anzuhaben, d. h. die Gewalt über den Besitz zu bewahren. Wenn Mutter Courage dem Feldprediger in ihrer Geschäftstüchtigkeit als eine ›Hyäne des Schlachtfelds‹ erscheint, so ist entsprechend die Courasche beim Plündern so tüchtig, daß Neider und Gönner in ihr den »Teufel selber« sehen (46). Beiden ist die Religion gleichgültig. Mit dem Verlust ihrer erotischen Anziehungskraft setzt bei der Courasche ein physischer und materieller Abstieg ein. Längere Zeit schlägt sie sich als erfolgreiche Marketenderin durch: diese Phase ist die für das Brechtsche Verständnis der Figur bestimmende. Gegen Ende des Krieges gerät sie unter die Marodeure und schließt sich den Zigeunern an.*

*In einer Beziehung unterscheiden sich die Courasche und Mutter Courage allerdings grundlegend: die Courasche ist keine Mutter, sie ist unfruchtbar und rühmt sich dessen (131): daß der Held von Grimmelshausens wichtigstem Roman, Simplicissimus, mit ihr ein Kind zu haben glaubt, ist das Zentralmoment der Erzählkonstellation. Die Courasche ist vor allem eine »Soldaten-Hur« (52): diese Momente ihrer Geschichte hat Brecht auf eine zweite Gestalt übertragen: auf die Lager-Hure Yvette Pottier. Anders als das der Yvette, die gleich ihr mit Syphilis geschlagen ist, verläuft das Leben der Courasche aber als ein wechselvoller, jedoch eindeutiger Abstieg. Sie ist, wie sich herausstellt, die Tochter eines Grafen, die am Ende unter den Zigeunern endgültig deklassiert ist, während Yvette schließlich einen Adeligen heiratet und als einzige Figur des Stücks im Krieg wirklich ihr Glück macht. Dennoch verweisen sowohl die Marketenderin als auch die Lager-Hure auf die Grimmelshausensche Figur.*

*Man wird allerdings kaum von einer Abhängigkeit sprechen können. Brechts Kenntnis des Barock-Autors war recht ungenau. In einer Sammlung von Notizen für den geplanten Tui-Roman findet sich die folgende Aufzeichnung:*

> Der Herzbruder im ›Simplicissimus‹ zeigt im Frieden die Tapferkeit und Schläue, die ihn im Krieg zu einem großen Soldaten gemacht haben, und wird als schlechter Kerl hingerichtet. (wa 19,464)

*Damit wird offenbar die Geschichte des Eilif irrtümlich in den Grimmelshausenschen Roman zurückprojiziert. Denn Hertzbruder stirbt hier an einem schleichenden Gift und ist durchaus kein ›großer Soldat‹. Die Reminiszenz könnte sich eher auf seinen Gegenspieler Olivier beziehen, der ein roher Krieger ist und am*

*Ende seines Lebens als Merode-Bruder (Marodeur) mit machia-*
*vellistischen Grundsätzen einen Privatkrieg zur eigenen Bereiche-*
*rung führt. Für ihn ist »ein resoluter Soldat / der sich darein*
*ergeben / sein Leben zu wagen / und gering zu achten / (. . .) ein*
*dummes Vieh.« (ST 336) Er hingegen »krieg(t) vor sich selbst«,*
*wird aber deshalb von den offiziellen Truppen gejagt und schließ-*
*lich getötet, obwohl er nichts anderes tut, als was die Praxis des*
*Krieges ist.*

*In der Expressionismus-Debatte hat Brecht sich – in der Entste-*
*hungszeit der ›Mutter Courage‹ – gelegentlich auf Grimmelshau-*
*sen als einen in seinem Verständnis realistischen Autor bezogen:*

> Der Ästhet mag zum Beispiel die Moral der Geschichte in die Vorgänge
> einsperren wollen und dem Dichter das Aussprechen von Urteilen
> verbieten. Aber der *Grimmelshausen* läßt sich das Moralisieren und
> Abstrahieren nicht verbieten. (wa 19,348)

> Man vergleiche diese Darstellung [der faschistischen Kriegsromane,
> KDM] mit der des Grimmelshausen im ›Simplizius Simplizissimus‹, wo
> der Krieg als soziale Erscheinung, als Bürgerkrieg aufgezeigt ist. (wa
> 19,367)

*In einer späten Äußerung nennt Brecht Grimmelshausen einen*
*»Klassiker in der Erzählung« (wa 19,503), von dem gelernt wer-*
*den könne.*

*Die ›Landstörtzerin Courasche‹ kann also zwar nicht als eine*
*Quelle für ›Mutter Courage und ihre Kinder‹ verstanden werden,*
*wohl aber als eine Anregung. Brecht benötigte für das Stück eine*
*Figur, die sich als volksnah gestalten ließ. Er orientierte sich dabei*
*zugleich an Grimmelshausen und an Runeberg, dessen Marketen-*
*derin Lotta Svärd zwar auf den finnisch-russischen Krieg 1808/09*
*zu beziehen ist, aber für die skandinavischen Literaturen eine*
*ähnliche Volksfigur ist wie die Courasche für die deutsche. An die*
*schwedische Schauspielerin Naima Wifstrand, die die Courage*
*spielen sollte (die Rolle der stummen Kattrin war Helene Weigel*
*zugedacht) schrieb er im März/April 1940, aus Finnland:*

> Und ich konnte ein volksstück schreiben, die COURAGE, mit dem
> Gedanken an Dich, sie ist Dir gewidmet, naima, ich denke, wir führen
> sie noch einmal auf, das und anderes. (Zit. Olsson 15).

# Johan Ludvig Runeberg
## Lotta Svärd

*(Aus: Runeberg: ›Fähnrich Stahl‹. Übers. v. Wolrad Eigenbrodt. Helsingfors/Berlin ²1942, S. 152-160.)*

Noch heute, wenn einer dann und wann
Am traulichen Abendherd
Trifft einen grauen Kriegsveteran,
Spricht er von Lotta Svärd.

Wie mürrisch auch saß der Alte zuvor,
Gleich faßt ihn Munterkeit,
Und um den zuckenden Schnauzbart macht
Behagliches Schmunzeln sich breit.

Er gedenkt, wie er oft nach der Schlacht Geras
Vom blutigen Siegesfeld
Ermattet kam und leerte sein Glas
In Lottas gebrechlichem Zelt.

Und fröhlich redet er wohl ein Wort
Von der Alten und lächelt soso.
Doch lachst du wieder, so knurrt er sofort,
Lachst du nicht warm und froh.

Denn sie war für das Heer in des Krieges Gefahr
Eine Perle echt und wert.
Ein wenig ward sie belächelt zwar,
Doch wahrlich mehr verehrt.

Und war sie schön und jugendzart?
Sie zählte zwanzig Jahr,
Als Gustav der Dritte König ward
Und sie im Lenze war.

Schon ehe der Edle in Finnland stritt,
War sie eines Kriegers Gemahl;
Als die Trommel erscholl und Svärd zog mit,
Folgt' sie dem dumpfen Schall.

Da war sie schön! Da fand man kein Kind
So wonnig an Mund und Gesicht,
Und mancher Krieger sah sich blind
An der braunen Äugelein Licht.

Doch ein Lenz ist flüchtig, die Blüte dorrt,
Ihr Lenz ging bald zu Tal;
Dreimaligen Wechsels schwand er fort,
Ein Drittel jedesmal.

Eins raubte des ersten Winters Qual,
Spät weichend und frühe gesandt;
Das zweite der erste Sommer stahl,
Es welkte sonnenverbrannt.

Das letzte Drittel, das noch stand hell,
Das hielt sie nicht sehr wert.
Sie ließ es ertrinken im Tränenquell,
Als er kämpfend gefallen, ihr Svärd.

Und als wieder der Kriegssturm brauste daher
Und bei uns sie wieder erschien, –
Sie erinnerte kaum ihres Lenzes sich mehr,
So lang schon war er dahin.

Doch schön noch, wenn auch auf andre Art,
War sie für des Kriegers Gemüt,
Und oft noch mit Preisen genannt sie ward,
Wie da sie am schönsten geblüht,

Ob jetzt auch waren Falten zu schaun,
Wo früher Lachen und Licht,
Und ihr Auge nicht mehr allein war braun,
Nein, braun ihr ganzes Gesicht.

Sie liebte den Krieg, was auch er beschert,
Glück, Unglück, Freuden und Müh,
Und die grauen Jungen, die hielt sie wert,
Und darum liebten wir sie.

Und den fürwahr sie nimmer vergaß,
Der mit Svärd bei der Fahne einst stand,
Nein, solchem maß sie volleres Maß;
Dafür war sie bekannt.

So folgte dem Heere sie treu und kühn,
Wohin auch ging sein Zug,
Und beim Schüssegeknatter und Kugelsprühn,
Da war sie nahe genug.

Denn der teuren Jungen stolzen Mut
Zu schauen, das liebte sie
Und meinte, wie nah sie auch stünde der Glut,
»Sie stünde nicht näher als die.«

Und ermattete einer in Feuer und Rauch
Und wurde verwundet vielleicht:
»Meine Bude muß stehen so nah doch auch,
Daß der Matte den Labtrunk erreicht.«

Und die Bude verriet, ringsum geziert
Mit Fetzen, Flick und Stich,
Daß manche Kugel bei ihr quartiert.
Der Kunden rühmte sie sich.

Hör freundlich nun zu, ein Geschichtchen vernimm,
Das letzte von ihr, das ich sah!
Der Tag bei Oravais endete schlimm,
Wir mußten zurück. Ach – ja!

Sie war mit, und wahrlich, es war kein Spass,
Bis den Schatz aus dem Kampf sie bekam,
Ihr Zelt, ihre Karre mit Kessel und Maß,
Und den Schimmel, spatig und lahm.

Wir rasteten. Lotta hantierte gemach,
Hielt Schank, wie sie immer gewohnt,
Doch das Zelt war geborgen, sie stand, wo als Dach
Hochwiegende Tanne thront.

Und wir wußten, voll Trauer trug sie das Herz,
Ihr Lächeln betrog uns nicht;
Und lächelnd litt sie der Tapfren Schmerz,
Doch naß war ihr braunes Gesicht.

Da kam zu ihr, wie sie dort so stand,
Ein Dragoner, ein junger Gesell.
Von Übermut glomm seiner Blicke Brand,
Seine Stimme klang spöttisch und gell:

»Schenk ein!« so schrie er, »vor keinem bang!
Heut abend halte ich frei.
Denn Silber hab' ich, da hörst du den Klang,
Und Freunde schaff ich herbei.«

Sie schoß einen zornigen Blick auf den Held:
»Es ist gut, jetzt kenne ich dich!
Für die Mutter, die arme, zogst du zu Feld,
Doch wie kämpftest du heute? Sprich!

»Du saßest im Zelte und klagtest weich,
Du seiest verwundet schwer.
Jetzt trägst du Rosen, da warst du bleich.
Wo ist deine Wunde? Zeig her!

»Sag nicht, daß die Mutter schon deckt der Sand,
Daß für sie du nicht zogst in den Streit –
Deine alte Mutter ist dieses Land,
Das hast du verraten heut.

»Und hättst du dein Ränzel von Schätzen geschwellt
Und ein Meer voll zu schöpfen davon,
Bei Gott, keinen Tropfen für all sein Geld
Je gäbe ich solchem Sohn!«

Sie stemmte geballt in die Seite die Hand,
Das war so der Alten Manier,
Und der reiche Prahler nicht gut mehr fand,
Sich nahe zu wagen ihr.

Doch ein wenig fern an des Weges Hang,
Da saß ein Jüngling allein.
Zu ihm hinüber ihr Blick oft sprang
Wie mildester Sternenschein.

Wohl sah man, trat man ihm nahe genug,
Wo er saß auf die Flinte gesenkt,
Daß er mühsam gefolgt dem eilenden Zug,
Daß sein Rock von Blute getränkt.

Auf ihn zu blicken ließ sie nicht ab,
So mütterlich warm und rein,
Als ob jegliches Glas, das den Kunden sie gab,
Für ihn nur sie schenkte ein.

Doch als er versank nur mehr und mehr
In der Trauer düstere Ruh,
Da wurde das Warten ihr zu schwer,
Da rief sie laut ihm zu:

»Komm her, ein Schluck ist immer noch da!« –
Die Stimme zitterte ihr –
»Ein Trunk, mein Junge, gibt Trost; ach ja,
Den braucht jetzt jeder hier.

»Du schämst dich? Laß nur! Ich weiß, mein Freund,
Daß Gold dein Ränzel nicht bläht.
Aus dem Waldhof zogst du hinaus in den Feind,
Da hast du kein Gold gemäht.

»Doch wo es Blut galt, Preis du gewannst,
Das sah ich auf Lappos Plan,
Und im Kampf um die Ruona-Brücke, da standst
Du zuvorderst; denkst du daran?

»Drum lockt dich ein Trunk, komm wohlgemut,
Sorg nicht, wer ihn zahlen soll!
Ein Gläslein hast du für Lappo zugut,
Für Ruona zwei hochvoll.

»Wenn mein tapferer, freundlicher Svärd noch heut
Hätt' können im Feuer stehn,
Und hätte dich bluten und doch im Streit
Zuvorderst wieder gesehn, –

»Dann stündest du jetzt ihm dicht gesellt
Wie ein Sohn bei dem Vater, fürwahr!
Und so wahr ich lebe, die ganze Welt
Sah nie ein edleres Paar!«

Da kam der Soldat, und sie füllt' ihm das Glas
Hochvoll, und als er es nahm,
Da fehlte nicht viel, daß er über das Maß
Zwei Tränen zubekam. –

Ja, seit ich sie sah, die Zeit liegt fern,
Doch vergessen kann ich sie nie.
Ich gedenke der Alten gar so gern;
Sie verdient, daß man denkt an sie.

Denn sie war für uns in des Krieges Gefahr
Eine Perle echt und wert;
Ein wenig ward sie belächelt zwar,
Doch wahrlich mehr verehrt.

# II. Die Fabel

Gemäß seiner Vorstellung, daß die Fabel ›die Seele des Dramas‹ ist, hat Brecht die Fabel von ›Mutter Courage und ihre Kinder‹ immer wieder erzählt, skizziert und in der Wiedergabe gegliedert. Es ging ihm in einer Vielzahl erhaltener Aufzeichnungen darum, die ›dramaturgische Kurve‹ zu verdeutlichen, ›Drehpunkte‹ des Geschehens sichtbar zu machen und durch ›Titel‹ für Szenen und Szenenteile die Bedeutung der Handlungsmomente episch zu fixieren. Die Fabelerzählung ist Teil der Theaterarbeit: Analyse und Gliederung der Vorgänge sind Voraussetzung und Bestandteil der szenischen Realisierung.

Zur Formulierung von Titeln, die – im weiteren Sinne verstanden – die eigentliche Praxis dieses Erzählens bezeichnet, hat Brecht notiert:

> »der titel muß die (augenscheinlichen oder verdeckten) gestischen gehalte der szenen für das arrangement fixieren und zwar so, daß die dialektik der vorgänge oder zustände eingesehen werden kann.«
>
> (BBA 487/04)

Aus der Fülle der vorliegenden Fabelerzählungen wurde eine frühe Aufzeichnung ausgewählt, die den dramaturgischen Ablauf besonders deutlich festhält. Es folgt ein Fragment, das insofern von Interesse ist, als Brecht hier (wie auch gelegentlich an anderen Stellen) die Courage als ›Niobe‹ bezeichnet. Er hat, im Rückblick auf die Uraufführung in Zürich, 1949 der bürgerlichen Presse vorgeworfen, sie habe das Stück als ›Niobetragödie‹ mißverstanden. Der Sache nach trifft das – mit gewissen Einschränkungen – zu, jedoch hat sich, so weit bisher bekannt, keiner der Kritiker an Niobe erinnert gefühlt. Offenbar hat Brecht eine frühe Selbstdeutung mit verändertem Gehalt polemisch umgekehrt.

# Dramaturgische Kurve

## 1

Betonung des Anfangscharakters der Szene. Professionelles Marketendertum der Courage und der neue Krieg als neues Unternehmen gewohnter Art. (Es beginnt und es geht weiter; es beginnt, indem es weitergeht.) Nötig: Auftrieb, Unternehmungslust, eine neue Zeit wird erwartet, neue Geschäfte kündigen sich an, zugleich neue Gefahren. Sie erhofft und fürchtet den Krieg. Sie will sich beteiligen, aber nur friedlich geschäftlich, nicht kriegerisch. Sie will ihre Familie erhalten durch den Krieg und im Krieg. Sie will der Armee dienen und sich vor ihr retten.

Zu den Kindern: Beim ersten Sohn fürchtet sie seine Kühnheit, zählt auf seine Klugheit. Beim zweiten Sohn fürchtet sie seine Dummheit und zählt auf seine Ehrlichkeit. Bei der Tochter fürchtet sie ihr Mitleid und zählt auf ihre Stummheit. Nur ihre Befürchtungen werden sich als berechtigt erweisen.

Sie erhofft sich Geschäfte, sie wird bankrott gehen.

Das Stück beginnt mit dem Auftreten (das heißt Warten) der Kriegsleute. Die große Unordnung Krieg beginnt mit der Ordnung, die große Desorganisation mit der Organisation.

Die friedliche Gegend und die Eisenmänner. Die Courage kommt zu viert, geht zu dritt.

## 2

Der Krieg als geschäftliches Idyll. Die Courage betrügt Bauersleute um einen Kapaun, ihr ältester Sohn raubt Bauersleuten Ochsen. Er gewinnt Ruhm und Gut, sie profitiert davon. Sie brandschatzt auch die Armee ein wenig. Die Gefahr für den Sohn wird realer.

## 3

Daß sie in Gefangenschaft gerät, braucht geschäftlich keinen Nachteil zu bringen. Anscheinend hatte sie nichts dagegen, daß der zweite Sohn als Zahlmeister zur Armee ging. Sie hält bei ihm nur Ehrlichkeit für nötig. Diese bringt ihn um. Wäre er mit der Armee nicht verbunden gewesen, wäre er nicht umgekommen. Ihr hartnäckiges Feilschen um ihren Wagen kostet dem Sohn den Hals. Ihre Tochter hält sie zurück von der Hurenlaufbahn (nur die stünde ihr im Krieg offen), welche der Pottier Glück bringen wird. Übrigens ist sie keine Antigone.

## 4

Die Courage erstickt ihre menschlichen Reaktionen (jede Art Aufruhr, Aufbegehren, Kritik) des Geschäftes wegen. Sie verspricht sich etwas von der Kapitulation.

## 5

Zu Zeiten überrennen menschliche Reaktionen die geschäftlichen Prinzipien doch. Der Sieg des Feldhauptmanns führt zu finanziellen Verlusten.

## 6

Das Geschäft, das der Tochter (für den Frieden) die Aussteuer bringen soll, bringt ihr die Verunstaltung im Krieg. Spekulation auf die Dauer des Krieges, die finanziell günstig ist, für die Tochter jedoch Ehelosigkeit bedeutet. Am Schluß verflucht sie erstmalig den Krieg, den sie geschäftlich wünschen muß.

## 7

Der Frieden ist schön, auch wenn er ruinös ist. Durch den Frieden bekommt sie ihren Sohn nicht zurück, sondern verliert ihn endgültig. Für die Tochter kommt der Frieden zu spät. Der Sohn fällt, weil er die Prinzipien des Krieges im Frieden anwandte. Die einstige Lagerhure Yvette Pottier hat durch den Krieg Karriere gemacht und ist Obristin geworden. Der Krieg beginnt wieder, wird auch das Geschäft wieder beginnen?

## 8

Es geht abwärts mit dem Geschäft. Der Krieg ist zu lang. Überall, Desorganisation, Unordnung. Die Courage verflucht in einem Lied (als Bettlerin) alle Tugenden als nicht nur unverwertbar, sondern sogar schädlich. Ihrer Tochter wegen muß sie den Koch aufgeben, der ihr ein Obdach bieten könnte. So kann sie nicht aus dem Krieg herauskommen. Mitleid mit der Tochter hält sie im Krieg.

»Ich muß wieder in'n Handel kommen.«
München 1950 (Therese Giehse)

Die Tochter geht unter durch ihr Mitleid mit fremden Kindern. Die Courage zieht weiter ihren geleerten Wagen, allein, dem verlumpten Heer folgend.

## Die Finnische Niobe

mutter courage hat 3 schützlinge: den kühnen und klugen sohn, den redlichen und dummen sohn, die stumme karin. der kühne und kluge sohn stirbt an der kühnheit und klugheit, der redliche dumme sohn an der redlichkeit und dummheit, die stumme karin, weil sie trommelt.

einmal bricht frieden aus, die glocken läuten und mutter courage ist ruiniert. strahlend baut sie ihr zelt ab, denn ihr kluger und kühner sohn ist gerettet. da bringen sie ihn die lagergasse herunter, gefesselt, zum block. er hat nur wieder getan, was er immer tat – im krieg, gemordet. dafür ist er einmal dekoriert worden.

(BBA 491/13)

# III. Aus der Erstfassung

## Aus ›Versuche 9‹

*Zur Verdeutlichung seiner Darstellungsabsichten hat Brecht im Anhang zur Erstpublikation von ›Mutter Courage und ihre Kinder‹ (Versuche Heft 9, Berlin 1949) einige Szenenteile aus der 1. Fassung veröffentlicht und durch eine Vorrede kommentiert.*

Die Uraufführung von »Mutter Courage und ihre Kinder« in Zürich während des Hitlerkrieges, mit der außerordentlichen Therese Giehse in der Titelrolle, ermöglichte es, trotz der antifaschistischen und pazifistischen Einstellung des hauptsächlich von deutschen Emigranten besetzten Züricher Schauspielhauses, der bürgerlichen Presse, von einer Niobetragödie und von der erschütternden Lebenskraft des Muttertiers zu sprechen. Hierdurch gewarnt, machte der Stückschreiber für die Berliner Aufführung einige Änderungen. Es folgt der ursprüngliche Text.

## Szene 1

MUTTER COURAGE . . . Seid alle vorsichtig, ihr habts nötig. Und jetzt steigen wir auf und fahren weiter.

DER FELDWEBEL Ich fühl mich gar nicht wohl.

DER WERBER Vielleicht hast du dich dabei erkältet, wie du den Helm weggegeben hast, im Wind.

*Der Feldwebel reißt den Helm an sich.*

MUTTER COURAGE Und du gib mir meine Papiere her. Es kann sie noch ein anderer verlangen, und dann bin ich ohne Papiere. *Sie sammelt sie in die Zinnbüchse.*

DER WERBER *zu Eilif:* Du kannst dir die Stiefel ja wenigstens anschauen. Und dann heben wir einen unter Männern. Und damit du siehst, ich hab Handgeld bei mir, komm hinter den Wagen. *Sie gehen hinter den Wagen.*

DER FELDWEBEL Ich versteh nicht. Immer halt ich mich dahinter.

Einen sichreren Platz, als wenn du Feldwebel bist, gibts nicht. Da kannst du die andern vorschicken, daß sie sich Ruhm erwerben. Mein ganzes Mittag ist mir versaut. Ich weiß genau, nix werd ich hinunterbringen.

MUTTER COURAGE *auf ihn zu:* So sollst du dirs nicht zu Herzen nehmen, daß du nicht mehr essen kannst. Halt dich nur dahinten. Da, nimm einen Schluck Schnaps, Mann, und nix für ungut. *Sie gibt ihm zu trinken aus dem Wagen.*

DER WERBER *hat Eilif untern Arm genommen und zieht ihn nach hinten mit sich fort:* Du bist hin so oder so. Ein Kreuz hast du gezogen, was weiter? Zehn Gulden auf die Hand, und ein mutiger Mensch bist du und kämpfst für den König, und die Weiber reißen sich um dich. Und mich darfst du in die Fresse haun, weil ich dich beleidigt habe. *Beide ab. Die stumme Kattrin stößt rauhe Laute aus, weil sie die Entführung bemerkt hat.*

MUTTER COURAGE Gleich, Kattrin, gleich. Dem Feldwebel ist schlecht, er ist ein Abergläubischer, das hab ich noch nicht gewußt. Und jetzt fahrn wir weiter. Wo ist denn der Eilif hin?

SCHWEIZERKAS Er muß mit dem Werber weg sein. Er hat die ganze Zeit mit ihm geredet.

## Szene 5

MUTTER COURAGE *zu dem andern:* Was, zahlen kannst du nicht? Kein Geld, kein Schnaps. Märsch spielen sie auf, aber den Sold zahlen sie nicht aus.

SOLDAT *drohend:* Einen Schnaps will ich. Ich bin zu spät zum Plündern gekommen, weil die Stadt war nur eine Stunde zum Plündern freigegeben. Er ist kein Unmensch, hat der Feldhauptmann gesagt. Die Stadt soll ihm, hör ich, was gezahlt haben.

DER FELDPREDIGER *kommt gestolpert:* In dem Hof da liegen noch welche. Die Bauernfamilie. Hilf mir einer. Ich brauch Leinen. *Der zweite Soldat geht mit ihm weg.*

MUTTER COURAGE Ich hab keins. Meine Binden hab ich ausverkauft beim Regiment. Ich zerreiß für die nicht meine Offiziershemden.

DER FELDPREDIGER *zurückrufend:* Ich brauche Leinen, sag ich.

MUTTER COURAGE *kramt in ihrem Wagen herum:* Ich gib nix. Die zahlen nicht, warum, die haben nix.

DER FELDPREDIGER *über einer Frau, die er hergetragen hat:* Warum seid ihr denn dageblieben im Geschützfeuer?

DIE BAUERSFRAU *schwach:* Hof.

MUTTER COURAGE Die und weggehen! Meine schönen Hemden. Morgen kommen die Herren Offiziere, und ich hab nix für sie. *Sie wirft eines herunter, das Kattrin zur Bauersfrau bringt.* Wie komm ich dazu, was herzugeben! Ich habe den Krieg nicht angefangen.

ERSTER SOLDAT Das sind Evangelische. Warum müssen sie evangelisch sein?

MUTTER COURAGE Ich pfeif dir aufn Glauben. Denen ist der Hof hin.

ZWEITER SOLDAT Die sind gar nicht evangelisch. Die sind selber katholisch.

ERSTER SOLDAT Wir können sie nicht herausklauben bei der Beschießung.

EIN BAUER *den der Feldprediger bringt:* Mein Arm ist kaputt. *Eine Kinderstimme schreit im Hause schmerzlich.*

FELDPREDIGER *zu der Bauersfrau:* Bleib liegen.

MUTTER COURAGE Holt das Kind heraus.

KATTRIN *rennt hin.*

MUTTER COURAGE *Hemden zerreißend:* Das Stück zu einem halben Gulden. Ich bin ruiniert. Beweg sie nicht beim Verbinden, vielleicht ist es der Rücken. *Zu Kattrin, die einen Säugling aus den Trümmern geholt hat und ihn wiegend herumschleppt:* Hast du glücklich wieder einen Säugling gefunden zum Herumschleppen? Auf der Stelle gib ihn der Mutter, sonst hab ich wieder einen stundenlangen Kampf, bis ich ihn dir herausgerissen hab, hörst du nicht? *Kattrin kümmert sich nicht darum.* Ich hab nur Verluste von euren Siegen. So, das muß langen, Feldprediger, aasen Sie nicht mit den Leinen, das bitt ich mir aus.

FELDPREDIGER Ich brauche mehr, das Blut kommt durch.

MUTTER COURAGE *über Kattrin:* Da sitzt sie und ist glücklich in all dem Jammer, gleich gibst es weg, die Mutter kommt schon zu sich. *Während Kattrin endlich widerstrebend das Kind der Bauersfrau bringt, zerreißt sie ein neues Hemd.* Ich gib nix, ich mag nicht, ich muß an mich selber denken. *Zum zweiten*

*Soldaten:* Glotz nicht. Geh lieber dort hinter und sag ihnen, sie solln mit der Musik aufhören, ich seh hier, daß sie gesiegt haben. Nimm dir ein Glas Schnaps, Feldprediger, widersprich nicht, ich habe genug Ärger. *Sie muß vom Wagen herunter, um dem ersten Soldaten, der betrunken ist, ihre Tochter zu entreißen.* Du Vieh, willst du noch weiter siegen? Halt, du kommst mir nicht weg, erst zahlst du. *Zum Bauern:* Deinem Kind fehlt nix. Schieb ihr – *auf die Frau zeigend* – was unter. *Zum ersten Soldaten:* Dann laß deinen Mantel da. Der ist sowieso gestohlen.

*Erster Soldat geht schwankend weg. Mutter Courage zerreißt weiter Hemden.*

DER FELDPREDIGER Es liegt noch einer drunter.

MUTTER COURAGE Sei ruhig, ich zerreiß schon alles.


## Szene 7

LANDSTRASSE. DER FELDPREDIGER, MUTTER COURAGE UND KATTRIN ZIEHEN DEN PLANWAGEN. ER IST SCHMUTZIG UND VERWAHRLOST, JEDOCH HÄNGEN DIE NEUEN WAREN DRAN.

MUTTER COURAGE *singt:*
  So mancher wollt so manches haben
  Was es für manchen gar nicht gab.
  Sich einen Unterstand zu graben
  Grub er sich nur ein hastig Grab.
  Schon manchen sah ich sich abjagen
  In Eil nach einer Ruhestatt
  Liegt er dann drin, mag er sich fragen
  Warums ihm so geeilet hat.
  *Den Refrain »Das Frühjahr kommt« bläst sie auf der Mundharmonika.*


## Szene 12

BAUERSLEUTE Sie müssen fort, Frau. Nur mehr ein Regiment ist dahinter. Allein könnens nicht weg.

MUTTER COURAGE Sie atmet noch. Vielleicht schlaft sie ein.

# Aus dem Bertolt-Brecht-Archiv

*Es folgen einige weitere Textpassagen aus der Urfassung (BBA 490), die bei den späteren Bearbeitungen gestrichen oder grundlegend verändert wurden. Der Text wird in der ältesten Schicht mit den handschriftlichen Korrekturen wiedergegeben, einige wichtige Varianten vor dieser ersten Korrektur sind in spitzen Klammern eingefügt. Unterschiedliche Groß- und Kleinschreibung erklärt sich aus verschiedener Handhabung im Typoskript bzw. Manuskript. Eindeutige Schreibfehler sind stillschweigend verbessert.*

*Der Feldprediger erscheint noch als Kaplan, die Lagerhure Yvette Pottier heißt Jeannette (zuerst Jessie).*

*Es handelt sich um eine Auswahl aufschlußreicher Passagen, nicht um ein vollständiges Verzeichnis gestrichener Stellen. Die Druckfassung unterscheidet sich von der Urfassung im übrigen nicht nur durch Streichungen, sondern auch durch erhebliche Erweiterungen.*

*Zur Orientierung sind vor jeder Passage die entsprechenden Seitenzahlen der werkausgabe edition suhrkamp (wa Band 4), der Ausgabe in der edition suhrkamp (es 49) und der ›Stücke in einem Band‹ (S) angegeben.*

wa 1351 / es 9 / S 543
*[2. Strophe des Auftrittsliedes]*

MUTTER COURAGE

    dies land ist ratzekahl gefressen
    der ruhm ist dein! doch wo ist's brot?
    mutter courage bringt zu essen
    und wein für leibs- und geistesnot.
    kanonen auf die leeren mägen
    das schien schon manchen ungesund
    doch sind sie satt, hab meinen segen
    und führ sie in den höllenschlund!

(BBA 490/06)

MUTTER COURAGE [. . .] einen stempel lass ich mir nicht draufset-
zen.

DER FELDWEBEL *geht mit den Papieren neben den Wagen, um
Mutter Courage von ihren Söhnen wegzuziehen:* da ist so ein
wind, ich muss das in ruhe studieren.

*Der Werber nähert sich den Söhnen*

MUTTER COURAGE ich finds nicht zugig. und ich bin mit der zeit
knapp für solche firlefanzereien. da dürfts nicht krieg sein. alle
tag ist nicht krieg. wenn er auch immer wieder ist und das
Trumm ist ihm bisher noch nicht ausgegangen, gott sei lob,
aber ins stocken kommt er doch immer wieder, winter ist
schlecht für ihn, den verträgt er nicht und mitunter wird ihm
mitten im sommer schlecht und er setzt sich hin und kommt
nicht weiter. und wie soll ich dann leben? von was? kurz, ich
muss mich tummeln.

DER FELDWEBEL der name.

MUTTER COURAGE anna firlin[g].

(BBA 490/08)

MUTTER COURAGE [. . .] der ist nichts für euch. ein hasenfuss.
heult, wenn er in der nacht einen laib brot holen soll.

DER WERBER er hat mich grob beleidigt [. . .]

(BBA 490/10)

DER FELDWEBEL hölle und teufel. jetzt sollsts dus für deine eigenen kälber machen und ich wach darüber, bis sie alle hinsind
in meinem helm. und den *auf Eilif zeigend:* nehmen wir. der
wird uns soldat.

(BBA 490/11)

DER FELDWEBEL [. . .] sie treibt keinen schwindel. es trifft ihre
eigenen auch.

DER WERBER *zum älteren:* lass dich nicht ins bockshorn jagen die weiber wollen nix lieber als soldaten sehn.

MUTTER COURAGE *zu ihrer Tochter:* und jetzt bleibst mir nur du noch sicher, du bist selber ein kreuz. was hab ich an dir schon für eine hilf. und dabei ⟨bist du noch hoffärtig.⟩ hast du noch dieses gute herz! Du bringst es fertig und schenkst unsern planwagen weg! *Sie hält ihr den Helm zum Wagen hoch, nimmt aber selber den Zettel heraus.* ich möcht schier verzweifeln. das kann nicht stimmen, vielleicht hab ich einen fehler gemacht beim mischen. sicher, es ist nur ein aberglaube und bedeutet nichts. meinst du nicht auch feldwebel, gib mir recht, sonst müsst ihr alle sterben. sei nicht ⟨hoffärtig⟩ zu gutmütig, kattrin, seis nie mehr, ein kreuz steht auch über deinem weg. halt dich immer recht still, das kann nicht schwer sein, wo du doch stumm geboren bist. wie soll einer sich in gewisse sachen einmischen und um seinen kopf reden können, wenn er nicht reden kann? da hab ich keine sorge. ich hab einen fehler gemacht. nur: seid alle vorsichtig, ihr habts nötig! und jetzt steigen wir auf und fahren weiter. Gib mir meine Papiere her. Es kann sie noch ein Andrer verlangen. und dann bin ich ohne Papiere. *Sie sammelt es in die Zinnbüchse.*

(BBA 490/12)

wa 1361 / es 21 / S 547

DER KOCH für 30, nicht für 40. ich hab gesagt 30.

MUTTER COURAGE ich hab ihn überhaupt nur gekriegt, weil ich einer milchhändlerin die karten gelesen hab, wo eine warnung gestanden ist vor beschnittenem zeug und wetten, dass die person, wo ihn mir abgelassen hat, prügel von ihrem mann kriegt, dass sie nicht sitzen kann. das ist kein gewöhnlicher kapaun. [...]

(BBA 490/15)

wa 1369 / es 30 / S 551

MUTTER COURAGE warum machens das nicht selber?

DER ZEUGMEISTER weil ich ihm nicht trau. mir sind ⟨feinde⟩ verfeindet.

(BBA 490/25)

MUTTER COURAGE alle sagens
JEANNETTE weil alle lügen.
MUTTER COURAGE das ist richtig. also kanns nur herumgekom-
  men sein, indem einer, der mit dir war, herumgeredet hat, du
  bist gesund und die ihn gehört haben, haben gleich weiterge-
  sagt, sie haben gehört, du bist krank, kurz alle haben ge-
  logen.
JEANNETTE mutter courage, ich bin ganz verzweifelt [. . .]

(BBA 490/24)

JESSIE dann erzähl ichs, weil mir davon leichter wird. ich fang
nicht davon an, wie ich ⟨auf batavia⟩ in dem schönen flandern
aufgewachsen bin, nur, ohne das hätt ich ihn nicht zu gesicht
bekommen und säss nicht hier jetzt in polen, denn er war ein
⟨schiffskoch⟩ soldatenkoch, blond, ein ⟨schwed und⟩ holländer
aber mager. hüt dich vor die mageren, aber das wusst ich damals
noch nicht und auch nicht, dass er ein soldatenkoch war, obwohl
ich die ganze zeit seinen spitznamen gekannt habe, der pfeif- und
trommel-henny hiess, davon, dass er in jedem urlaub einer den
kopf verdrehte und wenn die trommel wieder ging, ihr was pfiff.
*Sie singt das Lied vom Surabajajohnny.*
ich bin ihm nachgefahren, hab ihn aber nie getroffen, es ist 10 jahr
her.

(BBA 490/28-30)

Das Lied vom Pfeif-und-Trommel-Henny

  ich war jung, gott, erst 16 jahre
  du kamest von ⟨burma⟩ utrecht herauf
  und sagtest, ich solle mit dir gehn
  du kämest für alles auf.
  ich fragte nach deiner stellung
  du sagtest, so wahr ich hier steh
  du hättest zu tun mit ⟨fischemarkt⟩ dem tulpenmarkt
  und nichts zu tun mit der armee.

Du sagtest viel, Henny
Kein Wort war wahr, Henny
Du hast mich betrogen, Henny, von der ersten Stund.
Ich hasse dich so, Henny
Wie du stehst und grinst, Henny
Nimm den Stummel aus dem Maul, du Hund!
Pfeif- und Trommelhenny, warum bist du so roh?
Pfeif- und Trommelhenny, mein Gott, ich liebe dich so.
Pfeif- und Trommelhenny, warum bin ich nicht froh?
Du hast kein Herz, Henny, und ich liebe dich so.

zuerst war es immer sonntag
so lang bis ich mitging mit dir
aber dann schon nach zwei wochen
war dir nichts mehr recht an mir.
und einmal hiess es: ich bin pferdeknecht
und einmal warst du ein koch
und ich glaubte dir nicht am tage
und nachts da glaubte ich dir doch.

Du bist beir Armee, Henny
Du hast mich belogen, Henny
Ich aber sah, Henny, nur auf deinen Mund.
Du verlangtest alles, Henny
Ich gab dir mehr, Henny
Nimm den Stummel aus dem Maul, du Hund!
Pfeif- und Trommelhenny, warum bist du so roh?
Pfeif- und Trommelhenny, mein Gott, ich liebe dich so.
Pfeif- und Trommelhenny, warum bin ich nicht froh?
Du hast kein Herz, Henny, und ich liebe dich so.

ich habe es nicht beachtet
warum du den namen hast
aber an der ganzen langen küste
warst du ein bekannter gast.
eines morgens, ⟨in einem zweihellerbett⟩ im gasthaus zur
                                                    pickelhaub
– wo hatt ich meine augen nur? –
auf der gasse hör ich die trommel gehn
und du gehst aus der tür – in montur.

Du hast kein Herz, Henny
Du bist ein Schuft, Henny
Du gehst jetzt weg, Henny, sag mir den Grund.
Ich liebe dich doch, Henny
Wie am ersten Tag, Henny
Nimm den Stummel aus dem Maul, du Hund!
Pfeif- und Trommelhenny, warum bist du so roh?
Pfeif- und Trommelhenny, mein Gott, ich liebe dich so.
Pfeif- und Trommelhenny, warum bin ich nicht froh?
Du hast kein Herz, Henny, und ich liebe dich so.

(BBA 490/27 *[ohne Refrainstrophen]*)
*(Refrainstrophen BBA 487/31)*

wa 1372 / es 33 / S 552

MUTTER COURAGE [. . .] nie fang mir was mit soldatenvolk an.
⟨du kannst nicht das maul aufreissen, da möcht dich mancher
zur frau haben, kann schon sein.⟩ die liebe ist eine himmels-
macht, ich warn dich. sogar mit die, wo nicht beim heer sind,
ists kein honigschlecken. er sagt, er möcht den boden küssen
[. . .]

(BBA 490/28)

wa 1379 / es 40 / S 555

MUTTER COURAGE [. . .] die sieg und niederlagen der grosskopfi-
gen oben und der von unten fallen nämlich nicht immer
zusammen, durchaus nicht. die sieg beinah nie. weil: die oberen
fressens allein auf, was ersiegt wird. aber es gibt sogar fälle, wo
die niederlag für die untern eigentlich ein gewinn ist für sie, die
ehr ist verloren, aber nix sonst.

(BBA 490/38)

wa 1380 / es 41 / S 555

DER KAPLAN wegen der schatull sorgt sie sich doch. bisher sind
wir unbemerkt geblieben, als gehörten wir alle zum wagen,
aber wielang? *Zu Kattrin:* gib ihm nicht immer die besten
pröckl, ich bin hungriger. das ist ja eine besondere liebe zu dem
bruder.
SCHWEIZERKAS ich kann sie wegschaffen.

(BBA 490/36)

35

MUTTER COURAGE [. . .] bestechlichkeit ist bei die menschen dasselbe, wie wenn gott im himmel barmherzig sein soll, wir
müssen uns drauf verlassen. ich hab einen richter gekannt im
fränkischen, der war so aufs geld aus, auch kleine summen bei
arme leut, dass er allgemein bis nach sachsen hinein und das ist
eine entfernung, als guter mensch angesehen war. man hat von
ihm gesprochen wie von einem heiligen, bei ihm haben alle ein
ohr gefunden. er war hart, was die summ betrifft, dass einer
nicht vorgegeben hat, er hat nix, wenn er was gehabt hat, aber
gerecht, er hat keinen unterschied gemacht zwischen einer
witwe und einem pfeffersack, alle haben geben müssen. ich hab
leut sich ereifern hören gegen die bestechlichkeit, aber das ist
ganz falsch: die bestechlichkeit ist unsre einzige aussicht.
[. . .]

(BBA 490/46)

MUTTER COURAGE trocken sollen Sies reiben. es heisst, dass der
krieg bald ausgeht. wie soll er ausgehen, frag ich. das kann mir
keiner beantworten. *Langsam:* der könig und der papst sind
todfeinde, sie haben einen andern glauben. sie müssen sich
raufen, bis einer hin ist, vorher ist keinem von ihnen wohl. aber
ihre feindschaft wird behindert, warum, da ist der kaiser dazwischen, gegen den haben sie beide was und wie sollen sie sich
raufen bis zur vernichtung, wenn da der kaiser ist und lauert,
bis sie womöglich halb kaputt sind, damit er über sie herfallt?
so haben sie sich verbündet gegen den kaiser, damit er zuerst
vernichtet wird und sie dann mit ihrem raufen anfangen können.

*Kattrin läuft plötzlich schluchzend hinter den Wagen.*

MUTTER COURAGE für den wagen hat mir einer einmal 500 gulden
geboten, ich habs ausgeschlagen. der eilif, wo mag er sein, hat
geglaubt, ich schlag zu und hat die ganze nacht geflennt. und
wie ich ihms verwiesen hab, hat er mit fäusten nach mir gehaut.
Sie kommt wieder.

JESSIE sie machens nicht.

(BBA 490/47)

⟨DER SCHREIBER Ihr marketendergeschäft wollens überschreiben
   lassen? *Mutter Courage nickt.*
DER SCHREIBER wartens, bis der herr rittmeister zeit hat. *Ab*⟩
MUTTER COURAGE ich komm, mich beim rittmeister beschweren.
   ich wer schikaniert.
DER SCHREIBER ich kenn Sie.

(BBA 490/49-50)

DER JUNGE SOLDAT [...] wenn er kommt, zerhack ich ihn.
MUTTER COURAGE junger mensch, machens mich nicht ärgerlich,
   sonst rat ich Ihnen plötzlich nicht mehr ab, sondern wart, was
   Sie machen. warum z. b. sinds geschwommen nachm gaul vom
   obristen, das ist schon kein gutes zeichen.
DER SCHREIBER *guckt heraus:* der rittmeister ist noch nicht zu
   sprechen. hinsetzen!
*Der junge Soldat setzt sich perplex hin.*
[...]
MUTTER COURAGE [...] vor mir müssen Sie sich nicht genieren,
   ich bin nicht besser, was nicht gar. lassens Ihnen erzählen von
   mir, Sie kommen nicht mitn kopf durch die wand, mit Ihrem
   nicht, das seh ich. und meiner ist nicht besser. warum, uns
   habens alle unsre Schneid abgekauft. Ich werd Ihnen was
   erzählen.
*Sie singt das Lied vom Abwarten.*

I

einst, im lenze meiner jungen jahre
dacht auch ich, dass ich was ganz besondres bin
(nicht wie jede beliebige häuslerstochter, mit meinem aussehn
und talent und meinem drang nach höherem!)
und bestellte meine suppe ohne haare
und war sie zu heiss, schmiss ich sie ihnen einfach hin.
(alles oder nix, jedenfalls nicht den nächstbesten, jeder seines
glückes schmied, ich lass mir keine vorschriften machen!)
doch vom dach ein star
pfiff: wart paar jahr!

und du marschierst mit der band
dein instrument in der hand
und bläsest deinen kleinen ton
jetzt kommt er schon
und jetzt das ganze schwenkt
der mensch denkt: gott lenkt –
keine red davon!

2

und bevor das jahr war abgefahren
hatten sie mich so *sie hält den Daumen nach unten*
⟨und aus war das geplärr⟩ so klein war ich da, denn
(zwei kinder aufm hals und bei dem brotpreiß und was alles
verlangt wird!)
und kaum, dass sie mit mir fertig waren
⟨hört ich mich schon mitschrein: bitte nun der nächste
herr!⟩ war ich schon recht froh wenn sie mich bei sich dul-
deten.
(man muß sich stellen mit den leuten, eine hand wäscht die
andre, mit dem kopf kann man nicht durch die wand)
und vom dach der star
pfiff: noch kein jahr! *Die beiden Soldaten singen lernend*
*mit:*

und er marschiert mit der band . . .

3

viele sah ich schon den himmel stürmen
und kein stern war ihnen groß und weit genug
(der tüchtige schafft es, wo ein wille ist, ist ein weg, wir
werden den laden schon schmeißen)
doch sie fühlten bald beim berg-auf-berge-türmen
dass es schon recht müd macht', wenn man einen strohhut trug.
(man muß sich nach der decke strecken)
*und die Soldaten singen begeistert mit:*
und vom dach der star
pfeift: wart paar jahr!

und sie marschieren mit der band
ihr instrument in der hand
und blasen ihren kleinen ton
jetzt kommt er schon.

und jetzt das ganze schwenkt
der mensch denkt: gott lenkt –
keine red davon.

darum denk ich, du solltest dableiben mitn offenen schwert,
wenns dir wirklich danach ist [. . .]
MUTTER COURAGE ich habs mir anders überlegt. ich ⟨über-
schreib meinen wagen nicht.⟩ beschwer mich nicht. *Ab*
(BBA 490/52-54)

wa 1400 f. / es 65 f. / S 563

MUTTER COURAGE [. . .] der feldhauptmann hat letzte zeit sorgen
gehabt, hör ich. sie haben ihm den krieg nicht mehr zahln
wollen, nix geschickt, an den rechnungen abgezwackt, der
ganze krieg soll ihn schon nicht mehr gefreut haben. – 2 kisten
kandis, nicht mehr? – mir tut so ein feldhauptmann oder könig
leid. er hat sich vielleicht gedacht, er tut ein übriges und was,
wovon die leut reden noch in zukünftigen zeiten und kriegt ein
standbild, zb er rottet die lutherischen aus mit stumpf und stiel
zur ehre gottes, unterbrechen Sie mich nicht, weil Sie grad ein
lutherischer sind, ⟨maria und josef⟩ o jesus, na der herr regimentsschreiber verräts nicht, er kriegt einen schnaps extra,
was wollt ich sagen, ja, dass Sie lieber gerecht sein solln und
zugeben, es ist ein grosses ziel, dh für einen katholischen, er
weiss es nicht besser, ich mein, so ein feldhauptmann rackert
sich ab und dann scheiterts am gemeinen volk, was sich nicht zu
so einer grossen idee aufschwingen kann, aus selbstsucht,
wegen die steuern. – herrje, in den zwieback sind die würmer
gekommen. – nein, wir verdiencn keine grossen helden, sie
haben nur ihr kreuz mit uns. sie sind eben übern durchschnitt
und wollen die welt erobern, und wenn sie sich umschaun nach
leut, wos für sie machen könnten, finden sie nix. nix als solche,
wo nur auf ihre haut bedacht sind und nur im kopf haben, wie
sie ein erträgliches leben führen könnten mit bissel gesellschaft
und vielleicht ein krug bier zu mittag. – richtig, wo ist eigentlich die kist mit flaschen hin? – ich frag Sie, wie sollen die kaiser
und feldhauptleut mit solchen ihre weitschauenden plän ausführen? die schönsten plän sind schon zuschanden geworden
durch die kleinmütigkeit von denen, die sie ausführen sollten,

denn die kaiser selber können ja nix machen, sondern sind angewiesen auf ein bissel unterstützung von ihre soldaten und dem volk, wo sie grad sind. wenn die nicht ziehen gehts nicht. dann schinden sich die ganzen helden nur ab und es wird nix draus, was in die historienbücher stehn würd und sich sehn lassen könnt. das ist eine tragoedie. – nur 7 sack zucker? das versteh ich nicht, kattrin.

DER KAPLAN courage, ich geb Ihnen recht, bis auf die soldaten. die tun, was sie können. [. . .]

(BBA 490/59, 62)

wa 1404 / es 69 / S 565

DER KAPLAN [. . .] ich verstehs, dass man Sie courage geheissen hat. ⟨Sie können courage einflössen.⟩

MUTTER COURAGE die armen leut brauchen courage, warum, sie sind verloren. [. . .]

(BBA 490/67)

wa 1410 / es 77 / S 567

im selben jahr fällt der schwedenkönig gustaf adolf in der schlacht bei lützen. friedensgerüchte durchlaufen das gequälte land. der frieden droht mutter courages geschäft zu ruinieren. des kochs amouröse vergangenheit wird enthüllt durch das auftreten einer alten bekannten, die im krieg ihr glück gemacht hat; der courage kühner sohn vollbringt eine heldentat zu viel und findet ein schimpfliches ende, aber ⟨der fortgang des kriegs verbirgt⟩ neue kriegswirren verbergen ihr ⟨mitleidsvoll⟩ erbarmungsvoll diesen schicksalsschlag.

(BBA 490/03)

wa 1410 / es 77 / S 567

DER JUNGE MANN dann verpfänden sie uns das dach überm kopf für die steuern.

MUTTER COURAGES STIMME wartet lieber nicht. die städter kaufen mir schon lang nix mehr ab, ich hab nur offizierskundschaft. und die nehmen sich ihre federbetten von die städter.

DER JUNGE MANN vielleicht gibt sie 3 gulden, wenn du das arm-band zulegst.

(BBA 490/74)

DER KAPLAN [...] »wer mitn teufel frühstückn will, muss ein langen löffel haben«!

MUTTER COURAGE »ich warn dich«, sagt der fuchs zum andern fuchs, wo in der falle gesessen ist, »bleib nicht da drin, es könnt dir schlecht bekommen. ich hab nix fürn krieg übrig und er hat wenig genug für mich übrig. ich verbitt mir jedenfalls die hyäne, wir sind geschiedene leut.

DER KAPLAN warum beklagen Sie sich dann übern frieden, wenn alle menschen aufatmen? wegen paar alte klamotten in Ihrem wagen!

MUTTER COURAGE meine waren sind keine alte klamotten, sondern davon leb ich und Sie habens bisher auch.

DER KAPLAN also vom krieg! aha!

MUTTER COURAGE ich mach ihn nicht. die kaiser päpst und feldhauptleut machen ihn.

DER KAPLAN wenn Sie die historie lesen würden, täten Sie sehen, dass die caesar und attila nicht ewig gedauert haben, sondern auf die grauslichste art umgekommen sind. worauf wieder frieden eingezogen ist, immer.

MUTTER COURAGE und was wirds schon genützt haben? meinens, denen ihr frieden nützt wem das geringste? die armen leut zahlen die niederlagen und zahlen die siege. fürn krieg und fürn frieden werden steuern eingetrieben, ganz gleich, wer oben sitzt! wenn jetzt der kaiser wieder oben sitzt, weil der schwedenkönig hin ist, heisst das nur, dass die steuern an den kaiser gehn. habens schon einmal ein wasserrad gesehn, Sie sehens an mühlen. ich werd Ihnen ein lied vorsingen von einem solchen wasserrad, ein gleichnis, wo die grossen drin vorkommen.
*Sie singt das Lied vom Wasserrad.*
und das rad wird auch jetzt weitergetrieben werden, nur dass ich bankrott bin mit Ihren voraussagen!

DER KOCH ich bin Ihrer meinung, Courage. für die armen leut hat alles seinen pferdefuß, auch der friede. *Zum Kaplan:* als erwachsener mensch hätten Sie sich sagen müssen, dass man keinen rat gibt. wie soll mans wissen? [...]

(BBA 490/78, 79)

41

JESSIE [. . .] so einer bleibt gefährlich auch im zustand des verfalls!

MUTTER COURAGE *zu Jessie:* komm mit, sammel ihm nicht kohlen auf sein haupt, was schon kahl ist. ich muss mein zeug losschlagen, vor die preis sinken. vielleicht hilfst du mir beim regiment mit deine verbindungen. wie in der stadt was anbringen, wüsst ich nicht. eine stadt ist die stadt nicht mehr, die meisten häuser sind niedergebrannt, von die bewohner leben nur noch die hälfte. redens ihm ins gewissen, er hats nötig. *Lachend:* und passens auf die kattrin auf, sonst verführt er sie im handumdrehn und lasst sie sitzen. *Sie ruft in den Wagen:* kattrin, es ist nix mit der kirch, stattdem geh ich aufn markt. wir gehn aber nachmittags aus, so mach dich doch fertig, waschn hals.

JESSIE *von Mutter Courage weggezogen:* noch vor zehn jahr hätt ich ihm eine gelangt!

DIE COURAGE *geht lachend mit ihr ab.*

DER KAPLAN ich möcht unserer unterhaltung das wort zugrundelegen: [. . .]

(BBA 490/81)

MUTTER COURAGE wir müssen fort. ⟨was stehens herum?⟩

DER KOCH ich muss in die stadt. ich lass mich anwerben, wenn ich nur eine montur hätt. haben Sie eine?

MUTTER COURAGE ja, ich werf sie Ihnen heraus. können Sie nicht als koch gehen? *Sie wirft ihm einen Brustpanzer heraus.*

DER KOCH köch brauchens nicht. es ist alles besetzt, ich habs ringsum versucht. *Er bemüht sich, in den Brustpanzer zu kommen.*

MUTTER COURAGE Sie sind zu dick. einen soldaten machen Sie nicht mehr aus sich. ich schlag Ihnen vor, Sie . . . wo ist denn überhaupt der kaplan? [. . .]

(BBA 490/84)

MUTTER COURAGE Aber das Schlimmste ist das Mitleid, wo man hat, weil alle Kreatur so leidet und ist mutterseelenallein in

ihrem grossen Elend, kein Hahn kräht danach. Heissts nicht
»den Letzten beissen die Hund«? Und so ists auch.
    Der Heilige Martin, wie ihr wißt [. . .]
                (BBA 487/90) *(in Erstfassung noch nicht vorhanden)*


wa 1432 / es 101 / S 576

DER BAUER der ganze hang hinunter ist voll von ihnen.
DIE BÄURIN ein zeichen geben?
DER BAUER dass sie uns hier oben auch niedermachen?
DIE BÄURIN ich halts nicht aus, einfach zusehn.
DER BAUER wir können nix machen. wir haben die ganze zeit nix
    machen können. sie rauben und brennen, morden und erklären
    sich krieg und wir müssens halt dulden.
DIE BÄURIN *zu Kattrin:* bet, armes tier, bet!

                                              (BBA 490/99)


wa 1433 f. / es 102 f. / S 576

DER BAUER hör auf der Stell auf mit schlagen, ⟨hund⟩ du Krüp-
    pel!
DIE BÄURIN die kaiserlichen auf uns ziehn!
DER BAUER *sucht Steine am Boden:* ich derwirf dich, ⟨wenn nicht
    aufhörst! ich renn hinunter an weg und hol kiesel!⟩
DIE BÄURIN ⟨lass mich nicht allein, sie müssen gleich zurück-
    kommen.⟩ *Hinauf:* hast denn kein mitleid? (wir haben auch
    verwandte drin, ein schwager mit 4 kinder und können nix
    machen. hin sind wir, wenn sie auf uns kommen! abstechen
    tuns uns.
    *Kattrin starrt in die Weite, auf die Stadt und trommelt wei-
    ter.*
DIE BÄURIN *zum Alten:* ich hab dir gleich gesagt, lass das gesindel
    nicht auf den hof. was kümmerts die, wenns uns das letzte vieh
    wegtreiben!
⟨DER BAUER *versucht umsonst, Kattrin mit einer Stange zu er-
    reichen:* hingehn sollst, mistvieh!⟩
DER FÄHNRICH *kommt mit einem Soldaten und den jungen Bau-
    ern gelaufen:* ich zerhack euch!
DIE BÄURIN wir können nix dafür. sie hat sich raufgeschlichen.
    eine fremde.

DER FÄHNRICH wo ist die leiter?

DER BAUER ⟨hat sie hochgezogen⟩ oben.

DER FÄHNRICH ⟨zum Soldaten: hol eine kugelbüchs! nein, bleib, den schuss hört man auch.⟩ Hinauf: ich befehl dir, schmeiss die trommel runter!

DIE BÄURIN ihre mutter ist in der stadt drin.

DER FÄHNRICH ihr seids alle verschworen. das hier überlebt ihr nicht.

DER BAUER drüben im holz haben sie fichten geschlagen. wenn wir ein stamm holen und stochern sie herunter . . .

DER FÄHNRICH packt ihn und führt ihn, den Säbel in der Hand, weg: kommt mit, schleppen. Auch der Soldat mit weg.
Die Bäurin betet stumm auf den Knieen. Dann kehren die 3 zurück. Sie schleppen einen Stamm und suchen Kattrin zu erreichen, aber sie rutscht nur höher aufs Dach und sie erreichen sie nicht.

EIN SOLDAT zum Fähnrich: ich bitt um erlaubnis, dass ich einen vorschlag mach. [. . .]

(BBA 490/103)

wa 1401 / es 66 / S 563

*Die folgende Replik auf die Worte des Feldpredigers (Kaplans) in der 6. Szene (»Courage, ich geb Ihnen recht bis auf die Soldaten. Die tun, was sie können.«) fand schon in der Erstfassung keine Verwendung:*

MUTTER COURAGE sie tun, was sie können. einen hab ich gekannt, der vom finnischen winkel bis nach granada hinunter überall dabei gewesen ist und schon kaum mehr hat mizhatschen können. der hat sich jedes jahr ein lied erfunden, was er gesungen hat, mit starke wörter, die ihn aufgerichtet haben wie schnaps, nur billiger. aber sie haben sich stark abgenutzt, am end hat er es immer häufiger gebraucht, bald jeden monat eins und wie sollt er so viel ausdenken? er war ganz verzweifelt, wie ich ihn das letzte mal gesehen hab und hat schon vorausgesehn, er bricht bald zusammen. er hat nicht nur sich geholfen, sondern viele, dass sie haben das metzgerhandwerk ausüben können ohne zu verzagen, indem sie gesungen haben. ich helf

auch mit meinem schnaps und Ihre hilf war bedeutend, wie Sie
noch kaplan waren.

(BBA 491/24)

*Auch die folgenden Ergänzungen zur 3. oder 6. Szene, die Brecht
unter dem Stichwort »Zusätze« notiert hat, wurden nicht verwendet.*

MUTTER COURAGE Wenn alles zu allem kommt, ist es dem König
  wurst, mit wem er den Krieg führt gegen die Kaiserlichen. Es
  können Polen sein oder Schweizer oder Hessen. so könnens
  auch Schweden sein. Weils eben wurst ist.

MUTTER COURAGE Wenn ein König einen Krieg erklärt, erklärt er
  ihn immer gleich zwei Völkern auf einmal, dem von einem
  andern König oder Fürsten und seinem eigenen. Der Sieg über
  sein eigenes fällt ihm in der Regel leichter.

DER FELDPREDIGER Die Hoffnung auf den Frieden gründet sich
  darauf, dass es vorkommen kann, dass den Herren ein Frieden
  mehr einbringt als ein Krieg.

(BBA 1989/03)

wa 1402 / es 67 / S 564

*Für das Reiterlied der 6. Szene (›Ein Schnaps, Wirt, schnell, sei
g'scheit‹) hat Brecht zwei Varianten notiert. Er erwog die Verwendung des Liedes ›Als wir kamen vor Milano‹ aus seiner Bearbeitung von Websters ›Die Herzogin von Malfi‹ (1943):*

Als wir kamen vor Milano
Haben wir nach Haus geschrieben:
Dieser Krieg, Leut, endet schon.
Denn der Hauptmann war gefallen
Und die Feldküch war verschollen
Und verschossen die Munition

  Als der Krieg 5 Jahr gedauert
  Kam kein Wörtlein von der Frau mehr

45

Und das wundert keinen gross.
Oft, wenn mir mein Wein vermessen
Sah ich sie: sie ist gesessen
Jetzt auf eines Andern Schoos.

Als wir enterten Milano
Brannten wirs von vorn nach hinten
Und von hinten dann nach vorn.
Haben sieben Tag geschwogen
Weiber alt und jung verzogen
Denn so gross war unser Zorn.

Denn wie lang wird sie schon warten
Wenn die hellen Nächte kommen und der laue Frühjahrs-
                                                    wind?

Wie lang, sagt sie, soll ich wachen
Einer muss es mir doch machen –
Fleischlich wie die Weiber sind.

Als wir zogen von Milano
Hob der Feldzug an aufs neue
In der Ferne bleiben wir.
Wieviel Hur'n wer'n wir noch winken
Wieviel Fässlein Wein noch trinken
Mindestens drei oder vier.

(BBA 487/63)

*Außerdem liegt noch der handschriftliche Entwurf eines weiteren*
*Liedes vor:*

*(Man hört Slovenen hinten singen)*
DIE STIMMEN
      Korporalu Schankero
      Ja ja ja ja, oh, oh, oh, oh
      Korporalu Schankero

      Pane Leutnant Schankero
      Oh, oh, oh, oh. Ja, ja, ja, ja
      Pane Leutnant Schankero.

Pane Hauptmann Schankero (usw. Major
Obrist, Generale, Feldmarschall)

(BBA 487/64)

## Prolog

*Für die Erstfassung schrieb Brecht einen Prolog in Versen, der*
*möglicherweise fragmentarisch ist und später keine Verwendung*
*fand.*

DER ANSAGER

    verehrtes publikum, Sie sehen heut
    eine finstere geschicht. liebe leut
    erschrecket nicht, es handelt sich um krieg und zwar
    um einen, der dauerte 30 jahr.
    aber sie geht nicht über einen grossen schlachten und
                                kriegshelden
    sondern um leut, die gar nicht als kriegsleut gelten
    nämlich um solche, die im tross dahinter bleiben
    und nur im krieg ihr kleines geschäft betreiben.

(BBA 490/107)

## Fragment einer Versfassung der 1. Szene

1

LANDSTRASSE, EINE STADT IM HINTERGRUND.
EIN FELDWEBEL UND EIN WERBER.

DER FELDWEBEL

    wie soll ich mir hier meine mannschaft zusammenlesen?
    man merkt, hier ist kein krieg gewesen.
    darum ist alles durcheinand
    erst der krieg macht ordnung in stadt und land.
    im frieden schiesst die ganze menschheit wild ins kraut
    mit mensch und vieh wird herumgesaut.
    kein mensch zb weiss, wieviel diese stadt
    junge leut und gute gäule hat.

beim gottseibeiuns, wir kamen
in gegenden, da hatten die leut überhaupt noch keine namen.
nur wo krieg war, gibts ordentliche listen
kommt das korn in säcke und das schuhzeug in kisten.
wird mensch und vieh ordentlich gezählt und weggebracht.
denn das weiss jeder: ohne ordnung keine schlacht.

DER WERBER

feldwebel, ich kann dir sagen
mich hat der herrgott geschlagen,
dass ich hier landsknecht werben soll.
die leut hier sind so von bosheit voll.
hab ich endlich einen aufgetrieben
ich hab ihn glücklich besoffen, er hat schon unterschrieben.
ich zahl noch den schnaps, er tritt aus.
ich zur tür: weg ist er, wie unterm kratzen die laus.
da gibts kein manneswort, kein treu und glauben.
das könnt einem das vertraun auf die menschheit rauben!

DER FELDWEBEL

da kommt ein planwagen, zwei weiber drauf.

DER WERBER

zwei junge burschen, halt die alte auf!
*Von zwei zerlumpten jungen Burschen gezogen rollt ein Plan-*
*wagen, auf dem Mutter Courage und ihre stumme Tochter*
*sitzen, heran.*

MUTTER COURAGE *singt:*

herr hauptmann lass die trommel ruhen
und lass dein fussvolk halten an:
mutter courage kommt mit schuhen
in denen es besser laufen kann.
mit seinen läusen und getieren
bagage, kanone und gespann:
soll es dir in den tod marschieren
so will es gute schuhe han.
das frühjahr kommt! wach auf, du christ!
der schnee schmilzt weg, die toten ruhn.
doch was noch nicht gestorben ist
das macht sich auf die socken nun!
dies land ist ratzekahl gefressen.
der ruhm ist dein! doch wo ists brot?
mutter courage bringt zu essen

und wein für leibs- und geistesnot.
kanonen auf die leeren mägen
das schien schon manchem ungesund
doch sind sie satt, hab meinen se[g]en
und führ sie in den höllenschlund!
    das frühjahr kommt! wach auf, du christ!
    der schnee schmilzt weg. die toten ruhn.
    doch was noch nicht gestorben ist
    das mach sich auf die socken nun.

DER FELDWEBEL

halt! halt! wer seid ihr? kennt
ihr die obrigkeit nicht?

DER ÄLTERE SOHN               2. finnisches regiment.

DER FELDWEBEL

her mit den papieren, bagage!

DER JÜNGERE SOHN

kennt Ihr sie denn nicht? das ist doch mutter courage!

DER FELDWEBEL

keine witze jetzt! wo sind die papier?

DER FELDWEBEL

aber ich seh, die burschen sind wie ⟨bäume⟩ bullen

                                      gewachsen

runde brustkästen, grade haxen
warum drückt sich das vor dem heeresdienst?
der bringt ruhm und bringt gewinnst.
stiefelverramschen – weibersachen!
der mann gehört ins feld.

MUTTER COURAGE

             nicht zu machen,
feldwebel, da schleppst du leichter ein tal auf einen berg
meine kinder sind nichts für das kriegshandwerk.

DER FELDWEBEL

aber warum nicht? ich denke, du heisst courage?
und hast furcht für deine brut? das ist eine blamage.
schau mich an: ist es mir etwa schlecht bekommen?
ich hab mit 17 den riemen genommen.

MUTTER COURAGE

du bist noch nicht siebzig.

DER FELDWEBEL              ich kann es erwarten.

49

MUTTER COURAGE
  vielleicht unter der erde.
DER JÜNGERE SOHN

        unsre mutter liest die karten.

DER FELDWEBEL
  dann lies sie mir!
MUTTER COURAGE

      gib den helm! *Er gibt ihn ihr.*

DER FELDWEBEL

          da, verdammte vettel!

MUTTER COURAGE
  schwarz ist der tod. ich mal ein schwarzes kreuz auf den
                  zettel.
DER JÜNGERE SOHN
  und den anderen zettel lässt sie leer.
MUTTER COURAGE
  jetzt kannst du hineinlangen, zeig her!
DER FELDWEBEL *zögernd:*
  du hast mich beschissen.
MUTTER COURAGE *lachend:*

      das hast du [d]ich selber!

DER FELDWEBEL
  hölle und teufel! dann machs jetzt einmal für deine eigenen
                  kälber!
DER JÜNGERE SOHN
  ja, mutter, machs für uns!

             (BBA 491/25-28)


## Hinweise zur Aufführung

*Die folgenden Anweisungen sind im Zusammenhang mit der Erstfassung notiert, für die Brecht sich Aufführungsmöglichkeiten in Skandinavien erhoffte. Die Szenenzählung stimmt nicht mit der Druckfassung überein, da deren 7. und 10. Szene noch nicht als selbständige Szenen erscheinen: das 7., 8. und 9. Bild entsprechen also der 8., 9. und 11. Szene der Druckfassung.*

## Personen

Anna Fierling, Marketenderin, genannt Mutter Courage
Die stumme Kattrin, ihre Tochter
Eilif, ihr Sohn
Schweizerkas, ihr zweiter Sohn
Der Koch
Der Feldprediger
Jeanette Pottier
Ein Feldhauptmann, Ein Werber, Offiziere, Soldaten, Städter, Bauern

Die Nebenrollen können leicht unter wenige Spieler verteilt werden. So kann der Feldwebel aus dem ersten Bild auch den Verwundeten Bauern im fünften und den Greis im siebenten Bild spielen. Der Feldhauptmann im zweiten kann den Schreiber im vierten und den Alten Bauern im neunten Bild spielen usw. Ohne Veränderung der Maske kann ferner der Soldat im dritten Bild, der Junge Soldat im vierten und der Fähnrich im neunten Bild von ein und demselben Spieler gespielt werden.

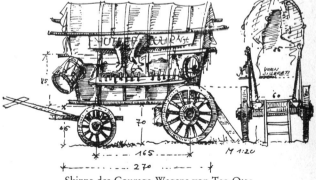

Skizze des Courage-Wagens von Teo Otto

Landstraße mit einer schwedischen Stadt im Hintergrund / Im
Zelt des Feldhauptmanns / Feldlager / Vor einem Offizierszelt /
In einem zerschossenen Dorf / In einem Marketenderzelt bei
Regen / Im Gehölz vor einer Stadt / Vor einem Pfarrhaus im
Winter / Neben einem strohgedeckten Bauernhaus /

Das Hauptausstattungsstück besteht aus dem Planwagen der
Courage, an dem ihre jeweilige finanzielle Lage erkannt werden
muss. Die Hintergründe können auf einfachen Prospekten angedeutet werden. Die kurzen Szenen auf der Landstrasse, die dem
sechsten und achten Bild angegliedert sind, können vor dem
Vorhang vorsichgehen.
  Bei den Kostümen muss man sich vor der in historischen
Stücken üblichen propperen Flottheit in achtnehmen. Sie müssen
die Not des langen Krieges zeigen.

(BBA 490/04)

# IV. Kritiken der Uraufführung im Zürcher Schauspielhaus am 19. 4. 1941

Bernhard Diebold
›Mutter Courage und ihre Kinder‹
Uraufführung der dramatischen Chronik
von Bertolt Brecht

*(Aus: ›Die Tat‹. Zürich, 22. 4. 1941)*

Längst vor Bert Brecht war die Marketenderin Courage im siebzehnten Jahrhundert eine literarische Berühmtheit. In der großartigsten Romandarstellung des Dreißigjährigen Krieges, in Grimmelshausens ›Simplizissimus‹ von 1669, wurde sie vom Dichter zwar nur als Nebenfigur zitiert, um aber dann ob ihrer unverwüstlichen Animalität einer besonderen Monographie gewürdigt zu werden, des Titels:

›. . . Ausführliche und wunderseltzame Lebensbeschreibung der Ertzbetrügerin und *Landstörtzerin Courasche*, Wie sie anfangs eine Rittmeisterin, hernach eine Hauptmännin, ferner eine Leutenantin, bald eine Marketenderin, Mußquetirerin und letztlich eine Zigeunerin abgegeben, Meisterlich agiret und ausbündig vorgestellt: Ebenso lustig, annehmlich und nützlich zu betrachten als Simplicissimus selbst. Alles miteinander von der Courasche eigener Person dem weit- und breitbekannten Simplicissimo zum Verdruß und Widerwillen, dem Autori in die Feder dictirt‹. . . und so weiter . . . Denn dieser Titel ist noch lange nicht fertig. Aber schon dieses Teilstück erzählt uns, daß es sich um einen erbarmungswürdigen Lebenslauf in absteigender Linie handelt. Es ist ein Greuelbild des Krieges, ohne Verklärung durch Ehrenruhm oder geistliches Bekenntnis und – unter betonter Distanzierung des Dichters – *von unten* gesehen: aus der Froschperspektive.

Vor diesem chronikalischen Hintergrund baut Brecht seine tragikomische Jahrmarktsbude auf, in der er als ein höherer Bänkelsänger gleich wie in der »Dreigroschenoper« seine Satire höhnt und singt zugunsten der Kleinen in der Masse und gegen die Großen, die auf weltlichen und geistlichen Thronen »ihren Krieg machen«. Im Marketenderwagen der aus der simplizianischen Zigeunerin zur braven Mutter bekehrten Courage fahren wir durch elf Bilder und zwölf Jahre – von 1624 bis 1636 – im Dreißigjährigen Krieg herum: durch Schweden, Polen, Bayern und Sachsen. Wir erleben das Glockengeläute mit falscher Friedenshoffnung nach Gustav Adolfs Tod und General Tillys Begräbnis – bei dem die Glocken aber schweigen müssen, weil die dazugehörigen Kirchen zerschossen sind. Aus dichterischer Vision skizziert Brecht schwarz auf weiß die Situationen, überträgt sie in einen lebensfarbenen, dem alten grobianischen Sprachbrauch angenäherten Dialog, schafft eine von brutalsten und oft auch menschlichsten Impulsen und Gesängen getriebene Szenik: eine Prüfung der Kreatur zwischen Schandtaten und Opfern. Eine grauenhafte Umkehrung der humanen Werte wird offenbar aus den Worten des Feldwebels: »Man merkt's, hier ist schon lange kein Krieg gewesen. Was soll da Moral herkommen? frag' ich. Frieden, das ist nur Schlamperei. Erst der Krieg schafft Ordnung. Die Menschheit schießt ins Kraut im Frieden. Jeder frißt was er will ... Ohne Ordnung kein Krieg!« Mutter Courage ihrerseits hat eine nicht minder sarkastische Gegenmeinung: »In einem guten Land braucht's keine Tugenden. Alle können ganz gewöhnlich sein, mittelgescheit und meinetwegen Feiglinge.« Der Zwangs-Moral begegnet sie mit Anarchie. Der Teufel wird mit Beelzebub ausgetrieben.

Mutter Courage selber wird also keineswegs nur in Verklärung beleuchtet. Sie ist in ihrer Derbheit ein warmblütiges Muttertier, das seine eigene Brut vor Greuel und Kriegsdienst bewahren möchte – und ebenso eine Kriegslieferantin und »Hyäne des Schlachtfelds«, die selbst noch während des Standgerichts gegen den eigenen Sohn das Markten nicht vergißt und, um sich selbst zu retten, die Leiche des Sohnes verleugnet. Denn von heldischem Verhalten hält diese Landstörtzerin nicht viel. Bei Tillys Tod wird man belehrt: »Solche finden sich in Dutzend, Helden gibt's immer.« Siege oder Niederlagen bedeuten ihr nur gute oder schlechte Geschäfte. »Die Ehr ist verloren, aber sonst nix« wirkt wie ein Witz auf den Stoßseufzer König Franz' des Ersten: »Alles verloren außer der Ehre.« Sogar ihre eigene mannhafte Courage, von der sie ihren soldatischen Ehrentitel erhalten hat, materiali-

siert sie durch die »wirtschaftliche« Erklärung: »Courage heiß
ich, weil ich den Ruin gefürchtet hab, ... und bin durch das
Geschützfeuer von Riga gefahren mit fünfzig Brotlaib im Wagen ... Ich hab keine Wahl gehabt.«

... keine Wahl gehabt! Ja, das haben sie alle nicht in Brechts
zoologischer Menschenwelt, wo nicht einmal eine fiktive Freiheit
des Willens gilt. Man *muß* hier immer – das Gute und das
Schlechte – man *will* es nie. Man ist unfrei wie ein armes Tier. Der
Koch weiß es in seinem Bettelsang: daß Salomons Weisheit,
Cäsars Kühnheit und Sokrates' Wahrheit zu nichts nütze sind.
Man steht nun lediglich unter der Zwangs-Autorität des Magens,
der Angst des Blutes. Und so ist auch die elementare Güte und
Natürlichkeit Courages als Mutter ihrer Kinder nicht als Moral,
sondern aus jenem Trieb zu werten, aus dem sie ihre Brut
empfangen hat aus aller Welt. Sie selber nennt sich Anne Fierling.
Aber ihr Ältester heißt nach dem Vater Nojoki und wird ein böser
»finnischer Teufel«. Der Zweite wird nach seinem eidgenössi-
schen Erzeuger »Schweizerkas« genannt, aber offiziell lautet sein
Name Fejos nach jenem Ungarn, der seines Vaters Nachfolger
war. Die Tochter Kathrin Haupt ist eine halbe Deutsche. Sie ist
stumm von Kind auf, Opfer einer soldatischen Brutalität. Was sie
nicht sagen kann, erlebt sie dreifach inwendig. Sie wird um einer
menschlichen Tat willen im letzten Bild ihr Leben lassen müssen.
Und dann muß die zum Bettelweib heruntergekommene Courage
ihren Bagagekarren ganz allein weiterziehen. Denn Schweizerkas
wurde erschossen, weil er ganz redlich die Feldkasse retten wollte.
Und Eilif, den finnischen Teufel, haben sie wegen Raubüberfalls
auf arme Bauern exekutiert ... Da zieht nun Mutter Courage
weiter durch den Krieg, der noch zwölf Jahre wüten muß –
obschon die Soldaten singen: »Der Krieg, der dauert hundert
Jahr.« Sie aber singt, fromm wie ein Kirchenlied, zum schlimmen
Schluß noch einmal ihre Auftrittsstrophe: »Das Frühjahr kommt.
Wach auf, du Christ.« ... Elendiglich muß sie weiterzigeunern
durch die Jahreszeiten ... immer getrieben ... unfrei ... ohne
Wahl.

Und der Dichter Bertolt Brecht folgt ihr in wahlverwandter
Unfreiheit des Willens auf den Karrenspuren, und folgert aus der
Vagabunden-Ethik stillschweigend eine Weltanschauung für uns
alle. Denn eine Satire hat immer einen Sinn, der aus dem Ge-
genständlichen ins Prinzipielle zielt. Aber das Notrecht eines

entrechteten Eulenspiegels bleibt nur im untersten Rang der Existenzbedingungen unserer Sympathie gewiß. Seine Narrenmoral bleibt rein individualistisch – ist *unübertragbar* auf die Verantwortlichen, wo es auch sei. So ist's mit Frau Courage. Eine herzbewegende Kreatur Gottes, vom Dichter offenbart nach Seele und Blut – aber als Trägerin irgendeiner Weltanschauung mit größter Entschiedenheit abzulehnen. Denn diese proletarisierende Umwertung von Salomons Recht und Cäsars Mut, von Sokrates' Wahrheit und des Menschen Ehre dient nicht einmal dem Zweck-Sinn eines praktischen Sancho Pansa, sondern lediglich der nihilistischen Entwertung allen Glaubens an Kultur. Keine alte Welt wird hier zerstört für eine bessere neue. Kein bekennerischer Tatmensch seines Willens wird hier offenbar, der die bösen Drachen der Menschheit um der Menschheit willen erschlagen soll. Nein, die Drachen haben gute Zeiten ohne Helden. Das Animal siegt. Der Mensch vernegert bis zur Primitivität. Und weil der Mensch »an sich« durchaus nicht gut ist – hat schon Kain den Abel erschlagen . . . Er hat auch »keine Wahl gehabt«.

Es ist ein Bilderdrama ohne Gegenspiel – ein dialogisierter Roman, durchsetzt mit jener echt Brechtschen Lyrik, die nach ihrer scheinbaren Naivität bald als »Lied«, nach ihrer rhythmisch sangbaren Präzision und Forschheit als »Song«, und nach ihrer schildernden Erregtheit oft als »Ballade« zur Form wird – ein unverkennbarer Wort-Stil eines »Originalgenies«, das selbst den Tonfall des 17. Jahrhunderts beherrscht und seinem eigensten Jargon unterordnet. Mit bewundernswerter Einfühlung hatte Paul *Burkhard* als Bühnenmusiker die Weise des Autors der »Dreigroschenoper« erfaßt und in ein paar packenden Melodien neu geprägt, die er durch harmonische und instrumentale Färbung sowie durch rhythmischen Wechsel vor banaler Wirkung schützte. Man könnte sich denken, daß der eine oder andere dieser aus Heiterkeit und Klage gemischten Songs bald allgemein nachgesungen würde . . . Sonst hat die Aufführung wenig zur lyrischen Atmosphäre eines »Singspiels« beigetragen. Projizierte Hintergründe blieben nur Folie für die Figuren. Und wie im früheren Stumm-Film erklärten Schriftplakate die epische Bilderfolge. Die »Dekorationen« Ottos hielten sich in den von ihm geliebten »spanischen« Tönen einer graubraunen Düsternis. Die Kostüme zeigten, nach Brechts betontem Wunsch, wohlweislich nicht den Glanz von »Wallensteins Lager«, sondern die Farbe von

Elend und Armut. Nur die Lagerdirne Yvette kam in Angelika Arndts blendender Erscheinung mit Federhut und roten Stiefeln sozusagen »in Callots Manier«, um, wenn auch nur in schäbigstem Zustand, an das Barock der üppigen Epoche zu erinnern.

Aber Therese *Giehse* stand mit ihrem großen Mutterherzen jenseits aller historischen Ansprüche schlechthin im Ewigen. Mochte sie noch so respektswidrige Dinge gegen das »Höhere« maulen und ihre Geschäftstüchtigkeit spielen lassen – sie wurde doch nie zur »Hyäne des Schlachtfelds«; und die von den rauhen Umständen geforderte Rauheit der Marketenderin trat fast zu stark zurück hinter der Strahlung ihres Gefühls und ihres ergreifenden Schmerzes, wenn sie die Kinder, eines nach dem andern, verlieren muß. Paryla, auch im Dreißigjährigen Krieg sofort zu Hause, war der gute Schweizerkas, der für die schweizerische Bühne vorsorglich vor der eventuellen Wut des Publikums in »Schweizerköbi« umgetauft wurde. Langhoff versetzte sich mit Energie in die robuste Kreatur des »finnischen Teufels«. Aus Erika Pesch schrie die arme Seele der stummen Kathrin mit ausdrucksvollster Mimik; und sie erfüllte die wortlose Erscheinung mit der Beredsamkeit des Herzens und der Tat: Fanatisch ertrommelte sie sich den Tod, durch die verbotenen Signale an den Feind. Außerhalb dieser Familie gab es ein paar leidige Fehlbesetzungen, die durch die kleinen Treffer in den Nebenrollen von Wlach, Brunner, Braun, Delmont u. a. nicht wettgemacht wurden. Der feine Lindtberg hatte als Regisseur die grobianische Derbheit der Epoche wie auch den bösartigen Sarkasmus Brechts nicht scharf genug erkannt oder absichtlich gemildert. Der Koch war kein verliebter Leichtfuß; der Feldprediger kein komischer Schmarotzer, der seine gelernte »Seelsorgerei« schimpflich vernachlässigt; und der uralte Obrist durfte niemals in solch verfehlter Maske uns etwas vormachen. Aber die trefflichen Spieler der Familie Courage rissen die Aufführung dennoch in die Höhe – ergriffen unsere Herzen – und setzten unsere Hände in jene langanhaltende Bewegung, die Applaus genannt wird.

# E[lisabeth] Th[ommen]
## Eine Uraufführung von Bertold Brecht

*(Aus: ›National-Zeitung‹ No. 183, Basel 22. 4. 1941. Der Artikel ist mit ›E. Th.‹ gezeichnet – die Identifizierung des Namens ist noch nicht ganz eindeutig.)*

Von Bert Brecht hat man lange nichts mehr gehört. In der Nachkriegszeit in Deutschland spielte sein dramatisches Schaffen eine vielumstrittene Rolle. Die »Dreigroschenoper« prägte sich ein und blieb trotz der um sie entbrannten unerfreulichen autorrechtlichen Diskussion unvergessen.

Heute bringt das Schauspielhaus Zürich eine Uraufführung von Brecht, »*Mutter Courage und ihre Kinder,* ein Schauspiel in 11 Bildern«. Anklänge an altes Volkstheater, filmische Eindrücke und neues Theaterwollen bilden in dem Stück eine interessante Mischung. Kaleidoskopartig rollen die Einblicke in verschiedene Lebensepochen einer Marketenderin an uns vorüber, packen, fesseln, ergreifen! Mit ihrem Wagen zieht Mutter Courage zur Zeit des Dreißigjährigen Krieges den Fronten entlang und verkauft ihre Ware an arme Soldaten und halbverhungerte Zivilisten. Auf diesem beschwerlichen und gefährlichen Lebensweg hat sich die Frau eine Fülle von klugen Lebenserfahrungen angeeignet, die sich an den realen harten Tatsachen des Daseins, an Armut und Schmerz, an Kampf und Not und menschlichem Ungenügen schulten und nicht an Scheinideologien.

Wir lernen die Frau in jenen reifen Jahren kennen, da Frauen- und Muttertum sich am ungehemmtesten entfalten. Ihre drei erwachsenen Kinder stammen alle von andern Vätern, der Schweizerköbi *(Paryla)*, Eilif der Finne *(Langhoff)* und Kattrin, die stumme Tochter, von Erika *Pesch* in qualvoller Echtheit dargestellt. Wie der Prototyp der Urmutter umfängt die Mutter Courage alles, was in ihre Nähe kommt, mit mütterlicher Fürsorge – eine Figur von Format wie geschaffen für die weise Kunst einer Therese *Giehse.* In jedem Bild steht Mutter Courage-Giehse im Mittelpunkt des Geschehens, ob sie im Gefängnis sitzt und ihr »Lied von der großen Kapitulation« singt; ob sie sich wehrt für ihre Kinder, die der grausame Krieg ihr eins nach dem andern entreißt; ob sie sich in gutmütigem oder grimmigem Humor äußert über Geschehnisse, die *heutige* Geschehnisse sein könnten;

ob sie sich mit Anträgen ihrer Lebensbegleiter auseinandersetzt, die vom Autor als richtige Schwächlinge gezeichnet werden – *immer* gibt Therese Giehse eine menschlich überaus starke, schauspielerisch große Leistung! Ihren männlichen Kameraden, dem schlau berechnenden Feldprediger (Sigfrit *Steiner*) und dem gutmütig schwachen Koch (Wolfgang *Heinz*), ist Mutter Courage eine Art Nährmutter – für die Zeichnung dieser starken Frauenfigur dürfen alle Frauen Bert Brecht dankbar sein! Am Schluß des Stückes zieht Mutter Courage, von jeder Hilfe entblößt, aber ungebrochen – wie Millionen von Müttern der Gegenwart! – neu hinaus in das harte Leben. Ein erschütterndes Schlußbild, wie die Altgewordene allein den Karren weiterziehen muß . . .

Sämtliche Schauspieler widmeten sich dem Stück mit großer Liebe und Hingabe; ihre Namen einzeln anzuführen, verbietet der Raum. Einen großen Erfolg am Gelingen hat die Musik von Paul *Burkhard;* hervorragende Kompositionen, meist im Marschrhythmus alter Soldaten- und Volkslieder, füllten die in einer Premiere immer etwas zu lang geratenen Umbaupausen aus, gaben den verschiedenen Songs ihre Prägnanz; ein bezaubernd schönes Flötensolo verdient besonders hervorgehoben zu werden. Die Aufführung verdankt Leopold *Lindtberg* die einfallreiche Gesamtregie. Teo *Otto* wußte das Lager- und Soldatenleben im Bühnenbild in immer neuen attraktiven Variationen abzuwandeln. Der Erfolg im ausverkauften Haus war außergewöhnlich groß; Klatschen und laute Bravorufe wollten sich nicht legen.

# V. Selbstzeugnisse I: 1940 bis 1948

## Aus dem ›Arbeitsjournal‹

19. 9. 40

den PUNTILA fertiggemacht. [. . .] der ton ist nicht original, es ist haśeks ton im schwejk, den ich auch schon in der COURAGE benutzte. [. . .]

(AJ 172)

7. 10. 40

mit PARMET die musik zur COURAGE besprochen. ich möchte die nummern als mechanische einsprengseln, etwas darin von dem plötzlichen aufschallen jener butiken-apparate, in die man einen groschen wirft. für die musiker ist es schwer, nicht alles selbst zu produzieren, dh der bühne raum auszusparen; andrerseits das individuelle zu bewahren, wenn sie sich der funktion (der dramaturgischen) unterwerfen. sie sind meist interessiert von der aufgabe, gesten und gestenwechsel musikalisch zu fixieren, fürchten jedoch, als epigonen WEILLS zu scheinen, der als erster machte, was ich für die bühne brauchte. ich sagte ihm: der zweite mann, der ein sonett verfaßte, hatte es schwer, dem vorwurf des epigonentums zu entgehen.

(AJ 183)

16. 10. 40

ein musiker, dem ich die texte der COURAGE zum komponieren gab, nebst einigen anleitungen, machte drei kompositionen, spielte sie seinen bekannten vor, hörte, er kopiere WEILL, und sprang ab. umsonst, daß ich ihm erklärte, nur das prinzip sei von ihm beibehalten, ein prinzip, das nicht weill gefunden hat. (ich erzählte ihm, wie ich weill seinerzeit als busoni- und schrekerschüler antraf, als verfasser atonaler, psychologischer opern, und ihm takt für takt vorpfiff und vor allem vortrug usw.) freilich muß der zweite und dritte, der das prinzip benutzt, den vorwurf des kopierens einstecken, wie der zweite und dritte, der einstmals die sonettform benützte. auch mir wird man sagen, ich wiederholte mich nur. denn man will solche dinge wie die DREIGROSCHEN- OPER nur als originellen einzelfall. dabei waren meine arbeiten eigentlich niemals extrem, weit weniger ›modern‹ als andere arbeiten. einige wenige prinzipien wurden aufgestellt, und sie wurden immer erklärt und begründet.

(AJ 188)

9. 12. 40

das schwedische theater hier interessiert sich für eine MUTTER COURAGE-aufführung.(?) ich nehme das zum anlaß, ein paar szenen mit dem schauspieler greid durchzuarbeiten. das zer- schneiden der großen szenen in teilszenen geht leicht, jedoch gelang es bis jetzt greid nicht, auch nur einen einzigen titel zu finden. als beispiel die 2. szene.

| *vorschlag* G | *vorschlag* B |
|---|---|
| MC wird beim verkauf einer schon rar gewordenen ware durch die ankunft ihres sohnes eilif begünstigt. (2 szenen zusammengeschla- gen!) | MC treibt lebensmittelwucher in der küche des feldhauptmanns. (a) wiedersehen der C mit ihrem sohn nach zweijähriger tren- nung. sie benützt seine ankunft und seinen ruhm zur preistrei- berei. (b) |
| eilif berichtet seine heldentat. | MC hört, wie gefährlich das sol- datenleben ihres sohnes ist. *zu- gleich:* cilif wird wegen eines raubüberfalls auf bauern vom feldhauptmann als klug und kühn gefeiert. |
| MC über schlechte feldhaupt- leute. | MC ärgert sich über den feld- hauptmann, weil er von ihrem sohn heldentaten verlangt. |

usw

von diesem ergebnis etwas enttäuscht, suche ich methoden zur titelfindung. man könnte ein schema von wirkungsquanten auf- stellen, nach denen die szenen befragt werden müssen. poetische, dramaturgische, sittengeschichtliche, sozialpolitische, psychologische (die menschenkenntnis fördernde) usw. über diese quanten könnten sätze gebildet werden, die in ästhetischen, sittengeschichtlichen, historischen, psychologischen büchern stehen könnten. als beispiel der erste titel der 2. szene; aufgelöst in sätze über einzelne wirkungsquanten:

a) poetisch ist der kapaun und das lob seiner hervorragenden eigenschaften.

b) die courage macht geschäfte am krieg.

c) die händler brandschatzten ihre eigenen heere wie die bewohner des bekriegten landes.

d) die interessen der obrigkeiten und des volkes sind nicht immer dieselben.

d) kunst des handels.

(AJ 206 f.)

18. 12. 40

bei dem aufstellen des *titulariums* zur COURAGE wird alles psychologische völlig vernachlässigt, sogar der plot wird kaum berücksichtigt (die niobehandlung). ganz zu schweigen vom zeitkolorit.

(AJ 214)

5. 1. 41

die MUTTER COURAGE durchstudierend, sehe ich mit einiger zufriedenheit, wie der krieg als riesiges feld erscheint, nicht unähnlich den feldern der neuen physik, in denen die körper merkwürdige abweichungen erfahren. alle berechnungsarten des individuums, gezogen aus erfahrungen des friedens, versagen; es geht nicht mit kühnheit, es geht nicht mit vorsicht, nicht mit ehrlichkeit, nicht mit betrug, nicht mit brutalität noch mit mitleid, alles bringt untergang. aber es bleiben die kräfte, welche auch den frieden zu einem krieg machten, die unnennbaren.

(AJ 221)

2. 2. 41

mit parmet über die orchestrierung seiner musik zur COURAGE gesprochen. er stellte sich einfache begleitung vor, und ich rate ihm ab. ›darf ich Sie aufhetzen?‹ sage ich. ›im orchester, klein wie es sein mag, liegt Ihre chance als musiker. die melodie mußten Sie dem unmusiker, dem schauspieler, ausliefern, was können Sie sich von diesem menschen erwarten? Ihr orchester ist Ihre truppe, Ihr gang, Ihr fester punkt. es ist wahr, es muß dem unmusiker oben auch noch die stützpunkte geben, sonst fällt er um, aber jedes instrument, das Sie freikriegen von diesem dienst, ist für Sie gewonnen, für die musik, herr! bedenken Sie, die instrumente sprechen nicht per ›ich‹, sondern per ›er‹ oder ›sie‹. was zwingt Sie, die gefühle des ›ich‹ auf der bühne zu teilen? wo sind seine eigenen? Sie sind berechtigt, Ihre eigene stellung zu dem thema des liedes einzunehmen. selbst die unterstützung, die Sie leihen, kann sich anderer argumente bedienen. emanzipieren Sie Ihr orchester!‹

(AJ 240)

22. 4. 41
am 19. wurde im züricher schauspielhaus die MUTTER COURAGE aufgeführt. heute kommt ein telegramm von der direktion und eines von giehse, lindtberg und otto, daß die premiere erfolgreich war. es ist mutig von diesem hauptsächlich von emigranten gemachten theater, jetzt etwas von mir aufzuführen. keine skandinavische bühne war mutig genug dazu.

(AJ 271)

22. 4. 41
warum ist die COURAGE ein realistisches werk?
es bezieht für das volk den realistischen standpunkt gegenüber den ideologien: kriege sind für die völker katastrophen, nichts sonst, keine erhebungen und keine geschäfte.
es nimmt nicht den moralischen standpunkt ein, dh, es geht nicht aus von der momentan herrschenden moral, ist aber sittlich.
für die handlungen der personen sind motive angegeben, welche, erkannt und berücksichtigt, die behandlung von menschen erleichtern.
das werk arbeitet mit dem gegenwärtigen bewußtsein der mehrheit der menschen.

(AJ 272)

22. 8. 42

feuchtwanger spricht seit dem curfew oft abends lang telefonisch über dies und das. heut liest er mir einen brief aus zürich vor. nach dem erfolg der MUTTER COURAGE (die etwa 800 [eingefrorene] schweizer franken gebracht hat) will das züricher schauspielhaus jetzt den GUTEN MENSCHEN VON SEZUAN aufführen. die COURAGE hat thornton wilder in zürich gesehen; er war davon, wie feuchtwanger sagt, sehr beeindruckt. in diesem winkel der erde gibt es das noch. . .

(AJ 518)

24. 6. 43

im großen den SCHWEYK beendet. ein gegenstück zur MUTTER COURAGE. [. . .]

(AJ 576)

7. 1. 48

a[rmin] kesser, der den krieg über in der schweiz war (früher in berlin, unter jhering am börsencourier), wirft die frage auf, wie tief die mißverständlichkeit meiner stücke in ihnen steckt. in der tat wurde der GALILEI als eine ehrenrettung des opportunismus aufgefaßt; das SEZUANSTÜCK als religiöse (in dem sinn, daß der atheist gottes loyale opposition ist) verurteilung der zweiseelen-konstruktion; die COURAGE als loblied auf die unerschöpfliche vitalität des muttertiers. ich antworte, daß der bürgerliche darstellungsstil alles aus altertum, asiatischem bereich, mittelalter und alles antibürgerliche aus der neueren zeit dem bürgertum als das seine verkaufen kann. der stückeschreiber kann sich nur dadurch retten, daß er die substanz aufgibt oder (und) einen leitartikel anhängt. ich erwähne die situation der elisabethaner zwischen feudalismus und bürgertum. vom feudalen standpunkt aus zeigen sich die neue liebe (ROMEO, ANTONIUS), das neue denken (HAMLET, TIMON), die neue verwandtschaftsbeziehung (LEAR), der neue freiheitsdrang (BRUTUS), der neue ehrgeiz (MACBETH), die neue selbstachtung (RICHARD III.) als tödlich. vom bürgerlichen standpunkt aus sind die schranken feudaler art tödlich und triumphiert die neue verhaltungsart durch ihre gleichgültigkeit gegen den tod angesichts der befriedigung, die sie gewährt.

(AJ 815)

# Aus Briefen

*An die American Guild for German Cultural Freedom*
1. 8. 1940
[. . .] (Diesen Herbst sollte in Oslo, Stockholm, Zürich und Basel
ein Stück von mir, »Mutter Courage und ihre Kinder«, aufgeführt
werden, das ist jetzt natürlich nicht möglich.) [ . . .]

(B 420)

*An den Theaterverlag Kurt Reiss, Basel*
1. Februar 1941
Anbei schicke ich Simon Parmets Musik (Klavierauszug) zu
»Mutter Courage und ihre Kinder«. Herr Parmet und ich sind
über folgende Punkte übereingekommen:
1) Parmet bekommt überall, wo seine Musik aufgeführt wird, ein
Viertel meiner Tantiemen. Dieser Anteil geht jeweils direkt an
Parmet. Adresse: Helsingfors, Tölögatan 8.
2) Prinzipiell ist es den Theatern gestattet, eine andere Musik zu
benutzen, die aber von mir gebilligt werden muß. Der Vertrieb
verpflichtet sich, Parmets Musik den Theatern anzubieten und zur
Verfügung zu stellen.
  Punkt 2 ist notwendig, weil ich nicht sicher bin, ob nicht auch
Hanns Eisler eine Musik verfaßt hat. Er hält sich im Augenblick in
Amerika auf. Ich lege den größten Wert darauf, daß der Vertrieb
den Theatern zunächst unter keinen Umständen mitteilt, daß
eventuell auch eine andere Musik in Frage kommen könnte.
Sobald eine andere Musik vorhanden wäre, würde ich dem Ver-
trieb davon Mitteilung machen.
  Nun zum Praktischen: Parmet wird Ihnen die Instrumentierung
zuschicken, sobald Sie eine definitive Annahme des Stückes be-
richten können. Das Orchester besteht aus 7, eventuell 8 Mann.
[ . . .]
  Ich freue mich sehr auf eine Aufführung und bitte Sie, meine
Freunde am Züricher Theater von mir herzlich zu grüßen.
[ . . .]

(B 427)

### An Hoffmann R. Hays

[Juli/August 1941]
Nach einer Fahrt von fast einem viertel Jahr sind wir nun doch in
den Staaten gelandet, ganz zufällig in San Pedro. Da es wenig Sinn
zu haben scheint, jetzt nach New York zu gehen, bleibe ich
zunächst hier, wo es billiger zu sein scheint, auch habe ich einige
Freunde hier. Meine Hauptsorge ist allerdings, wie ich Übersetzungen von meinen Stücken kriegen kann. Ich habe einiges
mitgebracht, und vielleicht bestehen für irgendwas doch Chancen
hier. Freilich habe ich wenige Illusionen, ich kenne N[ew] Y[ork]
vom Jahr 35 her, und es wird kaum besser geworden sein. Ich
überlegte mir vor einem Vierteljahr in Helsinki lange, wie ich
Ihnen meine Ansicht über Aufführbarkeit oder Unaufführbarkeit
der »Courage« schreiben könnte, fand aber keine Form dafür.
Von Helsinki aus erschien die Verbreiterung und Verwandlung
des Krieges als bevorstehend. [. . .]

(B 434)

### An Peter Suhrkamp

[Ende 1945/Anfang 1946]
[. . .] Der Wiederaufbau des deutschen Theaters kann nicht im-
provisiert werden. Sie wissen außerdem, daß ich auch schon vor
der Hitlerzeit es nötig fand, angesichts des experimentellen Charakters meiner Stücke mich sehr in die Uraufführungen hineinzu-
mischen. [. . .] Am geeignetsten schiene mir noch, von hier aus,
das Stück »Mutter Courage und ihre Kinder«. Jedoch habe ich die
Hauptrolle für die Weigel geschrieben, die in einigen Exilsauffüh-
rungen einen ganz speziellen Stil dafür entwickelt hat. Das
Theater, das an der Aufführung interessiert wäre, müßte also ein
Gastspiel der Weigel ermöglichen. [. . .]

(B 518)

### An Ferdinand Reyher

September 1947
[. . .] Ein bis zwei Monate Berlin wären willkommen, ich würde
»Mutter Courage« inszenieren. [. . .]

(B 554)

*An Emil Hesse-Burri*

Ende Sept. 47

[. . .] Ihr Plan, einen »Sezuan«-Film zu machen, interessiert mich natürlich. Vielleicht kann man auch untersuchen, ob »Mutter Courage und ihre Kinder« einen Film abgäbe. [. . .]

(B 555)

# Notate zur Aufführung Berlin 1949

## [Die Welt braucht Frieden]

### 1

*Mutter Courage und ihre Kinder* zeigt, daß die kleinen Leute vom Krieg nichts erhoffen können (im Gegensatz zu den Mächtigen). Die kleinen Leute bezahlen die Niederlagen und die Siege.

### 2

Ich war erfreut, schon einen Tag nach meiner Rückkehr in Berlin, der Stadt, von der einer der furchtbarsten Kriege ausgegangen ist, einer Kundgebung der Intellektuellen für den Frieden beiwohnen zu können. Der Anblick der ungeheuerlichen Verwüstungen erfüllt mich nur mit einem Wunsch: auf meine Weise dazu beizutragen, daß die Welt endlich Frieden bekommt. Sie wird unbewohnbar ohne Frieden.

*25. Oktober 1948*

## der krieg

wenige wollen ihn, viele doch fürchten ihn, aber sie alle kommen hinein.

(BBA 83 / 47)

# [Die Courage wird nicht sehend]

*(Schlußanmerkung zum Erstdruck in Versuche Heft 9 [1949])*

In den Bauernkriegen, dem größten Unglück der deutschen Geschichte, war, was das Soziale betrifft, der Reformation der Reißzahn gezogen worden. Übrigblieben die Geschäfte und der Zynismus. Die Courage – dies sei gesagt, der theatralischen Darstellung zu helfen – erkennt zusammen mit ihren Freunden und Gästen und nahezu jedermann das rein merkantile Wesen des Kriegs: das ist gerade, was sie anzieht. Sie glaubt an den Krieg bis zuletzt. Es geht ihr nicht einmal auf, daß man eine große Schere haben muß, um am Krieg seinen Schnitt zu machen. Die Zuschauer bei Katastrophen erwarten ja zu Unrecht, daß die Betroffenen daraus lernen werden. Solang die Masse das O b j e k t der Politik ist, kann sie, was mit ihr geschieht, nicht als einen Versuch, sondern nur als ein Schicksal ansehen; sie lernt so wenig aus der Katastrophe wie das Versuchskarnickel über Biologie lernt. Dem Stückschreiber obliegt es nicht, die Courage am Ende sehend zu machen – sie sieht einiges, gegen die Mitte des Stückes zu, am Ende der 6. Szene, und verliert dann die Sicht wieder –, ihm kommt es darauf an, daß der Zuschauer sieht.

## D[ramaturgische] K[urve]

wie man es macht im krieg, ist es falsch. das unnormale feld erlaubt keine normale berechnung. nicht die ehrlichkeit, nicht die menschlichkeit, nicht die klugheit, nicht die dummheit, nicht die kühnheit, nicht die feigheit rettet einen.

(BBA 907 / 05)

## Dialektik der Couragefigur

die C. ist geschäftsfrau, weil sie mutter ist. sie kann nicht mutter sein, weil sie geschäftsfrau ist.

die D[ramaturgische] K[urve] vielleicht besser so notieren, daß auch das verhalten der Courage der kritik (dem staunen) ausgesetzt wird, etwa indem man alles faßt unter dem gesichtspunkt: was soll verfremdet (auffällig gemacht) werden?

I 1) daß ein krieg anfängt
  2) daß er als organisationsproblem anfängt
  3) daß [ . . .]

*[fragmentarisch]*
(BBA 907 / 06)

## [Die Geschäfte der Courage]

zu einer zeit, wo kriege vermeidlich geworden sind und zwar dadurch, dass eine neue, unkriegerische, nicht auf unterdrückung und ausbeutung gegründete gesellschaftsordnung möglich geworden ist, zeigt der stückschreiber, wie die ›kleinen‹ leute in einem unvermeidlichen krieg nichts gewinnen, warum tut er das? wenn die mutter courage nichts tun kann, dass ein krieg vermieden wird, warum dann zeigen wie sie vom krieg ruiniert wird? er ist ihr schicksal, warum lassen wir sie von ihm zermalmen? nun ist es, zur ersten entschuldigung des stückschreibers gesagt, richtig, dass sie auch andere geschäfte betreiben könnte, weniger lukrative, aber auch weniger gefährliche. dies ist aber noch nicht die antwort des stückschreibers.

*[fragmentarisch]*
(BBA 908/55)

# VI. Die Berliner Erstaufführung am 11. 1. 1949: Kritik und Polemik

*Die Inszenierung der ›Mutter Courage‹ (zusammen mit Erich Engel) war Brechts erste Regie-Arbeit in Deutschland nach der Emigration. Sie wurde vor allem in der sowjetischen Besatzungszone als programmatisch verstanden, wirkte aber eben deshalb auch polarisierend. Auf der einen Seite begrüßte man die Entscheidung des Stückeschreibers für die Arbeit in Ost-Berlin, auf der anderen Seite fand aber die erbitterte Realismus-Diskussion der 40er Jahre (die ›Expressionismus-Debatte‹), in der Brecht die Gegenposition zu Georg Lukács bezogen hatte, hier ihre Fortsetzung. Der Theaterkritiker Fritz Erpenbeck, einstiger Mitarbeiter von Lukács, bezieht in der ›Weltbühne‹ dessen Standpunkt, wenn er das epische Theater als einen ›formalistischen‹ Irrweg verurteilt und Brecht jene Dekadenz vorwirft, die Lukács an der gesamten literarischen ›Avantgarde‹ kritisiert hatte. Ebenfalls in der ›Weltbühne‹ hat Wolfgang Harich dieser Attacke vehement widersprochen und seinerseits Erpenbeck »konservativen Formalismus« vorgehalten. Das führte zu einer lebhaften Auseinandersetzung, in der die Gegensätze nur mühsam verdeckt, die eigentlich fällige kulturpolitische Entscheidung jedoch nicht getroffen wurde. Brecht selbst hat sich an der Diskussion nicht beteiligt. Seinen Standpunkt hat er nachträglich in einem Gespräch mit dem Dramatiker Friedrich Wolf (zuerst veröffentlicht in ›Theaterarbeit‹, 1952) dargelegt.*

*Der für diesen Band geplante vollständige Wiederabdruck der so instruktiven wie folgenreichen Kontroverse scheiterte leider am Urheberrecht. Ein zusammenfassendes Referat gibt der Beitrag von Karl-Heinz Ludwig (S. 292-302)*

# Besetzung der Berliner Erstaufführung

Dienstag, den 11. Januar 1949, 17,30 Uhr
Zum ersten Male

## MUTTER COURAGE UND IHRE KINDER
### Eine Chronik aus dem dreißigjährigen Krieg in 12 Bildern
von Bertolt Brecht

*Musik*  Paul Dessau
*Regie*  Erich Engel und Bertolt Brecht
*Bühnenbilder*  Heinrich Kilger
*Musikalische Leitung*  Heinz Hartig

### PERSONEN

| | |
|---|---|
| Ein Werber | Wolfgang Kühne |
| Feldwebel | Gerhard Bienert |
| Anna Fierling, Marketenderin, genannt Mutter Courage | Helene Weigel |
| Eilif, ihr Sohn | Ernst Kahler |
| Schweizerkas, ihr zweiter Sohn | Joachim Teege |
| Kattrin, ihre stumme Tochter | Angelika Hurwicz |
| Der Koch | Paul Bildt |
| Ein Feldhauptmann | Paul Esser |
| Der Feldprediger | Werner Hinz |
| Der Zeugmeister | Artur Malkowsky |
| Yvette Pottier | Renate Keith |
| Soldat | Gustav Mahncke |
| Zweiter Feldwebel | Werner Segtrop |
| Der Einäugige | Hans Hasche |
| Der Obrist | Franz Weber |
| Der Schreiber | Ingo Osterloh |
| Ein älterer Soldat | Gustav Mahncke |
| Ein jüngerer Soldat | Gert Schaefer |
| Erster Soldat | Herbert Richter |
| Zweiter Soldat | Gerhard Knape |
| Ein Bauer | Curt Lampe |
| Eine Bäuerin | Paula Kramer |

Bühnenbildentwurf von Heinrich Kilger (5. Szene)

| | |
|---|---|
| Ein Soldat | Richard Thümmler |
| Die alte Frau | Käthe Reich[el] |
| Der junge Mann | Ottokar Runze |
| Ein Soldat | Hans Schille |
| Frauenstimme | Hanna Kleinschmid |
| Ein singendes Mädchen | Madlon Harder |
| Der Fähnrich | Herwart Grosse |
| Erster Soldat | Hubert Suschka |
| Zweiter Soldat | Johannes Knittel |
| Der alte Bauer | Erich Dunskus |
| Die Bäuerin | Gerda Müller |
| Der junge Bauer | Peter Marx |

Bühnenbildentwurf von Heinrich Kilger (11. Szene)

# Paul Rilla
## Gegen den deutschen Kriegsmythos
### Bert Brechts »Mutter Courage« im Deutschen Theater

*(Aus: Berliner Zeitung, 13. 1. 1949)*

Das obszöne Memoirenwerk, das Herr Schacht die Stirn hatte, unter dem schamlosen Titel »Abrechnung mit Hitler« erscheinen zu lassen, klingt fromm und christlich aus. Herr Schacht fragt nach dem Sinn des Krieges, den das faschistische Deutschland angezettelt hat, und er ist um die Antwort nicht verlegen. Es ist die Antwort auf die Frage, »warum g e r a d e  d a s  d e u t s c h e

73

Volk in diese Katastrophe hineingeraten mußte«. Und es ist die Antwort an »alle, die geglaubt haben, auch unter dem nun einmal unvermeidlich gewordenen Hitlerregime ihre Pflicht an ihrem Volk nach bester Kraft und bestem Gewissen tun zu müssen«, und die, »als Deutschland im Kampfe stand, Opfer an Gut und Blut von unerhörtem Ausmaß gebracht haben.«

Die Frage, schreibt Herr Schacht, »ist nur zu beantworten unter der Bindung an Gott«. Und er fährt fort: »Schon einmal hat das deutsche Volk eine Katastrophe ähnlichen Ausmaßes durchgemacht, als der dreißigjährige Bruderkrieg in seinen Landen tobte. Damals ging es um die Glaubensfreiheit. In dem fürchterlichen Morden wurden Gut, Ehr', Kind und Weib genommen zum Verlust des eigenen Leibes hinzu, aber das Reich Gottes, der Glaube und die Freiheit des Christenmenschen blieben erhalten. Am Ausgang des Mordens, der jetzt genau 300 Jahre hinter uns liegt, war Deutschland so zerstört, wie es heute zerstört ist. Aber das Heiligtum war gerettet. In steter frommer Arbeit erhoben sich die protestantischen Völker durch die Kraft ihrer Gewissensfreiheit zu neuem Leben. Sie übernahmen die geistige Führung nicht so sehr der Alten, wie besonders der Neuen Welt. Das war die Folge des deutschen Opfers. Wir wissen nicht, warum Gott gerade das deutsche Volk für dieses Opfer aussuchte, das der ganzen Welt zugute kam, aber wir wissen, daß das Opfer einen Sinn hatte.«

Herr Schacht weiß nicht, warum gerade das deutsche Volk, aber er weiß doch. Weil es nämlich gerade das deutsche Volk war. Und so wollen wir, schreibt er, »darauf harren«, daß auch das neue »Opfer«, für welches durch die Gnadenwahl des Hitlerregimes, des »nun einmal unvermeidlich gewordenen«, gerade das deutsche Volk auserwählt wurde, »nicht nur an uns, sondern wie damals an allen Völkern seinen Segen erweisen möge«. Herr Schacht setzt solchen frommen Glauben in Sperrdruck, macht Punktum und hat seine Memoiren unter Dach und Fach, unter Kirchendach und Fibelfach.

Warum diese Zitierung eines mit allen Wassern gewaschenen, in allen Sätteln gerechten Gut- und Blutschwindlers? Daß Herr Schacht als quicker Überlebender des Unheils, zu dessen prominentesten Funktionären er gehört hat, keine Scheu trägt, zum Schaden den Spott zu fügen, indem er in der Maske Tartüffs allen Mit-Kriegsverbrechern zu einem frommen Gewissen verhilft, überrascht ja nicht. Aber die historische Rechtfertigung, zu welcher er ausholt, bezeichnet genau den Punkt, von wo die Brechtsche Chronik aus dem dreißigjährigen Krieg ihre ungeheure Aktualität, und zwar ohne jede künstliche Aktualisierung, empfängt.

Brecht bekämpft nicht, wie vor drei Jahrzehnten die Menschheitsverbrüderer des Expressionismus, »den« Krieg. Worauf er zielt, ist der Mythos vom deutschen Krieg. Der dreißigjährige Krieg war ein schmutziger Interessenhandel der deutschen Fürsten, gerichtet gegen den Bestand Deutschlands, und ob katholisches oder evangelisches Lager war nur eine Frage der jeweiligen Konjunktur, mit der auch die außerdeutschen Mächte zu rechnen wußten: wie denn der Schwedenkönig Gustav Adolf, der evangelische »Glaubensheld«, sowohl vom katholischen Frankreich wie von dem damaligen Papst Urban VIII. patronisiert wurde. Eben diese grauenhaft schäbige Nationalkatastrophe jedoch, die der Autorität von Kaiser und Reich endgültig den Garaus machte und Deutschland in seiner Entwicklung um zweihundert Jahre zurückwarf, lebt in der deutschen Kriegsmythologie als das strahlende Beispiel eines »Glaubenskrieges« fort. Gott hat eben, sagt Herr Schacht, gerade das deutsche Volk auserwählt. Ein dreißigjähriger Krieg, damit kann kein anderes Volk aufwarten. Und den Stolz, daß Deutschland zerstört, aber »das Heiligtum gerettet« war, den haben wir ganz für uns separat. Wenn sich daraufhin die protestantischen Völker »in steter frommer Arbeit erhoben«, so wußten sie hoffentlich, daß solches »die Folge des deutschen Opfers« war.

Brechts dramatische Chronik ist der dialektische Gegenzug. Sie zersetzt den Mythos vom Glaubenskrieg, indem sie ihn mit der schäbigen Wirklichkeit konfrontiert. Sie zersetzt an der historischen Wurzel jenen deutschen Kriegsmythos, auf den sich, wie Herr Schacht dankenswert klargemacht hat, noch die hoffnungsvoll trauernden Hinterbliebenen der letzten faschistisch-imperialistischen Katastrophe berufen.

Brecht ändert nicht die geschichtlichen Vorzeichen. Er zeigt das verlumpte und immer mehr verlumpende historische Kostüm, den verfaulenden und zuletzt an der eigenen Fäulnis sterbenden Organismus des dreißigjährigen Krieges. Aber was herausspringt, ist der Hohn auf ein kriegerisches Kulissenwesen, das auch noch heute, auch noch auf dem technischen Stand der imperialistischen

Kriegsführung den nackten Interessenkampf mit dem längst schäbig gewordenen fromm-heroischen Plunder umstellt. Was herausspringt, ist sogar Herr Schacht selbst, der heute unter Berufung auf den dreißigjährigen Krieg sich der Auserwähltheit Deutschlands freut, der Auserwähltheit, zum Kriegsschauplatz zu taugen. Herr Schacht, der den Fibelwahn vom deutschen Wesen, an dem die Welt genesen soll, offenbar dahin erweitern möchte, daß die »in steter frommer Arbeit sich erhebenden« kapitalistischen Staaten von diesem Kriegsschauplatz noch einmal Gebrauch machen, damit auf der soliden Grundlage eines dann hoffentlich endgültig zerstörten Deutschlands abermals »das Heiligtum gerettet« werde. Wenn Herr Schacht »allen Völkern« den deutschen Segen spendet, haben alle Völker Ursache, auf der Hut zu sein.

Brechts Stück zeigt die »Völker« im Mahlstrom eines Krieges der Herrschafts- und Machtinteressen, an denen, ob Sieg oder Niederlage, der »gemeine Mann« keinen Teil hat, keinen Teil als das allgemeine Elend.

Gegen die Glaubenslegende der deutschen Geschichtsfibel hat, noch bevor sie geschrieben wurde, der Zeitgenosse Grimmelshausen mit der großartigen epischen Bestandsaufnahme einer Greuelzeit protestiert. Von ihm hat Brecht den Namen der Mutter Courage. Nicht mehr als den Namen, denn er verpflanzt die Figur ganz in das Erdreich seiner eigenen Sprach- und Vorstellungswelt. Eine wuchernde Volkstümlichkeit der Wortprägung wird vom schlagenden dialektischen Witz der Gespräche nicht entwurzelt, sondern nur noch tiefer in das Element eines ebenso bösen und tragisch dunklen wie freien und aggressiven Humors versenkt. Die Brechtsche Mutter Courage kommt weniger von Grimmelshausen her als von dem bayrischen Volkskomiker Valentin oder dem tschechischen Volkshumoristen Hasek, dem Vater des braven Soldaten Schwejk. Es sind, wenn sie spricht, dieselben gedanklichen Kurzschlüsse wie dort: dieselbe Nüchternheit des paradoxen Weiterdenkens in der Luftlinie, womit eine kostümierte Phrase ihres Kostüms entkleidet und kraft eines einzigen Wortes auf ihre erbärmlich schlotternde Wahrheit reduziert wird. Aber wie im Schicksal der Mutter Courage und ihrer Kinder die tragischen Stadien des verlumpten Krieges zu dem grauen Elend einer dramatischen Chronik grandios zusammengerafft werden, so hat erst das Brechtsche Stück den Ton und die Tonfälle, die der szenischen Entfaltung und dichterischen Gestaltung standhalten. Es ist der Brechtsche Ton: eine neue Einfachheit, eine neue Gedrungenheit und Größe – und doch nicht auf Kosten einer Wirklichkeit, die in all ihren verschlagenen Winkelzügen beim Wort genommen, aus all ihren Schlupfwinkeln der vertuschenden Rede hervorgelockt wird.

Diesen neuen Brecht, den ebenso volkstümlichen wie reichen Dichter, endlich auf der deutschen Bühne zu sehen: das ist das Ereignis dieser Aufführung. Eine dramatische Chronik, nicht ein Drama: gewiß doch. Aber die dramaturgische Auseinandersetzung hat Zeit. Im Moment scheint es wichtiger, durch den Mund des frommen Lügenchronisten Schacht den Nachweis zu führen, daß der dramatische Chronist Brecht nicht nur den aktuellen Instinkt des genialen Stoff-Finders besessen, sondern auch in der Form nicht geirrt hat, die die Form der epischen Wirklichkeit, also dieses Stoffes ist: die Form, welche klipp und klar die Wahrheit ausdrückt. Das besondere Bühnenelement der Brechtschen Songs ist gleichfalls kein Umschweif: es sammelt die Bewegung, wie es die Nutzanwendung nicht entstofflicht, aber von dürrer Exempelhaftigkeit befreit. Gefährlich für die Nachahmer. Auf der Brecht-Szene ein Triumph der unbeengten, dennoch gebundenen Theaterenergie.

Ein großer Abend des Deutschen Theaters. Erich Engel, der beste Regisseur der früheren Brecht-Aufführungen, hat mit dem Dichter gemeinsam gearbeitet. Ein Stück aus dem großen Krieg. Aber kein Gerassel, kein pathetischer Donner. Grau das weit aufgerissene Bühnenrund, das Heinrich Kilger aus dem Nichts beklemmend ins Leere stellt oder mit einem Nichts an Dekoration, mit den Lumpen und Abfällen des verlumpenden Krieges ins Engere zusammenzieht. Grau zergehend das erbärmliche Spiel der erbarmungswürdigen Figuranten, aber unaufhaltsam sich steigerndes und ansteigendes Drama: durch eine Präzision der Sachlichkeit, welche die Erregung, das Dunkel, die Wüstheit, die Fäulnis und den darüber spielenden, den entlarvenden Witz und Humor gleichsam aus dem Negativ der Elendsbelichtung ausspart. Daß mit Brecht der Regisseur Engel zum erstenmal in Berlin zu einer wirklichen Theateraufgabe zurückgekehrt ist, bleibt das zweite Ereignis des Abends.

Eine Aufführung, deren Ensemblewille so aufrichtig ist, daß man fast nicht von den einzelnen Darstellern sprechen möchte.

Wenn eine Schauspielerin vom Range Gerda Müllers eine winzige Rolle übernommen hat, so ist an dem ganzen Ensemble zu spüren, was ein solches Beispiel heute bedeutet. Aber man muß doch von der Mutter Courage der Helene Weigel sprechen. Von dieser wundervoll gereiften Kunst, welche die Stille und die Größe, das Schwere und das Leichte, realistische Unauffälligkeit und genaueste mimisch-sprachliche Akzentuierung in einer einzigen lösenden Bewegung verbindet. In demselben Maße, wie sich die Rolle tragisch verdunkelt, gewinnt sie die Höhe eines unerbittlich desillusionierenden Humors. Das Wesen wandelt sich nicht: die mimische Verwandlung ist das Drama. Und man muß von Angelika Hurwicz sprechen, die die stumme Tochter der Mutter Courage (das Unikum einer abendfüllenden stummen Rolle) mit einer solchen Gewalt des Gesichts, der schwer und dumpf arbeitenden Gebärdensprache spielt, daß man hier erst den ganzen Umfang dieser erstaunlichen Begabung erkennt. Humor, der Brechtsche Humor: Werner Hinz als Feldprediger, Paul Bildt als Koch haben in der fast maskenhaften Formulierung nicht nur seine Essenz, sie haben auch die Auflösung des komödiantischen Witzes, aber immer noch als sparsame Wesens-Chiffre, nie als chargierende Zutat. Zwei Meisterleistungen. Dahinter viele Namen: von Wolfgang Kühne bis Renate Keith, von Gerhard Bienert bis Ernst Kahler und Joachim Teege, von Franz Weber bis Paul Esser und Gert Schaefer, von Herwart Grosse bis Erich Dunskus. Darüber die Songs mit der Musik von Paul Dessau, die das böse, aufstachelnde Geräusch des Inhalts auf wenige Instrumentalstimmen bringt.

Ein Triumph der Dichtung. Ein Triumph der Aufführung in ihren wesentlichen Absichten. Bert Brecht mit seiner Gattin Helene Weigel, Erich Engel und das Ensemble müssen sich immer wieder dem Tumult des Beifalls stellen. Brechts Arbeit in Berlin und auf der führenden Berliner Bühne darf keine Episode bleiben.

# Max Schröder
## »Verflucht sei der Krieg!« –
## Deutsche Erstaufführung von Bertolt Brechts
## ›Mutter Courage‹ im Deutschen Theater

*(Aus: Neues Deutschland, Berlin 13. 1. 1949)*

In Brechts Chronik aus dem Dreißigjährigen Krieg »Mutter Courage«, zieht das deutsche Schicksal eines halben Jahrtausends an uns vorüber. Des halben Jahrtausends, in dem unser Volk den Krieg hinnehmen lernte wie das tägliche Brot, und der Frieden zu einer kürzeren oder längeren Pause zwischen den Mahlzeiten wurde, an denen man sich sättigte, sofern man nicht selber gefressen wurde. »Verflucht sei der Krieg!« sagt Mutter Courage, als er eines ihrer Kinder nach dem anderen auffrißt, aber als Marketenderin lebt sie von ihm. Das falsche Friedensgeläut nach des Schwedenkönigs Gustav Adolf Tod droht ihr mit Bankrott. Doch der totgesagte Krieg lebt wieder auf, nimmt ihr noch alles, auch die stumme Tochter, und tobt noch viele Jahre, nachdem Mutter Courage nur noch sich selbst als Zugpferd vor dem ausgepowerten Planwagen zu spannen hat und allein durchs verwüstete Land zieht, das unserm so ähnlich sieht wie ein Wesen nur sich selbst.

Es ist, als ob die spätmittelalterliche Kunst wiederaufersteht, in der die Schrecken der »Glaubenskriege« ihre erste erschütternde Aufzeichnung gefunden haben. Es ist, als ob Grimmelshausen wiederauferstanden ist, in dessen »Abenteuern der berühmten Landstörzerin Courage« Brecht den Stoff zu seiner Chronik fand. Es ist, als ob zwischen damals und heute keine Zeit verstrichen sei, weil die Greuel von damals noch immer nach Sühne schreien. Wer wagt noch vom Helden zu sprechen, fragt dies Meisterwerk des »epischen Theaters« angesichts der wie eine Seuche sich über den Kontinent erstreckenden Schlachtfelder, und doch hat es einen dramatischen Helden: Courages stumme Tochter Kattrin, die vor unseren Augen abgeknallt wird, weil sie auf dem Scheunendach die Trommel schlägt, um die verschlafene Stadt Halle vor dem Überfall der Katholischen zu warnen. »Verflucht sei der Krieg!« denkt sie und findet das Ende, das, als dies Stück geschrieben wurde, jedem in unserm Volk zugedacht war, der auch nur dachte wie sie. Kattrin ist die Seele unseres Volkes, die Hitler stumm machte, vergewaltigte und in Millionen Leibern mordete.

Die Kunst Brechts will nicht das Ausnahmeschicksal verherrlichen, sondern das allgemeine Schicksal begreifen und begreifen lehren. Brecht streift von seinen Figuren den Illusionismus der bürgerlichen Kunst ab, aber er reißt ihnen nicht – wie die dekadenten Nihilisten – die Haut mit vom Leibe. Prometheisch formt er Menschen aus Fleisch und Blut, Herz und Verstand. Mutter Courage und ihre Kinder haben nicht die freiplastische Monumentalität von Renaissance-Denkmälern, denn das Bewußtsein der Emanzipation ist ihnen nicht vergönnt. Sie sind gefesselt an ihr Milieu wie die Holzbilder von Tilman Riemenschneider und Ernst Barlachs, die Leidtragenden des halben Jahrtausends. Es sind Passionsfiguren einer durch Illusion nicht erlösbaren Menschheit, die mit ihnen untergehen oder durch sie befreit werden wird. Keiner wird glorifiziert, aber es wird genau unterschieden, wer – wie der Fähnrich, der die Tochter mordet, und der einäugige Spitzel – sein Gesicht verloren, ausgespielt hat, Mensch zu sein, und wer – wie der Feldprediger, der Koch, die Hure – ihren Menschenwert auf die ihnen begreiflichste Weise zu verteidigen trachten.

Tragisch ist das Schicksal der Söhne. Der Kühne verfällt dem Profoß der eigenen Truppen, als er in den paar Tagen des falsch-gemeldeten Friedens das Gleiche tut, wofür er im Krieg hoch belohnt wurde: die Bauern ausplündern. Der Brave fällt vom Profoß der Feinde, weil seine Mutter sich zu spät entschließt, in die hohe Bestechungssumme einzuwilligen, die ihn freikaufen, sie selbst aber und der Tochter die Existenz kosten würde. »Diesmal habe ich zu lange gehandelt«, bekennt sie, als die Exekution verhallt. Das ist ihre »tragische Schuld«, aber kein Stäubchen Schuld an ihr fällt in die Waagschale gegen den Globus an Schuld, den die Anzetteler des »Glaubenskrieges« an Stelle einer friedlichen Welt setzen. Mutter Courage ist eine humanistische Heilige aus dem Stamm der Niobe und der Schmerzensmutter, die das ihr geschenkte und von ihr geschaffene Leben mit Klauen und Zähnen verteidigt und zusehen muß, wie es in den Sand geworfen wird. Ihr Schicksal kann nicht mehr gesühnt werden. Es begibt sich bis heute rings um uns herum in grauenhafter Häufigkeit. Es muß beseitigt werden. Die umfassende Größe der Dichtung beruht darin, daß sie alle faulen Ausflüchte vor dieser Forderung, die heute wieder unter den kaum zu Atem gekommenen Kriegspredigern wuchern, vorweg einfängt, durchleuchtet und beiseite wirft. Der Dichter setzt sich jedem Fatalismus und Mystizismus auf die Spur bis zu dem Punkt, wo das Diktat des Profits klar wird. Er hängt der Katz die Schelle um. Wer Ohren hat zu hören, der höre. [ . . .]

# Fritz Erpenbeck
## Einige Bemerkungen zu Brechts ›Mutter Courage‹

*(Aus: Die Weltbühne. Hrsg. v. M. v. Ossietzky und H. Leonhard. 1949, S. 101–103.)*

Bertolt Brecht verlangt vom Kritiker grundsätzliche Stellungnahme, mehr als jeder andere Bühnenautor. Nicht nur, weil er ein großer Dichter ist, dessen Werk auf hohem ästhetischen und weltanschaulichen Niveau steht, sondern auch, weil er in seinem Werk bewußt ein von ihm aufgestelltes dramaturgisches Prinzip zu verwirklichen sucht.

Es kommt hier also nicht darauf an, das zu tun, was die Tagespresse bereits tat, nämlich zu bestätigen, daß die Aufführung von »Mutter Courage und ihre Kinder« im Deutschen Theater ein sensationeller Premierenerfolg war. Es kommt ebensowenig darauf an, hier eine Würdigung der – großenteils prachtvollen – schauspielerischen Leistungen zu geben; man muß vielmehr die Zusammenhänge zwischen Darstellung und Stück allgemein untersuchen. Denn es geht in der Produktion Bertolt Brechts stets um eine Lebensfrage unserer Dramatik überhaupt.

Er nennt sein Stück selbst eine »Chronik«. Er unterteilt diese nicht in Akte, sondern in zwölf »Bilder«. Eingestreute Songs, meist ironisch moralisierenden Inhalts, weichen die alte Form des dramatischen Theaters noch weiter auf.

»Dramatisches Theater?« Es galt in der Dramaturgie stets als eine Selbstverständlichkeit, daß Theater dramatisch zu sein habe; bis Brecht seine Gegenthese vom »epischen Theater« verkündete und in die Praxis vieler (nicht aller) seiner Werke umsetzte.

Er erzählt und belehrt von der Bühne herab. Und so, wie in andere Epik – beispielsweise in dem Roman – an Höhepunkten »dramatische« Dialoge eingestreut sind, so bedient sich ihrer auch Brechts »episches Theater«. Wie Brecht andererseits auch von dem Recht des Epikers, den Fluß des Geschehens jederzeit durch Reflexionen, Reminiszenzen und persönliche Kommentare zu unterbrechen, weitgehend Gebrauch macht.

Wichtig ist, daß es sich hier um eine ganz bewußte, grundsätzlich gegen das »dramatische« Theater gerichtete künstlerische Schaffensmethode handelt. Und zwar um die Schaffensmethode eines echten Dichters, der überdies bewiesen hat, daß er auch die andere Methode meisterhaft beherrscht. (Etwa in »Die Gewehre der Frau Carrar«, »Der Spitzel« und »Die Rechtsfindung«.) Wir kämen also nicht weiter, wenn wir Brechts in »Bildern« erzählendes Theater auf eine Stufe stellen wollten mit jenem unsagbar langweiligen Dramen-Ersatz hauptsächlich amerikanischer Herkunft, den wir in den beiden letzten Jahren auf unseren Bühnen als dialogisierte Bilderbogen bis zum Überdruß erleben mußten. Denn dabei war nicht dramaturgische Absicht, sondern dramaturgisches Unvermögen die Ursache. Vom dichterischen Unvermögen ganz zu schweigen. Nur Bertolt Brechts hohe dichterische Kunst ist es, die uns die Gleichsetzung verbietet. Nicht aber – und gerade darauf kommt es an – die dramaturgische Methode selbst, einerlei, ob sie von Brecht bewußt und bis ins Letzte gekonnt, oder ob sie von den Verfassern der erwähnten Schmarren ahnungslos und undichterisch angewandt wird. Noch deutlicher würde das, wenn wir Arbeiten von deutschen Brecht-Epigonen zum Vergleich heranziehen würden.

Um es einmal grob zu sagen: Wenn der geniale Brecht einen falschen Weg geht, bleibt immer noch jeder Schritt als Ausdruck eines wirklichen Dichters höchst interessant; gehen ihn jedoch schwächere oder gar schwache Bühnenautoren, dann ist das stets recht langweilig, und die falsche Richtung des Wegs wird sogleich deutlich.

So hätten also diese Zeilen nur den Zweck, junge Dramatiker vor einer Nachfolge Brechts zu warnen? Dann wären sie verfehlt, denn junge Dramatiker, die etwas wollen, lassen sich, wie die Praxis lehrt, in den seltensten Fällen erfolgreich vor etwas warnen. Es geht um mehr. Es geht um die Frage, ob unser dichterisch stärkster deutscher Dramatiker, ob Bertolt Brecht es sich weiterhin selbst verwehren will, auch der dramatisch stärkste Dichter, das heißt, der volkstümlichste deutsche Dramatiker zu werden.

Gerade die berliner Aufführung der »Mutter Courage« müßte ihm dies zeigen, wenn er aufmerksam die Wirkung auf das Publikum beobachtet und analysiert.

In diese »Chronik« ist nämlich ein ganz unepisches, sehr »dramatisches« Drama eingebaut: ein Drama mit Spieler und Gegenspieler, mit allem, was dazugehört. Allerdings ist da der Gegenspieler der Mutter Courage nicht (wie jetzt) der Krieg – also ein dramaturgisches Abstraktum –, sondern ein Mensch: die stumme Kattrin. Sie wird von ihrer Mutter wieder und wieder am menschlichen Ausleben verhindert: aus besorgter Liebe, aber auch, weil sie im Geschäft als Arbeitskraft unentbehrlich ist. Verstärkt wird dieser tragische – letztlich natürlich durch den Krieg bedingte und deshalb tiefe – Konflikt durch die Nebenhandlungen: den Tod der Brüder und das Verhältnis der Mutter zu dem Feldprediger und dem Koch. Alles das ist bei Brecht da. Es wird in der Szene mit der Lagerhure Yvette großartig exponiert. Es hat einen ersten Höhepunkt in der erschütternden Szene, in der Kattrin – die Sexualhungrige und Kinderliebe – den aus einem brennenden Bauernhaus geretteten Säugling auf den Knien wiegt und dabei glückselig lallt. Es steigert sich in dramatischer Wucht, wenn Kattrin in dem Augenblick, da sie den Frieden gekommen wähnt, durch die entstellende Wunde im Gesicht sich endgültig als Frau erledigt weiß. Sodann der dramatische Abklang: die Szene, da der Koch ihre Mutter verläßt, und schließlich ihr Opfertod bei dem Versuch, die Stadt Halle vor dem Überfall durch die Landsknechtshorden zu retten.

Einem Dichter, der auch das Dramaturgisch-Handwerkliche so meisterhaft beherrscht, wie Brecht, wäre es zweifellos nicht schwer, diese Komplexe seiner »Chronik« zu entnehmen, die Fäden zu einer dichten dramatischen Fabel zu verknüpfen. Das klingt jetzt vielleicht wie der anmaßlich-naive Vorschlag eines »Besserwissers« – soll es aber ganz und gar nicht sein. Es ist vielmehr nur ein Hinweis gerade auf jene Stellen des Werks, die bei der Premiere die durchschlagende Wirkung taten; bestimmt nicht nur infolge des herrlichen Spiels von Helene Weigel und Angelika Hurwicz! Sondern weil sie zugleich der Sieg des »dramatischen« Theaters über das »epische« waren. Daß dennoch die epischen Elemente einschließlich der Songs nicht ganz abfielen

und zumindest interessierten, war nicht das Verdienst des Dramatikers, sondern des Dichters Brecht. Das Publikum wartete
indessen – was Brecht sicherlich nicht verborgen blieb – immer
auf das nächste dramatische Erlebnis, das dann ja auch immer
kam . . .

Bei der Diskussion um Brechts Werk – nicht nur um dieses –, die
nunmehr hoffentlich einsetzt, geht es letztlich um die Grundfrage,
die stets an Zeitenwenden neu gestellt werden muß: Wo verliert
sich, trotz fortschrittlichen Wollens und höchsten, formalen Könnens, der Weg in eine volksfremde Dekadenz – wo führt, bei
fortschrittlichem Wollen und höchstem, formalem Können, der
Weg zur Volkstümlichkeit, zur dringend notwendigen Gesun-
dung unserer Dramatik?


# S. Altermann
# Wo beginnt die Dekadenz? Bemerkungen zur
# Polemik um Brechts »Mutter Courage«

*(Aus: Tägliche Rundschau. Berlin, 12. 3. 1949)*

Die scharfe Polemik, die Wolfgang *Harich* in der »Weltbühne«
gegen eine Kritik Fritz *Erpenbecks* gerichtet hat (die vorher in der
gleichen Zeitschrift publiziert worden war), führt weit über den
Rahmen der Besprechung eines einzelnen Werkes hinaus, mag es
sich dabei – wie im vorliegenden Fall – auch um eine so bedeutende Dichtung handeln wie *Bertolt Brechts »Mutter Courage«*. Die durch diese Polemik angeregte Diskussion ist für die
gesamte demokratische deutsche Literatur der Gegenwart von
größter prinzipieller Bedeutung. Deshalb halten wir es für notwendig, näher auf sie einzugehen, sie von dem ihr anhaftenden
nicht zur Sache Gehörigen und Unwesentlichen zu reinigen und
diejenigen Probleme herauszuarbeiten, die uns besonders wichtig
zu sein scheinen und die unrichtig interpretiert worden sind.

Fritz Erpenbeck hat in seinem Artikel einen auf den ersten Blick
sehr paradoxen Gedanken in den Vordergrund gerückt: Er spricht
von volksfremden und dekadenten Zügen in dem Schaffen Bertolt

Brechts, eines der bedeutendsten fortschrittlichen Schriftsteller im heutigen Deutschland, und er bezieht dies im besonderen auf dessen Stück »Mutter Courage«. Erpenbeck hat seinen Gedanken oberflächlich und mit ungenügender Überzeugungskraft dargelegt; er klingt bei ihm wie die irrtümliche Mutmaßung eines rechthaberischen Kritikers und wie eine unverdiente Kränkung des großen Schriftstellers. So hat Harich die Sache aufgefaßt. Empört über die bloße Möglichkeit einer solchen Fragestellung, ist er in jugendlichem Ungestüm für Brecht in die Bresche gesprungen, hat mit unfehlbarer Sicherheit die schwachen Stellen in Erpenbecks Argumentation festgestellt und deren Unfolgerichtigkeit aufgedeckt. Auf diese Weise hat er den Anschein eines vollständigen Sieges in dem Streit hervorrufen können. Harich hat zwar Erpenbeck das Recht abgesprochen, sich für einen »marxistischen Dialektiker« zu halten, im Grunde genommen aber hat er seinen Gegner eher polemisch überschrien als sachlich geschlagen.

Die Zentralfrage der Diskussion ist das Problem des »epischen Theaters«, das Brecht als Grundlage seines Bühnenschaffens proklamiert. Obwohl Erpenbeck sich das epische Theater Brechts rein äußerlich vorstellt (chronikartige Form, Ersetzung der Akte durch einzelne Szenen, Einführung von Songs, Einmischung des Autors in die Darstellung), hat er seiner Charakteristik des Brechtschen Schaffens den kritischen Hinweis auf diese epischen Elemente zugrunde gelegt, und darin hat er zweifellos recht. Brechts episches Theater ist keine formale Angelegenheit, es ist der Ausdruck eines bestimmten philosophisch-ästhetischen Systems und verbirgt letzten Endes in einer etwas mystifizierten Form den Charakter des Brechtschen Realismus.

Brechts »episches Theater« ist eine komplizierte und widerspruchsvolle Erscheinung; die Vorzüge wie die Mängel, die Stärke wie die Grenzen des Brechtschen Realismus hängen eng mit dieser Kompliziertheit zusammen. Wenn man dies nicht sieht, kann man leicht zu jenem Dualismus von Form und Inhalt kommen, zu dem Erpenbeck kommt, wenn er die Bedeutung des Brechtschen Schaffens nur durch seine »formale Meisterschaft«, durch eine mystische »geniale Begabung« erklärt, die die »Falschheit seines Weges« korrigieren soll. Tatsächlich ist der epische Stil, den Brecht in seinem Bühnenschaffen anstrebt, nichts anderes als ein Versuch, im 20. Jahrhundert bei den Positionen des klassischen

Realismus stehenzubleiben, jenes objektivistisch-beschaulichen Realismus, der im Anfang des vorigen Jahrhunderts so großartige Repräsentanten in Goethe und Schiller hatte und der von Hegel philosophisch und ästhetisch begründet wurde. Paul Rilla sagt in seinem Artikel »Episch oder dramatisch?« (»Berliner Zeitung« Nr. 39) nicht ohne Grund: »Für Brecht ist das, was über den individuellen Vorgang hinausgeht, nur als die objektive geschichtliche Welt der sozialen Spannungen darstellbar: der epische Stil ist der objektive Stil. Brecht materialisiert die Schillersche Aesthetik.«

Wenn es auch bei Brecht nicht immer so ist, so hat Rilla doch die Grundtendenz des Brechtschen Schaffens absolut richtig gekennzeichnet. Schon Hegel hat, als er behauptete, die geschichtliche Vernunft sei im Recht und man müsse sich dem objektiven Gang der Geschichte unterwerfen, die Möglichkeit des dramatischen Schaffens, die Möglichkeit des Dramas als einer Form, in der der Zweikampf der empörten Vernunft mit der Geschichte zum Ausdruck komme, geleugnet.

In »Mutter Courage« fehlt jener dramatische Konflikt, der die bei dem langen und für das Volk so qualvollen Kriege unvermeidlich anwachsende spontane Empörung der Massen sichtbar machen müßte, eine Empörung, die noch weit davon entfernt ist, zu einer politischen Massenbewegung zu werden (das wäre historisch falsch), die sich aber in einzelnen Rebellionen und Konflikten äußert, aus denen die Notwendigkeit einer revolutionären Umgestaltung der Gesellschaft hervorgeht. Es fehlt in dem Stück die Idee der revolutionären kritischen Umgestaltung der Welt. Man darf mich nicht falsch verstehen: Niemand verlangt von Brecht ein abstrakt-revolutionäres Pathos oder eine absichtlich von außen herangetragene »Tendenz«. Es handelt sich darum, daß die wahrhaft demokratische Kunst unserer Zeit unbedingt eine Kunst des *revolutionären* Realismus sein muß, eine Kunst der umfassenden und erschöpfenden Darstellung *revolutionärer* Massenaktionen mit allen dem *jetzigen* Zeitpunkt wesenseigenen Interessen, Ideen und Konflikten.

Das Paradoxe der Brechtschen Dramatik, wo dieser seiner Konzeption des Epischen treu bleibt, besteht darin, daß Brecht einerseits in der deutschen Literatur die realistischen Traditionen und die Züge wahrer Volksverbundenheit, die ihr in den Jahren der bürgerlichen Herrschaft verlorengegangen waren, wieder befestigt hat, während sich in seinem Schaffen, weil es sich nicht bis zum revolutionären Realismus erhob, zugleich dekadente Züge offenbaren mußten und auch tatsächlich offenbaren. Und hier müssen wir uns gegen Harich wenden. Er hat absolut recht in allen seinen Bestimmungen des Formalismus, nur in einem Punkt hat er nicht recht: die Dekadenz offenbart sich nicht nur unter den subjektiven Verteidigern des Kapitalismus und nicht nur in einer aufgeblähten Abstraktion der Form. *Die Dekadenz beginnt dort, wo in dem Schaffen eines Künstlers die empörte menschliche Vernunft schweigt und die Ohnmacht des Menschen vor dem geschichtlichen Schicksal bestätigt wird.* Es ist kein Zufall, daß die Dekadenz der bürgerlichen Kultur damit begann, daß sie auf die kritische Wiedergabe der Wirklichkeit verzichtete und zur Apologie der Wirklichkeit überging.

In »Mutter Courage« werden die Widersprüche in der Brecht-schen Position deutlich sichtbar. Einerseits reißt Brecht der in der deutschen Literatur traditionellen Paradedarstellung des Krieges die Maske vom Gesicht: Der Krieg steht als ein furchtbares Unglück für das Volk da, er lastet ganz und gar auf den Schultern der kleinen Leute und verdammt sie zu Entbehrungen, Opfern und Verlusten. Mit großer Kraft und Wahrheitstreue hat Brecht die Zusammenhänge zwischen dem geschichtlichen Geschehen und dem Leben des Volkes aufgezeigt, aber das Volk wirkt bei ihm in der Geschichte andererseits nur spontan und unbewußt, und alle Aktivität des einzelnen gilt ihm als sinnlos und nicht zu rechtfertigen. Brecht, der die Tragik der Geschichte des Volkes so eindrucksvoll wiedergegeben hat, schließt . . . mit dem Lied von der großen Kapitulation:

> Und jetzt das Ganze schwenkt?
> Der Mensch denkt: Gott lenkt –
> Keine Red' davon!

Und wenn Mutter Courage auch kein Wort spricht, wenn sie im letzten Akt, vom Kummer und den vielen Opfern gebeugt, in stummer Einsamkeit ihren Wagen zieht, so sieht doch jeder, daß sich vor seinen Augen das Drama der großen Kapitulation des Volkes abspielt, welches sich kampflos dem angeblich unerbittlichen historischen Schicksal unterworfen hat. Der klassische Realismus, der zu seiner Zeit eine fortschrittliche Erscheinung war und Werte geschaffen hat, die von unvergänglicher Bedeutung sind, erweist sich für unsere Zeit, die Zeit der absterbenden

bürgerlichen Weltordnung und der sich immer breiter entfalten-
den revolutionären Aktionen der Volksmassen als unzulänglich
und schränkt die schöpferischen Möglichkeiten des Künstlers ein.
Brecht ist ein Künstler, der am Schicksal des Volkes leidenschaftlich Anteil nimmt, und daher fühlt er dies offenbar. Durch seine
Songs und die Kommentare des Verfassers im Rahmen seiner
Inszenierung möchte er die Lücke in seinem Stück ausfüllen, die
dadurch entstanden ist, daß es an einem echten dramatischen
Konflikt fehlt, der den Sinn des ganzen dargestellten historischen
Dramas offenbaren würde. Schon 1847 schrieb Karl Marx: »Das
wahre Thema der Tragödie ist die Revolution.«

Die Bedeutung der Diskussion über Brechts Drama liegt darin,
daß sie den deutschen Schriftstellern und Künstlern, Schauspielern und Dramatikern noch einmal eindringlich und überzeugend
gezeigt hat, wie wichtig das Problem des sozialistischen Realismus
für die heutige deutsche Literatur bei ihren Bemühungen um die
Ausmerzung der »Muttermale des Kapitalismus« ist. Diese Muttermale sind noch immer so wirksam, daß das Schaffen vieler
großer und ehrlicher Künstler, deren Weltanschauung durchaus
fortschrittlich ist, noch nicht frei von ihnen ist. Der Kampf gegen
die Züge von Dekadenz und Formalismus im Schaffen dieser
Künstler braucht Zeit, kritische Selbstkontrolle und eine wahrhaft
kameradschaftliche, schöpferische Diskussion. Eine Kritik, die
aus Geschrei und maßlosen Lobeshymnen besteht – wie es in
Harichs Artikel leider der Fall ist –, ist hier kein wirksames
Mittel.


# Formprobleme des Theaters aus neuem Inhalt

*(Zuerst in: Theaterarbeit. 1952)*


FRIEDRICH WOLF Wir beide marschieren seit langem in der Welt
des Theaters von verschiedenen dramaturgischen Standorten auf
das gleiche Ziel. Gerade auf Grund des großen und verdienten
Erfolges Ihrer »Mutter Courage« wäre für unsre heutigen Thea-
terfreunde eine breitere Aussprache über Ihre Dramaturgie
notwendig. – Sie haben Ihre »Mutter Courage« gewiß nicht

zufällig eine »Chronik« genannt, zweifellos eine Form Ihres »epischen Theaters«. Wollen Sie also mit diesem bewußten Chronikenstil nochmals betonen, daß es Ihnen in erster Linie darauf ankommt, die Tatsachen, die nackten Tatsachen, zu den Zuschauern sprechen zu lassen? Wobei (im Sinne des Aristoteles) auch geschichtlich mögliche Tatsachen zu verstehen sind. Grob gesagt: objektivierendes Theater gegen psychologisierendes Theater, selbst um den Preis, daß die Tatsachen den Menschen oft nicht verändern.

BERTOLT BRECHT Die Chronik »Mutter Courage und ihre Kinder« – die Bezeichnung *Chronik* entspricht gattungsmäßig etwa der Bezeichnung *History* in der elisabethanischen Dramatik – stellt natürlich keinen Versuch dar, irgend jemand von irgend etwas durch die Ausstellung nackter Tatsachen zu überzeugen. Tatsachen lassen sich sehr selten in nacktem Zustand überraschen, und sie würden auch nur wenige verführen – wie Sie mit Recht sagen. Nötig ist freilich, daß Chroniken Tatsächliches enthalten, das heißt realistisch sind. Auch die Einteilung »objektivierendes Theater gegen psychologisierendes Theater« hilft uns nicht wirklich weiter, da man ja auch objektivierendes psychologisierendes Theater machen kann, indem man eben vornehmlich psychologisches »Material« zum Hauptgegenstand künstlerischer Darstellung macht und dabei Objektivität anstrebt. Was die vorliegende Chronik betrifft, glaube ich nicht, daß sie den Zuschauer im Zustand der Objektivität (das heißt leidenschaftsloser Abwägung des »Dafür« und »Dagegen«) läßt. Dagegen glaube oder, sagen wir, hoffe ich, sie macht ihn kritisch.

FRIEDRICH WOLF Ihr Theater appelliert in erster Linie an das Erkenntnisvermögen des Zuschauers. Sie wollen zuerst das klare Erkennen der Zusammenhänge gegebener und möglicher Situationen (gesellschaftlicher Verhältnisse) in Ihren Zuschauern wekken und somit in Ihren Zuschauern richtige Schlüsse und Entschließungen herbeiführen. Lehnen Sie es ab, sich in gleicher Weise an das Gefühl, die Emotion – das Gerechtigkeitsgefühl, den Freiheitsdrang, den »heiligen Zorn« gegen die Unterdrücker – unmittelbar zu wenden? Ich frage mit Absicht sehr einfach. In diesem Sinne, lediglich zur Klärung: Halten Sie eine historische Chronik wie den »Götz von Berlichingen« (dessen Charakter ebenfalls kaum eine Entwicklung, Wandlung, »Katharsis« durchmacht, der aber primär sich an das emotionale Erlebnis wendet) für den heutigen Zuschauer für wenig förderlich? Glauben Sie, daß die Hitlerzeit mit der Lawine verfälschter Emotionen derart desavouiert hat, daß diese heute für uns von vornherein verdächtig sind?

BERTOLT BRECHT Es ist nicht der Fall – wiewohl es mitunter vorgebracht wurde –, daß episches Theater, das übrigens – wie ebenfalls mitunter vorgebracht – nicht etwa einfach undramatisches Theater ist, den Kampfruf »hie Vernunft – hie Emotion« (Gefühl) erschallen läßt. Es verzichtet in keiner Weise auf Emotionen. Schon gar nicht auf das Gerechtigkeitsgefühl, den Freiheitsdrang und den gerechten Zorn: es verzichtet so wenig darauf, daß es sich sogar nicht auf ihr Vorhandensein verläßt, sondern sie zu verstärken oder zu schaffen sucht. Die »kritische Haltung«, in die es sein Publikum zu bringen trachtet, kann ihm nicht leidenschaftlich genug sein.

FRIEDRICH WOLF Sie erklären in Ihren projizierten Zwischentexten *vor* den einzelnen Szenen (»Dreigroschenoper«, »Courage«) die Handlung dem Zuschauer bereits voraus. Sie verzichten also bewußt auf die »dramatischen« Elemente der »Spannung«, der »Überraschung«. Auch so verzichten Sie auf das emotionale Erlebnis. Wünschen Sie um jeden Preis zuerst das Erkenntnisvermögen des Zuschauers zu erregen? Gibt es hier in diesem Sinne eine bewußte Folge im Theater: Erkenntnis ohne spannende Handlung, ohne Spieler und Gegenspieler, ohne Wandlung und Entwicklung der Charaktere? Wie sind im »Hamlet«, im »Othello«, in »Kabale und Liebe« die dramatischen Spannungselemente (Exposition – Schürzung des Knotens, Peripetie – überraschende Lösung) in einer fast Detektivhandlung von Ihrer Dramaturgie aus zu werten?

BERTOLT BRECHT Wie Spannung und Überraschung bei dieser Art Theater hergestellt werden, ist in Kürze nicht zu erklären. Das alte Schema »Exposition – Schürzung des Knotens – überraschende Lösung« ist ja schon in Historien wie »König Johann« oder »Götz von Berlichingen« außer acht gelassen. Eine Wandlung und Entwicklung der Charaktere findet natürlich statt, wenn auch nicht immer eine »innere Wandlung« oder eine »Entwicklung bis zur Erkenntnis« – das wäre oft unrealistisch, und es scheint mir für eine materialistische Darstellung nötig, das Bewußtsein der Personen vom sozialen Sein bestimmen zu lassen und es nicht dramaturgisch zu manipulieren.

FRIEDRICH WOLF Gerade in Ihrer »Courage« – bei der Sie meines Erachtens den epischen Stil äußerst konsequent durchführen – bewies die Haltung der Zuschauer, daß die emotionalen Handlungsmomente Höhepunkte der Aufführung wurden (Trommelsignal der stummen Kattrin, wie überhaupt diese ganze Szene, der Tod des ältesten Sohnes, die Mutterszene mit »Verflucht sei der Krieg!«). Und nun kommt vom *Inhalt* her, der ja auch bei Ihnen die Form dieser wunderbar gestalteten Aufführung zu bestimmen hat, meine eigentliche Frage: Müßte diese Mutter Courage (historisch ist, was möglich ist), müßte sie, nachdem sie erkannt hat, daß der Krieg sich nicht bezahlt macht, nachdem sie nicht bloß ihre Habe, sondern auch ihre Kinder verlor, müßte sie am Schluß nicht eine ganz andere sein wie am Anfang des Stückes? Grade für unsre heutigen deutschen Zuschauer, die sich bis 5 Minuten nach 12 stets damit herausredeten: Was konnte man schon machen? Krieg ist Krieg! Befehl ist Befehl! Man zieht den Karren weiter. – Lieber Brecht, hier beginnt für mich (grade bei der großartigen Aufführung und Schauspielerführung, dieser verführerisch guten Aufführung) *auch in Ihrem Sinne* eine Kernfrage. Denn da wir beide mit den Mitteln der Bühne die Menschen weiterbringen – verändern wollen, ist die Wandlung des Menschen auf der Bühne und im Bewußtsein des Zuschauers ja das Endziel. Nun können Sie sagen: Ich stelle die Verhältnisse mit meiner Kunst so objektiv zwingend dar, wie das Leben ist, und zwinge damit die Zuschauer selbst, sich für Gut oder Böse zu entscheiden. Sie (Wolf) legen bereits auf der Bühne den Finger auf die Wunde, Sie verlegen die Entscheidung auf die Bühne, und diese Methode ist zu schmerzhaft, verträgt der Zuschauer heute nicht. Sie als Homöopath in der Heilkunst handeln auf der Bühne als Chirurg; ich gehe den umgekehrten Weg, der Zuschauer merkt seine Behandlung gar nicht und schluckt so die Medizin. Richtig. Und doch wünschte ich sehr, Sie möchten Ihre ausgezeichnete »Heilige Johanna der Schlachthöfe« in gleich vollendeter Inszenierung uns zeigen« – und Sie sollten die Meute heulen hören! Aber es ist natürlich sinnlos, an einem Kunstwerk herumdoktern zu wollen. Meine Fragen dienen inmitten einer babylonischen Verwirrung auf dem Theater lediglich unserm gemeinsamen Ziel: Wie kann unsre deutsche Bühne unserm Volk das zeigen, was not tut? Konkret: Wie können wir es aus seinem Fatalismus aktivieren gegen einen neuen

Krieg? Und da hätte ich mir die »Courage« *noch* wirksamer gedacht, wenn ihre Worte »Verflucht sei der Krieg!« zum Schluß (wie bei der Kattrin) bei der Mutter einen sichtbaren Handlungsausdruck, eine Konsequenz dieser Erkenntnis gewonnen hätten. (Übrigens grade auch im 30jährigen Krieg rotteten sich die Bauern gegen die Soldateska zusammen und setzten sich zur Wehr.)

BERTOLT BRECHT In dem vorliegenden Stück ist, wie Sie richtig sagen, dargestellt, daß die Courage aus den sie betreffenden Katastrophen nichts lernt. Das Stück ist 1938 geschrieben, als der Stückeschreiber einen großen Krieg voraussah: Er war nicht überzeugt, daß die Menschen »an und für sich« aus dem Unglück, das sie seiner Ansicht nach betreffen mußte, etwas lernen würden. Lieber Friedrich Wolf, gerade Sie werden bestätigen, daß der Stückeschreiber da Realist war. Wenn jedoch die Courage weiter nichts lernt – das Publikum kann, meiner Ansicht nach, dennoch etwas lernen, sie betrachtend.

Ich stimme Ihnen darin absolut zu, daß die Frage, was für Kunstmittel gewählt werden müssen, nur die Frage sein darf, wie wir Stückeschreiber unser Publikum sozial aktivieren (in Schwung bringen) können. Alle nur denkbaren Kunstmittel, die dazu verhelfen, sollten wir, ob alte oder neue, zu diesem Zweck erproben.

1949

# Gespräch mit einem jungen Zuschauer

ZUSCHAUER Einige haben gesagt, das Stück ist am End nicht ganz richtig, weil es damit aufhört, daß die Marketenderin trotz des Unglücks, das sie getroffen hat, nichts gelernt hat.

STÜCKESCHREIBER Schau um dich, da sind genug Leute, denen der Krieg Unglück gebracht hat. Wieviele von ihnen haben etwas gelernt – ich meine: selber gelernt, ohne Hilfe, wie das die Courage müßte?

ZUSCHAUER Du meinst, du willst einfach die Wahrheit zeigen?

STÜCKESCHREIBER Ja, der Dreißigjährige Krieg ist einer der ersten Riesenkriege, die der Kapitalismus über Europa gebracht hat. Und im Kapitalismus ist es ungeheuer schwierig für den einzelnen, daß der Krieg nicht nötig ist, denn im Kapitalismus ist er nötig, nämlich für den Kapitalismus. Dieses Wirtschaftssystem beruht auf dem Kampf aller gegen alle, der Großen gegen die Großen, der Großen gegen die Kleinen, der Kleinen gegen die Kleinen. Man müßte also schon erkennen, daß der Kapitalismus ein Unglück ist, um zu erkennen, daß der unglückbringende Krieg schlecht, das heißt unnötig ist.

## Mutter Courage in zweifacher Art dargestellt

*(Aus: Notizen über die Dialektik auf dem Theater)*

Bei der üblichen Darstellungsart, welche Einfühlung in die Hauptperson bewirkt, kommt der Zuschauer (nach vielen Zeugnissen) in den Genuß eines eigentümlichen Genusses: eines Triumphs über die Unzerstörbarkeit einer lebenskräftigen, durch die Unbilden des Krieges heimgesuchten Person. Die aktive Beteiligung der Courage am Krieg wird nicht wichtig genommen, er ist eine Erwerbsquelle, möglicherweise die einzige. Abgesehen von diesem Moment der Beteiligung, trotz ihrer, ist die Wirkung ähnlich wie die beim »Schwejk«, wo – in einer allerdings komischen Sphäre – der Zuschauer mit dem Schwejk über die Pläne zu seiner Aufopferung durch die großen kriegsführenden Mächte triumphiert. Die ähnliche Wirkung bei der Courage ist aber von weit geringerem gesellschaftlichem Wert, weil eben ihre Beteiligung, so indirekt sie auch hingestellt werden mag, nicht gewogen wird. In der Tat ist diese Wirkung geradezu negativ. Die Courage erscheint hauptsächlich als Mutter, und Niobe gleich vermag sie ihre Kinder nicht vor dem Verhängnis Krieg zu schützen. Ihr Beruf als Händlerin und die Art, wie sie ihn ausübt, gibt ihr höchstens etwas »realistisch Unideales«, nimmt dem Krieg aber nichts von seinem Verhängnischarakter. Er ist natürlich auch hier rein negativ, aber schließlich überlebt sie ihn, wenn auch verunstaltet. Demgegenüber behandelte die Weigel, eine Technik anwendend, die restlose Einfühlung verhinderte, den Beruf der Händlerin nicht als einen eben natürlichen, sondern als einen historischen, das heißt einer historischen und *vergänglichen* Epoche angehörend, und den Krieg als die beste Zeit für den Handel.

Der Handel war auch hier eine selbstverständliche Erwerbsquelle, aber doch eine verschmutzte, aus der die Courage Tod trank. Die Händlerin-Mutter wurde ein großer lebender Widerspruch, und er war es, der sie verunstaltete und deformierte, bis zur Unkenntlichkeit. In der Szene auf dem Schlachtfeld, die bei üblicher Darstellung meist gestrichen wird, war sie wirklich die Hyäne; sie rückte mit den Hemden nur heraus, weil sie den Haß ihrer Tochter sah und überhaupt Gewaltanwendung fürchtete, und sie sprang den Soldaten mit dem Mantel fluchend an wie eine Tigerin. Nach der Verunstaltung der Tochter verdammte sie den Krieg mit ebenso tiefer Ehrlichkeit, als sie ihn in der unmittelbar folgenden Szene pries. So gestaltete sie die Gegensätze in aller Abruptheit und Unversöhnlichkeit. Der Aufstand ihrer Tochter gegen sie (bei der Rettung der Stadt Halle) betäubte sie völlig und belehrte sie keineswegs. Die dem Publikum tief fühlbare Tragik der Courage und ihres Lebens bestand darin, daß hier ein entsetzlicher Widerspruch bestand, der einen Menschen vernichtete, ein Widerspruch, der gelöst werden konnte, aber nur von der Gesellschaft selbst und in langen schrecklichen Kämpfen. Und die sittliche Überlegenheit dieser Art der Darstellung bestand darin, daß der Mensch als zerstörbar gezeigt wurde, selbst der lebenskräftigste!

[1951]

# VII. Aus den Modellbüchern

*Zur Verdeutlichung seiner Absichten und zur Weitergabe von Regieanregungen ließ Brecht beim Berliner Ensemble Modellbücher mit Fotos, Notaten und Analysen zusammenstellen. Für eine breitere Öffentlichkeit wurde auf dieser Grundlage zunächst der Band ›Theaterarbeit. 6 Aufführungen des Berliner Ensembles‹ (1952) und dann das ›Couragemodell 1949‹ (1958) zusammengestellt. Aus ›Theaterarbeit‹ wurden ganze Partien in das ›Couragemodell‹ übernommen.*

*Es folgen zunächst die wichtigsten Texte aus ›Theaterarbeit‹, in aufschlußreichen Fällen auch nach Vorfassungen (BBA), dann der vollständige Text zum ›Couragemodell‹.*

## Aus: Theaterarbeit (1952)

### Ruth Berlau
### Modelle des Berliner Ensembles

Das Berliner Ensemble stellt von einigen seiner Aufführungen Modellbücher her. Bisher liegen vor »Herr Puntila und sein Knecht Matti«, »Die Mutter«, »Mutter Courage und ihre Kinder«. In Vorbereitung ist »Der Hofmeister«. Sie bestehen aus 450 bis 600 Aufnahmen der Aufführung sowie Anmerkungen über die Erfahrungen und Erörterungen beim Einstudieren der Stücke. Die Modellbücher werden auf Wunsch an andere Theater weitergegeben.

Das Berliner Ensemble betrachtet die Aufstellung solcher Modelle überhaupt für empfehlenswert.

Die Vorstellung kann mit zwei Leicas an zwei Abenden durchfotografiert werden. Die Apparate müssen auf Stativen angebracht und mit Kabelauslösern versehen sein, damit man schnell und doch sicher viele Bilder erhält.

Die Szenen müssen von ein und demselben Blickpunkt aus aufgenommen werden, da sonst die Modellbenutzer sich in den Positionen der Figuren nicht zurechtfinden.

Die Apparate stehen auf dem Balkon, nicht ganz in der Mitte, sondern seitlich; wo kein Balkon vorhanden ist, muß ein Podest aufgebaut werden, damit die Bühne von oben aufgenommen werden kann. Die Bilder bekommen so einige Tiefe, und das Arrangement kann sich plastisch entfalten. (Die Modellbücher zeigen, wieviel dem Zuschauer in Theatern entgeht, deren Sitze nicht über dem Niveau der Bühne aufgestellt sind.) An einem Abend werden 20 Filme genommen; jeder Film hat 36 Aufnahmen. Zwei Abende ergeben etwa 1500 Bilder. Zunächst werden die Bilder der Auftritte und Abgänge und der Stellungswechsel zusammengestellt. Dann kommt die Feinarbeit, das Auswählen von Bewegungen und Gesten charakteristischer Art. Danach prüfen wir, ob die Handlung in Bildern erzählt ist: die Fabel muß sichtbar sein. Die Drehpunkte werden zusammengestellt. Zuletzt werden die noch fehlenden Punkte aufgenommen. Ein Regieassistent oder der Regisseur sitzen bei dem Fotografen und geben die genauen Punkte an. Die Stichwörter für jede Szene sind vorher aufgeschrieben worden.

Zur Herstellung der Modelle machen die Regieassistenten bei den Proben Anmerkungen: Über das Choreographische (Stellungen und Gruppierungen), über die Betonungen, die Vorschläge des Regisseurs, Bemerkungen des Stückeschreibers, die Drehpunkte, die sozialkritischen Punkte, über komische, tragische und poetische Momente. Die Notizen werden in der Dramaturgie verarbeitet und gehören zu den Modellbüchern, damit man zusammen mit den Bildern die Begründungen für die oder jene Stellung, die Gruppierung, den Abstand usw. hat. Oft führen die Untersuchungen der Bilder zu Berichtigungsproben.

Jetzt werden »Schönheits«-Aufnahmen gemacht: von welcher Seite soll diese Szene fotografiert werden? Wie nah kann man mit der Kamera herangehen? Das heißt, wieviel muß auf dem Bild sein, damit es nicht nur schön ist, sondern auch den Vorgang erzählt? Wo lohnt es sich, »Bewegungsbilder« aufzunehmen? Detailaufnahmen werden nach der Überlegung gemacht, welche Geste oder welcher Ausdruck den Charakter der Figur zeigt, speziell die Widersprüche des Charakters.

Zu unseren Modellbüchern gehören auch Kostüm- und Maskenbilder: auf weißem Hintergrund werden alle Darsteller in Kostümen und Masken fotografiert. Das (und die Rollenbilder) sind unsere einzigen gestellten Bilder: Die Darsteller werden gebeten, sich ohne Ausdruck vor die Kamera zu stellen. Die Aufnahmen werden von vorn, rechts, links und hinten gemacht.

Das Modell erfordert auch Dekorationsbilder: Dekoration mit Projektionen; ebenso Bilder der Requisiten; historische Requisiten oder besonders schöne Requisiten, zum Beispiel Galileis Instrumente, Antigones Maskenbrett und Alarmplattengerüst.

Dies alles sind für Regisseure und Regieassistenten lehrreiche Arbeiten, auch Dramaturgen können bei der Herstellung der Modelle lernen. Es ermöglicht das Auffinden übertriebener Gesten, unwahrer Ausdrücke, falscher Haltungen, guter Ausdrücke und charakteristischer Gesten. So bekommt nicht nur das fertige Modellbuch einen Wert, den für die Benützer, sondern es hat auch einen Arbeitswert, einen Lehrwert schon für die Hersteller.

Es ist klar, daß diese Arbeit sich nur lohnt, wenn eine Aufführung nachahmenswert oder wenigstens in Einzelheiten nachahmenswert ist. Der Wert liegt auch darin, daß man etwas für spätere Zeiten festhalten kann. Sei es nun Spielweise, Bühnenbau oder Geschmack unserer Zeit. Jede Vorstellung zeigt etwas Lehrreiches – auch von den schlechten kann man lernen.


über den gestus


der gesamtgestus eines stückes ist nur in vager weise bestimmbar und man kann nicht die <alle> fragen angeben, die gestellt werden müssen, ihn zu bestimmen. da ist immerhin die haltung des stückschreibers zum publikum. belehrt er? treibt er an? provoziert er? warnt er? will er objektiv sein? subjektiv? soll das publikum zu einer guten oder schlechten laune überredet werden oder soll es nur daran teilnehmen? wendet er sich an die instinkte? an den verstand? an beides? usw usw dann hat man die haltung einer epoche, der des stückschreibers und derjenigen, in die das stück verlegt ist. tritt z b der stückschreiber repräsentativ auf? tun es die figuren des stücks? dann gibt es den abstand zu den vorgängen. ist das stück ein zeitgemälde oder ein interieur? dann gibt es, bei diesem abstand oder jenem, den stücktypus. handelt es sich um ein gleichnis, das etwas beweisen soll? um die beschreibung von vorgängen un<ter>geordneter art? – dies sind fragen, die gestellt werden müssen, aber es müssen noch mehr fragen gestellt werden. und es kommt darauf an, dass der fragende keine furcht vor einander widersprechenden antworten hat, denn ein stück wird lebendig durch seine widersprüche. zugleich aber muss er diese widersprüche klarstellen und darf nicht etwa dumpf und vage verfahren, in dem bequemen gefühl, die rechnung gehe ja doch nicht auf.

um den gestus einer einzelnen szene zu beleuchten, wählen wir die erste szene des dritten bildes von MUTTER COURAGE UND IHRE KINDER, und zwar in zwei auffassungen. die courage tätigt einen unredlichen handel mit heeresgut und ermahnt dann ihren sohn beim heer, seinerseits immer redlich zu sein. die weigel spielte diese szene so, dass die courage ihren sohn bedeutet, dem handel nicht zuzuhören, da er ihn nichts angeht. in der münchener aufführung nach dem berliner modell spielte die giehse die szene so, dass die courage den zeugmeister, der den sohn sehend, zögert, weiter zu reden, mit einer handbewegung anweist, weiterzusprechen, da der sohn das geschäft ruhig hören kann. bleibt die dramaturgische funktion der szene erhalten: in einem korrupten milieu wird ein junger mensch aufgefordert, unverbrüchlich redlich zu handeln. der gestus der courage jedoch ist nicht derselbe.

(BBA 908 / 73-74)

## Phasen einer Regie

### *1. Stückanalyse*

Untersuchen, welche gesellschaftlich wertvollen Erkenntnisse und Impulse das Stück verschafft. Die Fabel auf eine halbe Schreibseite konzentrieren. Dann die Fabel in einzelne Vorgänge einteilen, die Drehpunkte feststellen, d. h. die wichtigen Ereignisse, welche die Fabel weiterführen. Dann den Zusammenhang der Vorgänge, ihren Aufbau untersuchen.

Auf Mittel und Wege sinnen, welche die Fabel leicht erzählbar machen und ihre gesellschaftliche Bedeutung herauskehren.

## 2. Erste Erörterung des Bühnenbaus

Grundgedanke des Bühnenbaus. Untersuchung: Gibt es eine Einheitslösung? Dekorationen für die einzelnen Szenen oder Akte. Herstellung von Szenenskizzen, welche Teile der Fabel geben, Gruppierungen, einzelne Haltungen der Hauptfiguren.

## 3. Besetzung

Möglichst nicht endgültig. Berücksichtigend das Interesse der Schauspieler, vielfältig eingesetzt zu werden. Vermeidend das Theaterübliche, wo es der Realität widerspricht.

## 4. Leseprobe

Die Schauspieler lesen mit einem Minimum an Ausdruck und Charakterisierung, hauptsächlich kenntnisnehmend. Unterbreitung der Stückanalyse.

## 5. Stellprobe

Die Hauptvorgänge werden ungefähr und vorläufig in Stellungen und Gängen entworfen. Dies und jenes wird ausprobiert. Die Schauspieler bekommen die Gelegenheit, was ihnen vorschwebt, probieren zu können. Betonungen der Sätze werden angedeutet, zusammen mit Haltungen und Gesten. Die Charaktere können ein wenig sichtbar werden, jedoch wird nicht Kontinuität angestrebt.

## 6. Bauprobe

Unter Benutzung der Erfahrungen der Stellproben werden die Dekorationsskizzen auf die Bühne übertragen, damit sie schnell in Arbeit gegeben werden können, denn je eher die Schauspieler in den fertigen Dekorationen spielen können, desto besser. Jedoch muß von jetzt ab alles fürs Spiel Nötige in benutzbarer Form gestellt werden (Wände, Schrägen, Türen, Fenster usw.). Auch soll nicht mehr ohne Requisiten geprobt werden.

## 7. Detailproben

Ohne Rücksicht auf das endgültige Tempo wird jedes Detail für sich probiert. Der Schauspieler baut das Verhalten seiner Figur zu den anderen Figuren auf und lernt den Charakter seiner Figur kennen. Sind die Hauptvorgänge einigermaßen gestaltet, werden die »Übergänge« mit besonderer Sorgfalt geprobt.

## 8. Durchlaufproben

Was in den Detailproben auseinandergerissen worden ist, wird nun zusammengerissen. Es handelt sich dabei nicht um das Tempo, sondern um die Kontinuität und die Gewichtsverteilung.

## 9. Erörterung von Kostüm und Maske

Sind die Gruppierungen übersehbar und treten die Charactere der Figuren hervor, werden Kostüme und Masken besprochen und in Arbeit gegeben. Schon in anfänglichen Proben sind probeweise hohe Schuhabsätze, lange Röcke, Mäntel, Brillen, Bärte usw. benutzt worden.

## 10. Überprüfungsproben

Nochmalige Untersuchung, ob die gesellschaftlich wertvollen Erkenntnisse und Impulse des Stücks über die Rampe gebracht sind und ob die Fabel vollständig und elegant erzählt ist und ihre Drehpunkte stimmen. Es wird nun mit Sonde, Lupe und Feile gearbeitet.

Es empfiehlt sich, jetzt auch vermittels photographischer Aufnahmen die Gruppierungen zu kontrollieren.

## 11. Tempoproben

Nunmehr wird das Tempo festgelegt. Die Szenendauer wird fixiert. Es empfiehlt sich, Tempoproben auch im Kostüm zu machen, da dieses retardierend wirkt.

### *13. Durchsprechproben*

Das Stück wird ohne Souffleur mit Andeutungen der Gesten sehr rasch durchgegangen.

### *14. Voraufführungen*

Überprüfung der Reaktion des Publikums. Womöglich soll ein Publikum hinzugezogen werden, das, wie ein Betrieb oder eine Studentengruppe, Diskussion ermöglicht. Zwischen den Voraufführungen finden Berichtigungsproben statt, in denen die Erfahrungen der Voraufführungen verwertet werden.

### *15. Öffentliche Erstaufführung*

Ohne Anwesenheit des Regisseurs, damit die Schauspieler sich unkontrolliert bewegen können.

# Paul Dessau
## Zur Courage-Musik

Die Courage-Musik entstand im Jahre 1946 in engster Zusammenarbeit mit Bertolt Brecht. Sie besteht aus zehn Liedern, einigen Märschen, einem kurzen Vorspiel und einem Finale, das die drei verschiedenen Marschthemen zusammenfaßt, die im Stückablauf eine dramatische Rolle spielen. Das Hauptstück ist das Lied der Courage, dessen Melodie einer alten französischen Romanze entlehnt ist.

Alte Melodien zu bearbeiten, ist nicht neu in der Geschichte der Musik. Die Wiederaufnahme und Verarbeitung älteren Kulturguts hat das zeitgenössische Schaffen seit jeher um große Werte bereichert.

Zu den anderen Texten versuchte ich Musikstücke zu erfinden, die, ausgehend vom Volkslied, das Volkslied erweitern, indem sie es durch rhythmische und harmonische Mannigfaltigkeit bereichern. Damit glaube ich, eines der vielen wichtigen Probleme unserer zeitgenössischen Musik berührt zu haben.

Das im Stück nächstfolgende Lied ist ein Tanzlied. Es hat seine eigene kleine Geschichte. Die vorliegende Fassung ist die fünfte. Sie entstand in unmittelbarer Zusammenarbeit mit Autor, Bühne und Darstellern. Es ergab sich, daß Melodramatisches am Platze war. So erhielt das Lied den Charakter eines dramatischen Tanzes in freier Rondoform, sehr aufgelöst und vielleicht deshalb besonders schwierig zu erfassen. Einige Beispiele sollen das klarer machen:

Es ist bereits ersichtlich, daß ich bei der Vertonung der Texte vom Wort ausging, das schon bei Brecht von hoher Musikalität ist. Hierdurch kommt für den Musiker, der dem Wort nicht die Alleinherrschaft belassen will, ein neues Problem hinzu. Im folgenden will ich dies aufzeigen und deutlich zu machen versuchen:

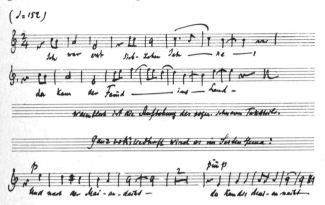

Hier ergab sich, trotz nicht vorgesehener Cäsuren, eine ganz selbstverständliche Homogenität von Musik und Wort.

Die Bildhaftigkeit und der Brechtsche Gestus, der poetische sowohl als der politische Sinn, wurden nicht vernebelt durch die kleinen Fiorituren (melodische Ausschmückungen, die dem Volkslied weniger eigen sind, dem Volksliedhaften aber Kunstcharakter zuweisen). Im Gegenteil, dieser Kunstgriff schaffte eher eine Vereinheitlichung.

Die vier Einleitungstakte des »Stundenliedes«, die dem Neun-Takter-Lied vorangehen, sind einer alten Musik entnommen. Der versteckte Kanon in der Strophe ist stilistisch gerechtfertigt. Ich setze Melodie und Kanon her:

Das »Lied von der Bleibe« hat volksliedhaften Charakter. Die
Taktstrichlosigkeit geht zurück auf frühe Beispiele. Es wird von
einer Gitarre begleitet.

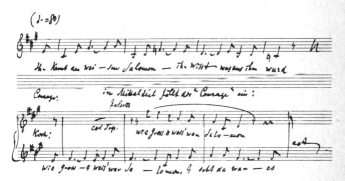

Das kleine Soldatenlied könnte auch als Fanfarenthema dienen. Es
hat Moll-Dur-Charakter und dürfte eine recht interessante Har-
monisierungsaufgabe für angehende Musiker sein.

Die Orchestrierung des »Lieds von den Anfechtungen großer
Geister« besteht aus einem Harmonium, einer kleinen Flöte und
einer Trompete. Die Musiker spielen in der ersten Bühnengasse,
so daß sie guten Kontakt mit den singenden Schauspielern haben.
Das Ganze hat Bänkelsängercharakter und ist leicht zu behalten.
Die Courage fällt an einigen Stellen mit ein. So wird das Lied zu
einem kleinen Duett.

Das »Wiegenlied« der Courage lehnt sich bewußt an Vorbilder
an. Es sollte möglichst tonlos gesungen werden. Überhaupt ver-
tragen die Courage-Lieder keinen »großen« Ton. Im Altenburger
Landestheater hörte ich sie halb gesprochen. Das gab auch eine
gute Wirkung.
Das Wiegenlied:

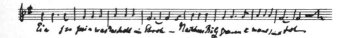

Das »Lied von der großen Kapitulation« hat denselben musikalischen Gestus, der dem »Lied vom Fraternisieren« eigen ist. Die
Musik beherrscht den Text, deutet ihn gleichsam und macht ihn
durch die Abgrenzungen des Melodischen sogar »schärfer«. Es
geht so weit, daß man kleine Formen antrifft, wie zum Beispiel bei
den Worten »Besondres bin« und »Gewinn«, die musikalisch
gleichen Ursprungs sind. Es ist gleichgültig, ob die Umkehrung
der Phrase beabsichtigt war oder sich im Prozeß der musikalischen Arbeit ergab. Auf die Reinheit des Stils kommt es an. Ich
glaube, daß sie hier erreicht ist. Das vielgestaltige Lied wird von
Wanzenklavier, Harmonika und Schlagzeug begleitet.

Von den Märschen ist der »Siegesmarsch« am ausgeprägtesten. Nur zwei Flöten, Trompete und Harmonika mit etwas Schlagzeug ergeben die erwünschte Wirkung der Siegesfeier hinter der Szene. Seine Thematik hat echten Tanzcharakter.

Der Trauermarsch zur Beerdigung des Feldhauptmanns Tilly ist dem kleinen Vorspiel entnommen. Einzelne Teile koppelte ich mit einem anderen kleinen Marsch.

Das Finale faßt all die kleinen Themen zusammen. Die beiden kleinen Flöten spielen eines der Marschthemen, die Trompete intoniert Motivstücke aus dem Trauermarsch, und der Männerchor singt das Hauptlied, das Courage-Lied in erweiterter Form:

Das Orchester besteht aus sieben Musikern. Das Klavier erhält durch kleine Reißnägel auf den Hämmern den Klang, der an eine übergroße Gitarre erinnert (Wanzenklavier). Nur durch diese wesentliche Zutat ergibt sich das neuartige Klangbild, das durch das hinzukommende Akkordeon, die zwei Flöten, eine (mit Ausnahme der Bühnenfanfaren) fast durchweg sordinierte Trompete und Schlagzeug entsteht. Die Gitarre wird an einigen Stellen solistisch eingesetzt. Bei der Wiedergabe der Courage-Musik soll man den Eindruck haben, als hörte man altbekannte Weisen in neuer Form, ein Volksgut, dessen Eigenart mehr in seinen Charakteren und Phrasenabwandlungen liegt, als in einzelnen Tonfolgen oder gar in »landläufigen« Harmonien. Denn die echte Volksmusik erhält wohl erst durch ihre weitläufige Variabilität einen erzieherischen und fortschrittlichen Wert.

## Zu einzelnen Szenen

### Das Loseziehen (1. Szene)

In der 1. Szene sagt die Courage dem »Herrn Feldwebel« die Zukunft voraus, dabei stehen alle um sie herum und sehen ihren Vorbereitungen genau zu. Wie malt sie nun auf beide Zettel ein schwarzes Kreuz? Die Zuschauer müssen ihren Schwindel deutlich sehen, aber die Zuschauer auf der Bühne dürfen ihn nicht entdecken. So benutzen wir den Satz vom Schweizerkas: »Und den anderen läßt sie leer, siehst du« dazu, daß alle auf Schweizerkas schauen, während die Courage kräftig und deutlich, mit bösartigem Spaß, ihr schwarzes Kreuz für den »Herrn Feldwebel«

auf den von Schweizerkas annoncierten leeren Zettel malt, die Augen des Feldwebels frech mit ihren Wahrsagerinnenaugen festhaltend. Sie nutzt seinen Aberglauben aus, den sie sofort aus der ironischen Bemerkung des Werbers herausgefunden hat: »Dann sag doch mal dem Herrn Feldwebel die Zukunft voraus, es möcht ihn amüsieren.« Bei genauer Überprüfung wird man bald herausfinden, daß dies eine lustige Lösung eines kleinen, aber wichtigen technischen Problems ist.

Damit solche Details nicht naturalistisch wirken, müssen sie fast überdeutlich, realistisch gespielt werden: die Courage muß die schwarzen Kreuze mit einem weichen Kohlestift malen; der Zuschauer will das schwarze Kreuz sehen, es gehört zu ihrem Schwindel: »Schwarz ist der Tod.« Und es darf nicht »irgendwie« gemacht, sondern es muß deutlich gezeigt werden: Die Courage will ihre Söhne vor dem Soldatentod warnen!

Das Modell zeigt, was die Courage für Requisiten braucht und wie sie sie benutzt. Braucht sie die Zinnbüchse mit ihren Papieren noch, wenn sie die Papiere den Soldaten vorgezeigt hat? Ja. Wo stellt sie sonst den Helm hin, wenn sie die Hände zum Kreuzmalen braucht? Auf die Büchse. Wo nimmt sie schnell den Kohlestift und das Papier für ihre Zettel her? Aus der Büchse.

*Der kleine wilde Säbeltanz (2. Szene)*

Eilif, der kühne Sohn der Courage, singt seinem Feldhauptmann das Lied vom Weib und dem Soldaten vor und ahmt dabei einen Tanz nach, den er irgendwo gesehen hat. In den Strophen, wo das Weib warnend zum Soldaten spricht, macht Eilif ein altes Weib nach und versucht, es lächerlich zu machen, wenn es dem Soldaten sagt »Bleib weg, 's ist nicht weis'« oder »Es geht übel aus«.

In der Berliner Aufführung machte Ernst Kahler als Eilif ein langes trauriges Gesicht und hielt den Säbel im Arm wie ein Wickelkind. In der Münchner Aufführung trennte Blech seine Haare schnell mit den Händen so, daß ein Scheitel entstand und ihm die Haare lang herunterhingen; er schüttelte dabei verzweifelt den Kopf. Diese Lösungen waren auf die holländische Aufführung nicht zu übertragen. Sie fordern sehr präzise und langwierige Einstudierung und Musikproben. Die holländischen Schauspieler, die jeden Abend woanders spielen mußten und schlecht bezahlt wurden, kamen meist übermüdet und hungrig auf die Proben.

Wir fanden eine dritte Möglichkeit: Eli Blom, der holländische Eilif, stützte sich auf seinen Säbel wie auf einen Stock, legte die andere Hand auf die Hüfte und – krumm und von Rheuma geplagt – schleppte er sich ein paar Schritte nach vorn. Wichtig ist, daß der Soldat das Weib lächerlich macht, da ihre Antwort »Ihr vergeht wie der Rauch« desto besser kommt, je mehr sie karikiert und lächerlich gemacht wird.

Wenn man nur aus unseren Bildern herausliest, daß der Soldat das Weib lächerlich macht, mag jeder Regisseur und Schauspieler die Lösung bringen, die ihm Spaß macht.

### Die Händlerin hat zu lange gehandelt (3. Szene)

Diesmal geht der Handel der Courage nicht um eine Schnalle oder einen Kapaun; es geht um ihren redlichen Sohn. Die Courage muß zeigen, daß sie Recht und Unrecht hat. Was soll sie ohne Wagen und ohne Geld? Und doch – wie unmenschlich ist es, sich an 50 Gulden zu klammern, wenn es um ein Menschenleben geht! Der Krieg hat die Mutter in eine Ecke gedrängt. Auch das Arrangement muß das zeigen. Vorn links steht der Wagen, der sie und ihre Tochter ernährt. Neben ihr steht die Hure, die den Wagen, rechts sitzt Kattrin, die ihren Bruder, links der Feldprediger, der seine Zwiebelsuppe haben will. Die Gruppierungen, genau gleich in der Münchner und der Berliner Aufführung, zeigten dennoch so große Unterschiede, wie eben zwischen Menschen bestehen. Wenn die Salven den Tod des Sohnes ankündigen, sinkt die Giehse zusammen wie von den Kugeln getroffen. Die Weigel wirft ihren Kopf zurück, mit offenem Munde einen stummen Schrei zeigend. Eine minimale Bewegung drückt aus, daß dieser Schrei aus dem Mutterschoße kommt. Der Krieg hat über eines der größten aller menschlichen Gefühle gesiegt.

### Die Verleugnung (3. Szene)

Trotz Modell-Benutzung, und zwar genau in Abständen, Gängen, Pausen, wurde die Verschiedenheit in »Mutter Courages Verleugnung ihres toten Sohnes« noch deutlicher als ihr Reagieren auf den Tod des Sohnes:

Die Weigel, ihren Schrei verschluckend, indem sie die Unterlippe vorschiebt und die Zähne an die Oberlippe preßt, zeigt, daß

da nichts Menschliches herauskommen darf. Sie geht, ihren Rük-
ken wie vor einem Schlag schützend, ein wenig gebeugt, den Kopf
gesenkt, niemals dem Feldwebel ins Auge blickend, zur Bahre
ihres toten Sohnes. Die Weigel sieht ihren Sohn genau an, als
wollte sie Härte und Bitterkeit heraussaugen, um weiter zu
handeln. (Im nächsten Bild zeigt sie uns, was sie da gelernt hat: zu
kapitulieren, im übernächsten, daß der Wagen teuer war.) Ihr
Gang von der Bahre zurück ist schwerer. Sie geht langsamer,
ihren Kopf tiefer gesenkt. Nochmals gefragt vom Feldwebel:
»Was, du hast ihn nie gesehn?« schüttelt die Weigel den Kopf, als
wäre sie ein angepflockter Stier, dem jede Drehung des Kopfes
Schmerzen macht. Wie eine Diebin schaut sie der Leiche nach,
wenn sie herausgetragen wird.

  Die Giehse geht einen ganz anderen Weg: Wo die Weigel uns
mit ihrem verbissenen Ausdruck schon ihre Verhärtung zeigt,
zeigt die Giehse uns Schwäche, zwar nur eine Sekunde: Wenn sie
die Schritte der Soldaten hört, die die Leiche ihres Sohnes bringen,
saugt sie Kraft aus Kattrin, ihren Kopf an sie lehnend. Dann
bereitet sie sich vor, und zwar deutlich. Rank, Hand in der Hüfte,
frech, fast kokett empfängt sie den Feldwebel.

  »Schau ihn dir an, ob du ihn kennst«, befiehlt der. In einer
herausfordernden, ja eitlen Haltung, geht sie zu der Bahre, als
folge sie einer beleidigenden Zumutung. Ihr Gang ist frech und
wiegend, an der Bahre steht sie kerzengrade. Mit ihren Augen hält
sie die Augen des Feldwebels fest, sie vermag nicht, ihren Sohn
anzusehen. Sie ist noch nicht verhärtet. Sie deckt sich hinter einer
Komödie. Wenn der Feldwebel das Laken wegschlägt, so daß das
Gesicht ihres toten Sohnes anklagend offen daliegt, blickt sie nur
eine Sekunde hinunter, sich bemühend, nichts zu sehen, dann
greift sie wieder nach den Augen des Feldwebels. Ihr Kopfschütteln ist eine kleine, völlig gleichgültige pro-forma-Aussage. Wie
eine Gräfin geht sie von der Bahre weg, um ihren Sitz neben
Kattrin am Faß wieder einzunehmen. Des Feldwebels »was, du
hast ihn nie gesehen« wird mit einem kleinen raschen Kopfschütteln zurückgewiesen. Wenn die Leiche herausgetragen wird,
schaut die Courage der Giehse ihr nicht nach. Ohne Übergang
und lautlos fällt sie vornüber vom Hocker.

  Wichtig scheint uns, daß die Courage einen langen Gang zur
Bahre hat und wieder von der Bahre zum Faß zurückgeht.

Die Verleugnung
München 1950 (Therese Giehse)

### Die stumme Kattrin (3. und 11. Szene)

Die Kattrin der Angelika Hurwicz in der Berliner Aufführung ist
ein der »Außenwelt« zugekehrtes, gleichmütiges praktisches Geschöpf, das erst durch die Grausamkeit des Krieges etwas
wunderlich wird. Die roten Schuhe und den Hut der Lagerhure
ausprobierend, plump und hilflos, provoziert sie das Gelächter
des Publikums. Mit gleichem Ernst betreibt sie, als eine Arbeit,
das sinnliche Gehabe, das die Männer anlockt wie das Trommeln,
das die Kinder der Stadt Halle retten soll.

Die Kattrin der Ernie Wilhelmi in der Münchner Aufführung ist
in sich gekehrt und empfindsam. Daß sie durch den Krieg gezwungen ist, mit Lagerhuren zu konkurrieren, um zu einem
Mann zu kommen, erscheint bei ihr lediglich furchtbar. Ihr
Trommeln vor Halle wirkt weniger als der Aufruhr einer dump-

fen und mütterlichen Natur und mehr als das unbeirrbare
Funktionieren einer zarten und durch ihr Gebrechen nur noch
empfindsamer Gewordenen.

Beide Darstellerinnen spielen die Szenen verschieden, jedoch
variieren sie den Gestus gerade für diese zwei Szenen nur sehr
leicht.

### Eine Pause (5. Szene)

In der fünften Szene verteidigt die Courage nach einer Schlacht
mit Erbitterung, hartnäckig und hartherzig, ihren Warenbestand
vor einem niedergebrannten Bauerngehöft, wenn der Feldprediger für die Bauern Verbandzeug fordert. Sie setzt sich auf die
Wagentreppe und versperrt den Eingang mit ihrem Leib. Sie hat,
um diesen Wagen zu retten, bereits einen Sohn verloren.

In dieser Szene spielt eine Pause eine Rolle. Die Courage wird
vom Feldprediger gefragt, wo das Leinen bleibt, das er zum
Verbinden braucht. Alle schauen böse auf sie.

Die Pause muß mindestens 10 Sekunden dauern, das heißt sie
muß unerträglich lang sein. Es ist schwierig, sie durchzuhalten, da
die Szene im übrigen auf rasches Tempo gestellt ist.

Die Weigel saß finster und unbeweglich und sprach die nachfolgenden Sätze, mit denen sie ihre Weigerung begründet, zornig
und abschließend. Die Giehse schielte, immerhin geniert, unruhig
zu der fordernden Gruppe hinüber; die Geldtasche baumelte
sichtbar auf ihrem Bauch.

### Behandlung von Details (8. Szene)

In der 6. Szene von »Mutter Courage« wird Kattrin, von ihrer
Mutter auf einen Handel geschickt, von trunkenen Landsknechten niedergeschlagen.

In der 7. Szene sehen wir sie mit einer Binde um den Kopf den
Wagen ziehen.

Erst in der 8. Szene können wir die Folgen der Wunde zeigen.
Wir müssen sie zeigen, weil der Koch in der 9. Szene ablehnt,
Kattrin in das geerbte Wirtshaus mitzunehmen, mit der Begrün-
dung: die Gäste wollen so was nicht immer vor Augen haben.

Das Bild, der 8. Szene entnommen, zeigt die Präzision der
Modellaufführung. Es zeigt den Schreck des Kochs über die

Der Schreck des Kochs über die Entstellte
Berlin 1951 (Helene Weigel/Angelika Hurwicz/Ernst Busch)

Entstellte, deren er sich als einer »einnehmenden Person« erinnert (3. Szene). Wir hatten Mühe, diesen Vorgang fotografisch festzuhalten, er dauerte nicht länger als eine Sekunde. Die Begegnung muß so arrangiert werden, daß der Koch und Kattrin sich allein gegenüberstehen, wenn er sie zum ersten Male wiedersieht. Wir ließen die Courage Säcke hinter dem Wagen holen und erst kommen, als die Begegnung genau gezeigt war.

*Ein Wiedersehen (8. Szene)*

Nach vielen Jahren sucht der Feldkoch, stellungslos und verlumpt, die Courage wieder auf. Wir wissen, daß die Courage all die Jahre seine Pfeife aufbewahrt und daraus geraucht hat. Was sie über ihn denkt, hat sie deutlich gemacht in dem Satz: »Er war ein netter Mensch«, den sie (Szene 6) mit Liebe und Sinnlichkeit

Ein Wiedersehen
München 1950 (Friedrich Domin/Therese Giehse)

aussprach. Jetzt steht er wieder vor ihr.

Die Weigel zeigte, die nun graumelierten Haare flechtend, mädchenhafte Freude und die zwei gaben sich erst die Hände, als der eifersüchtige Feldprediger sich zurückgezogen hatte. Scheu, ihren Kopf gesenkt, zeigt sie: es ist kein gewöhnlicher Händedruck. Ein großer Moment. Ein Händedruck unter Friedensglocken.

Die Giehse gab dem Feldkoch vor der Nase des Feldpredigers die Hand. Sie verlegte den feierlichen Moment auf das spätere Glas-Überreichen. Sie hatte seinen Satz »ein Glas Branntwein von schöner Hand« nicht vergessen.

Es zeigte sich, daß der holländischen Volksschauspielerin Aaf Bouber die Auffassung der Giehse näher lag, und wir übernahmen diese.

In der vorhergehenden Szene haben wir gesehen, wie die Courage sozusagen mit ihren Waren den Koch einpackt, nachdem sie ihm strahlend zugerufen hat: »Der Frieden ist schon wieder aus!« Schon wieder setzt sie auf den Krieg. Er wird sich als Niete erweisen – der Krieg hat schon alles aufgefressen.

Jetzt sehen wir zwei alte, hungrige, frierende und müde Menschen. Es ist aus mit Geschäftemachen, nur Betteln blieb übrig. Der Koch hat Glück gehabt; seine Mutter ist an der Cholera gestorben, das kleine Wirtshaus in Utrecht gehört ihm. Er zeigt der Courage den Brief und stellt ihr ein Ultimatum: sie soll mit ihm nach Utrecht gehen, heute, aber ohne Kattrin. Courage kämpft, sie will Kattrin nicht allein lassen, aber der Koch hat gute Gründe: eine Stumme mit einer Narbe wollen die Gäste nicht sehen, und das Wirtshaus ist ein kleines. Courage sieht ein, daß seine Gründe vernünftig sind, doch sie kämpft noch, ja, sie spricht ihren einzigen Liebessatz im ganzen Stück. Sparsam, angepaßt dem Hunger, der Müdigkeit und Kälte: »Wir haben uns gut verstanden.« Der Koch gibt sich die Mühe, ihr noch einmal zu erklären, daß das Wirtshaus ein kleines ist. Er will sie mithaben, aber unter keinen Umständen Kattrin.

So beschließt die Courage, allein mit Kattrin weiterzuziehen, und während der Koch noch oben beim Pfarrer ist, wo sie zusammen eine Suppe erbettelt haben, schmeißt sie das Zeug des Kochs aus dem Wagen. Da liegt es vor ihr: ein kleines Bündel, ein Paar Hosen und ein Stock. Mit drei Worten wird es begraben: »Der dumme Mensch«. Giehse und Weigel sagten diese Worte mit großer Liebe. Die Weigel stand still dabei, die Arme schlapp herunterhängend. Sie blickte seine Sachen an. Es ist ein tragischer Moment, er hat Größe. Die Courage begräbt nicht nur ihre Liebesgeschichte, die Hilfe, die Wärme eines Menschen, sie begräbt die Bleibe, das kleine Wirtshaus. Die Giehse begrub ihre Liebe mit ihren Händen, die sie über die Sachen breitete, in einer kleinen Zeremonie, aber endgültig und für alle Zeiten, als werfe sie darüber die drei Schaufeln Erde.

Der Unterschied in der Auffassung dieser zwei großen Darstellerinnen der Courage ist deutlich und interessant: Die Weigel begrub ihre Liebe für sich, die Giehse für Kattrin.

In den Stellungen scheint uns wichtig, daß ein deutlicher Abstand ist zwischen Kattrin und der Courage. Courage muß Kattrin stehenlassen, wenn sie sie mit zum Wagen gezerrt hat, sie muß Platz haben, das Zeug des Kochs herauszufischen und vor sich hinzuwerfen. Und – ist sie fertig mit der kleinen Zeremonie – muß sie nach Kattrins Bündel greifen müssen, hitzig, wie die Weigel, ihren Schmerz mit Ungeduld deckend, oder zart, wie die Giehse.

### Der Stein beginnt zu reden (11. Szene)

Wenn die stumme Kattrin auf dem Scheunendach zu trommeln anfängt, um die Stadt Halle zu wecken, ist schon lange eine große Veränderung mit ihr vorgegangen. Die lebhafte freundliche junge Person, die wir im Couragewagen in den Krieg haben fahren sehen, ist eine geschlagene Kreatur geworden, nicht ohne Bosheit. Sie ist auch äußerlich sehr verändert, nicht so sehr im Gesicht, dessen Kindlichkeit lediglich etwas Infantiles angenommen hat, aber im ganzen Körper, der unförmig und schwer geworden ist. Sie kniet mit den betenden Bauersleuten vorn an der Rampe, etwas hinter der Bauersfrau, als ihr die über die Schulter weg zuwirft, die kleinen Kinder ihres Schwagers seien auch in der bedrohten Stadt. Es geht nichts vor in ihrem Gesicht, das seit langem, ein blindgewordener Spiegel, die Fähigkeit verloren hat, irgend etwas deutlich zu zeigen. Sie kriecht lediglich rückwärts, bis sie aus der Nähe der Betenden ist, dann läuft sie lautlos zum Wagen und holt die Trommel, die dort hängt, wie zum Verkauf ausgeboten. Es ist die Trommel, die ihre Mutter vor Jahren unter den neugekauften Waren fand, welche sie gegen die marodierenden Landsknechte so hartnäckig verteidigt hatte, daß sie die entstellende Wunde über dem Auge erhielt. Die Stumme bindet sie los, hängt sie sich auf den Rücken, schleicht zur Scheune, stopft sich die langen Röcke hoch und klettert aufs Dach. Die Menschen schweigen, der Stein hat beschlossen zu reden.

(Die Schauspielerin zeigt die Eile der Retterin, aber auch, wie sie alles als eine Arbeit macht, durchaus praktisch. Viele würden unten an der Leiter das Hochziehen der langen Röcke vor dem Publikum verbergen, vergessend, daß sie nicht nur die Schauspielerin, sondern auch die Stumme beim Klettern hindern würden.)

Auf dem Dach (die Schauspielerin behielt beim Klettern das

Täppische ihres erstmaligen Kletterns fest) sieht sie hinüber, wo die schlafende Stadt angenommen ist, und fängt unverzüglich mit dem Trommeln an. Sie hält in beiden Händen Schlegel und schlägt im Zweitakt, mit dem Akzent wie im Wort »Gewalt«. Die Bauersleute schrecken aus dem Gebet hoch, der Bauer läuft hin, behindert durch sein Rheuma, die Stumme zieht linkisch die Leiter hoch zu sich aufs Dach und trommelt weiter.

(Von nun an teilt die Schauspielerin ihre Aufmerksamkeit qualvoll zwischen der Stadt, die sehr lang braucht, zu erwachen, und den Leuten auf dem Hof, die sie bedrohen.)

Unten der Bauer sucht gebückt nach Steinen, die Trommelnde zu bewerfen; die Bäuerin beschimpft sie und fleht sie an, aufzuhören (»Hast du kein Mitleid, hast gar kein Herz?«). Die Trommelnde wirft einen kühlen Blick herunter auf die Ängstlichen und wendet sich wieder der Stadt zu, die immer noch nicht zu erwachen scheint. (Die mit vielen Mitleid haben, dürfen keines haben mit den wenigen.)

Die Landsknechte kommen zurückgelaufen. Der Fähnrich bedroht die Bauersleute mit dem blanken Säbel. Sie sind wieder aufs Knie gesunken, wie zuvor vor ihrem Gott. Die Landsknechte bieten der Fremden einen Vergleich an. Annehmend, sie mache den Lärm, weil sie für ihre Mutter in der Stadt fürchtet, versprechen sie ihr, diese zu schonen. Die Trommelnde scheint nicht zu verstehen oder dem rufenden Landsknecht nicht zu glauben. Der Fähnrich tritt vor. Er wirft sich in die Brust, er bürgt ihr mit seinem Offiziersehrenwort. Die Stumme hebt die Schlegel höher als je zuvor, nach einer winzigen Pause, anzeigend, daß sie gehört und daß sie bedacht hat. Lauter als zuvor trommelt sie weiter. (Die Schauspielerin benutzt den kleinen Vorgang zu einer Demonstration der Stummen: sie hält nichts von den Ehrenwörtern der Schlächter.)

Der Fähnrich rast. Die Stumme macht ihn madig vor seinen Leuten. Er weiß, sie grinsen jetzt, wenn er nicht hinsieht. Aber der Bauer rennt freiwillig nach einer Axt und hackt auf einen Holzblock zum Anschirren von Ochsen ein, den Lärm der Trommel zu übertönen durch einen »friedlichen Lärm«. Die Stumme schaut, über die Schulter, auf ihn herunter. Sie nimmt den Wettkampf im Lärmen auf, er geht eine Weile. Dann winkt der Fähnrich wütend ab. Das alles hilft nicht. Er läuft zum Bauernhaus, nach einem Scheit, die Trommelnde zu räuchern wie einen

Schinken. Die Bäuerin läßt ihr mechanisches Beten und wirft sich vor die Haustür: »Das nutzt nix, Herr Hauptmann, wenn sie in der Stadt hier Feuer sehen, wissen sie alles.« Etwas Außerordentliches geschieht. Die Stumme auf dem Dach hat die Bäuerin gehört und lacht jetzt herunter, sie hängt ihr Gesicht nach vorne und lacht.

(Zwei Szenen zuvor hat die Schauspielerin Kattrin ebenfalls lachen lassen. Sie hat von ihrem Fluchtversuch, noch einmal auf ihr bösartiges Arrangement des Rocks der Mutter mit der Hose des Kochs blickend, das unheimliche Lachen gezeigt, die Hand vor dem Mund. Das Lachen nun löscht jenes Lachen aus.)

Der Fähnrich geht in die Luft. Er schickt einen Landsknecht nach einer Kugelbüchse. Auch der Bäuerin ist etwas eingefallen. »Ich hab's«, schreit sie, verräterisch auf den Planwagen zeigend, »wenn wir den Wagen zusammenhauen, hört sie auf; sie haben nix als den Wagen.« Mit Fußtritten zwingt ein Landsknecht den Bauernsohn, mit einer Planke auf den Wagen einzuhauen. Die Stumme schaut verzweifelt hin, sie stößt jetzt jämmerliche Laute aus. Und sie trommelt weiter. (Und die Schauspielerin weiß, nähme die Stumme ihr Trommeln auch nur einen Augenblick zu früh wieder auf, wäre die Wahrheit beschädigt. Die Bäuerin hat recht, der Wagen ist alles, wieviel wurde ihm schon geopfert!)

Die Trommelnde beginnt nun schon müde zu werden, Trommeln ist auch eine Arbeit; man sieht, wie schwer es ihr wird, die Arme mit den Schlegeln zu heben. Der Zweitakt verwirrt sich. Sie schaut gieriger und angstvoller nach der Stadt hin, vorgebeugt, mit offenem Mund, was ihr etwas Idiotisches gibt. Sie beginnt zu zweifeln, daß sie in der Stadt je gehört wird. (Die Schauspielerin hat allen ihren Bewegungen bisher etwas Linkisches verliehen. Man soll erkennen: Bereit zu helfen ist die Hilfloseste. Nun gerät sie ganz in Verwirrung.) Die Verzweifelnde erlebt noch eine Versuchung, aufzuhören. Der Bauernsohn wirft plötzlich die Planke weg und schreit: »Schlag weiter, sonst sind alle hin!«, und der Landsknecht schlägt mit dem Spieß auf ihn ein. Er wird ihn totschlagen. Die Stumme wird von einem trockenen Schluchzen überwältigt, sie macht unschlüssige, fahrige Bewegungen mit den Trommelschlegeln, bevor sie weiter trommelt. Der Landsknecht kommt zurück mit der Kugelbüchse. Er stellt sie auf die Gabel, er zielt aufs Dach. (»Zum allerletzten Mal, hör auf mit Schlagen!«) Die Stumme beugt sich vor, sie hält ein mit Trommeln, sie schaut

Mutter Courage deckt die Leiche ihrer Tochter zu
München 1950 (Therese Giehse)

in den Büchsenlauf. In der größten Not drückt ihr weißes infantiles Gesicht noch einmal etwas aus: Furcht. Dann hebt sie mit
einer mächtigen und zugleich erschöpften Bewegung die Arme
mit den Schlegeln und schlägt, laut schluchzend, weiter. Der
Landsknecht gibt Feuer, die Kugel erreicht sie, als sie eben beide
Arme hoch erhoben hat. Sie sinkt vornüber. Einen Schlag schlägt
sie noch, der zweite, letzte, kommt zustande, weil der andere Arm
niedersinkt. Einen Augenblick herrscht Stille, in die der Fähnrich
hinein sagt: »Schluß is mit'n Lärm.« Dann lösen die Kanonen der
Stadt, sie hört sie nicht mehr, die Trommelschläge ab. Die Stadt
hat sie gehört. (Die Schauspielerin hat, eine heroische Haltung
zeigend, die besondere Art gezeigt, wie sie bei ihrer Figur zustande kommt: durch eine Tapferkeit, welche die Furcht überwin-
det.)

Mutter Courage deckt die Leiche ihrer Tochter zu
Berlin 1951 (Helene Weigel)

*Mutter Courage deckt die Leiche ihrer Tochter zu (12. Szene)*

Die Courage der Weigel hat eine einzige schnelle Bewegung in
dieser Szene: Das Kopfdrehen von den Bauersleuten weg zum
Gesicht der Kattrin, wenn der Bauer ihr, um sie loszuwerden,
ungeduldig klarmacht: »Sie schläft nicht, Sie müssen's einsehen,
sie ist hinüber.« Sonst sind ihre Gänge und Bewegungen die
langsamer, alter, zerstörter Leute.

Wenn die Weigel Kattrins Kopf vom Schoß auf den Boden
zurücklegt, um die Decke zu holen, womit sie die Leiche zudeckt,
ist Kattrin für sie nicht mehr vorhanden. Und doch legt sie
Kattrins Kopf mit größter Vorsicht auf den Boden und zieht die
Decke grausam genau über die Leiche. Hiermit zeigt die Weigel
die Abgestumpftheit der Courage.

Die Courage der Giehse schaut sich noch einmal das Gesicht der Tochter an, bevor sie es zudeckt. Ihre Courage ist während der ganzen Szene ein wenig lebhafter als die der Weigel. Daß sie noch unter die Decke schaut, stimmt überein mit ihrem Nase-Schneuzen am Ende der Szene, wenn sie sich in der Gegend umschaut, bevor sie sich an den Wagen spannt: Welchen Weg weht der »Handels-Wind«?

### Warnung vor falscher Darstellung (12. Szene)

Schwer ist es z. B. für die Darstellerinnen der Courage, Sentimentalität zu vermeiden, wenn Mutter Courage ihr letztes Kind verloren hat (12. Szene). Wir müssen aber eine unbelehrbare Mutter zeigen. Eine Mutter, deren Hoffnung es war, sich selber und die Ihren mit Gewinn durch den Krieg zu bringen. Dumme Hoffnung vieler.

Das Mitleid, das wir erzeugen wollen, ist Mitleid mit der Dummheit und Abgestumpftheit, der sozialen Abgestumpftheit der Unbelehrbarkeit, Mitleid mit dem Nicht-Wissen.

Was gibt uns das Modell, dies über die Rampe zu bringen? Das Arrangement ist choreographisch festgelegt. Wir haben als feste Stützpunkte sechs Verrichtungen:

1. Mutter Courage sieht ein, daß Kattrin tot ist und legt sorgfältig Kattrins Kopf von ihrem Schoß auf den Boden.
2. holt eine Decke;
3. deckt die Leiche zu;
4. zahlt das Begräbnis; (verzichtend auf Mitgefühl, legte die Weigel kühn eine Münze wieder zurück in die Tasche)
5. nimmt die Kondolenz der Bauersleute entgegen in drei tiefen Verbeugungen und einer vierten, noch tieferen, zu Ehren der Leiche, wenn diese weggetragen wird;
6. spannt sich alleine vor den Wagen.

Mit kaum einer halben Seite Text zur Verfügung müssen diese sechs Vorgänge voll ausgeführt werden. Jede Sache für sich. Den gesellschaftlichen Winkel, in dem die Vorgänge betrachtet werden müssen, können wir nur bloßlegen, wenn wir ihnen viel Zeit geben. Die Gänge, die Pausen, die Stille helfen uns zu zeigen, daß es Mutter Courages letzte Blache ist, ihr letztes Geld, ihr letztes Kind. Dies darf aber nicht in Schluchzen, Tränen und Tragik untergehen. Die Erfahrung zeigt, daß es vielen Darstellerinnen der Courage näher liegt und leichter fällt, diese Schlußszene einfach tragisch zu spielen. Damit ist aber dem Stückschreiber nicht gedient. Er will nicht das Tragische wegnehmen, aber er will etwas hinzufügen: die Warnung, daß die Courage *nichts* gelernt hat.

Um das klarzulegen, haben wir ein Lied und sieben sparsame Repliken zur Verfügung. Wenn die Darstellerin der Courage das Wiegenlied mit Sentimentalität und mit dem Wunsch, Sentimentalität zu erregen, bringt, haben wir schon einen falschen Ton angeschlagen, eine Einsicht versäumt: der Gedanke, der dem Lied zugrunde liegt, ist ein mörderischer. Das Kind dieser Mutter sollte es besser haben als andere Kinder anderer Mütter.

Die Gruppierung der Bauersleute hilft uns. Wir müssen zeigen, daß die Einstellung der Bauersleute zur Courage feindlich ist. Sie hat ihnen große Schwierigkeiten verursacht und gehört zu den nicht seßhaften Elementen, zum Krieg, zu den Brandschatzern, Halsabschneidern und Beutemachern. Auch ist sie, nach Ansicht der Bauersleute, an dem Unfall selber schuld, weil sie wieder einmal ihren Schnitt machen und Waren verkaufen wollte. Also stehen sie eng zusammen und sprechen zur Courage nur über die Schulter. Daß die Courage so lange Zeit braucht, um einzusehen, daß Kattrin tot ist, ärgert sie, weil sie sie los werden wollen. Wenn die Courage gefragt wird, ob sie denn niemand sonst hat, muß ihre Antwort: »Doch, einen. Den Eilif« so gebracht werden, daß der Zuschauer darüber erschrickt, daß sie noch nicht weiß, daß der Krieg nicht nur ihren redlichen Sohn und ihre stumme Tochter, sondern auch ihren kühnen Sohn schon lange aufgefressen hat.

Die äußeren Vorgänge dieser Szene, übernommen vom Modell, geben den Darstellerinnen der Courage soviel Spielraum, so viel direkt zu zeigen, daß es für sie kein Verlust ist, wenn da kein Platz übrigbleibt für große innere Gefühle, welche die Darstellerin aufgespart haben mag und nun loslassen will.

Es ist doch so, daß jeder Schauspieler gewöhnt ist, daß er sein Publikum durch die Figur für sich gewinnen muß. Gerade das aber können wir hier nicht gebrauchen. Die Darstellerin der Courage muß sich diese Szene so einteilen und aufbauen, daß ihr letzter Satz: »Ich muß wieder in 'n Handel kommen«, mit Mißbilligung und Kopfschütteln von den Zuschauern aufgenommen wird.

# Couragemodell 1949

## Anmerkungen zur Aufführung 1949

### *Modelle*

Wenn in unsern Ruinenstädten nach dem großen Krieg das Leben weitergeht, so ist es ein anderes Leben, das Leben anderer oder wenigstens anders zusammengesetzter Gruppen und gehemmt und geleitet von der neuen Umgebung, an der neu die Zerstörtheit ist. Wo die großen Schutthaufen liegen, liegen auch die wertvollen Unterbauten, die Kanalisation und das Gas- und Elektrizitätsnetz. Selbst das unversehrte große Gebäude ist durch das Halbzerstörte und das Geröll, zwischen denen es steht, in Mitleidenschaft gezogen und unter Umständen ein Hindernis der Planung. Provisorisches muß gebaut werden, und die Gefahr besteht, es bleibt. Die Kunst spiegelt all dies wider; Denkweisen sind Teil der Lebensweisen. Was das Theater betrifft, werfen wir in den Bruch hinein die Modelle. Sie werden sogleich heftig bekämpft von den Verfechtern des Alten, der Routine, die als Erfahrung, und der Konvention, die als freies Schöpfertum auftritt. Und sie werden gefährdet von den Übernehmern, die nicht gelernt haben, sie zu handhaben. Gedacht als Erleichterungen, sind sie nicht leicht zu handhaben. Sie sind auch nicht gemacht, das Denken zu ersparen, sondern es anzuregen; nicht gemacht, das künstlerische Schaffen zu ersetzen, sondern es zu erzwingen.

Zunächst muß man sich ja auch nur vorstellen, die im Buch gegebenen Aufschlüsse über bestimmte Ereignisse, hier die Abenteuer und Verluste der Mutter Courage, seien noch etwas vervollständigt worden; man habe auch noch in Erfahrung gebracht, daß die Frau neben ihrer stummen Tochter gesessen sei, als man ihren toten Sohn vor sie brachte und so weiter – Aufschlüsse, die etwa ein Maler durch Befragung von Augenzeugen für seine Komposition eines historischen Vorgangs bekommen kann. Danach kann er dies oder das immer noch verändern, wie es ihm aus diesem oder jenem Grund rätlich erscheinen mag. Bevor ein sehr hoher Stand lebendigen und geistreichen Kopierens – und Herstellens – von Modellen erreicht ist, sollte man nicht zu vieles kopieren. Die Maske des Kochs, die Kleidung der Courage und derlei muß man nicht nachahmen. Man muß das Modell nicht zu sehr pressen.

Die Bilder und die Beschreibungen einer Aufführung ergeben noch nicht genug. Wenn man liest, daß eine Figur nach einem Satz da- oder dorthin geht, weiß man nicht eben viel, selbst wenn der Tonfall des Satzes, die Art des Ganges und eine gute Begründung gegeben werden kann – was sehr schwer ist. Die zur Nachahmung bereiten Menschen sind andere als die des Musters; es wäre mit ihnen nicht entstanden. Alle, die den Titel Künstler verdienen, sind Einmalige, stellen das Allgemeine in einer besonderen Weise dar. Sie können weder völlig nachgeahmt werden noch völlig nachahmen. Auch ist es nicht so wichtig, daß Künstler Kunst nachahmen, als daß sie Leben nachahmen. Modelle zu benutzen ist so eine eigene Kunst; soundso viel davon ist zu erlernen. Weder die Absicht, die Vorlage genau zu treffen, noch die Absicht, sie schnell zu verlassen, ist das richtige.

Bei dem Studium des Folgenden, einer Anzahl von Erörterungen und Erfindungen beim Proben eines Stücks, sollte man angesichts gewisser Lösungen von Problemen hauptsächlich der Probleme ansichtig werden.

## Fotografie

Aus mehreren tausend Fotos, samt und sonders während der Aufführungen aufgenommen, existiert eine Auswahl von etwa 800, die vom Archiv des Berliner Ensembles an Theater ausgeliehen wird. Die Fotos im beiliegenden Heft geben einen Ausschnitt davon. Sie sind, wie die meisten während einer Aufführung aufgenommenen Fotos, in einem Punkt täuschend: die Hintergründe erscheinen dunkel, während sie in Wirklichkeit hell und klar waren. Der Rundhorizont war z. B. niemals abgedunkelt, also immer hellgrau, nahezu weiß. Der Beleuchtungsapparat des Deutschen Theaters ist jedoch zu schwach, in der Fotografie das matte goldene Licht zu zeigen, das die ganze Bühne badete. Selbst die Schatten vorne, die sich hie und da auf den Fotos breitmachen und die davon kommen, daß die Lichtkörper unregelmäßig aufgehängt sind, wirkten in der Vorstellung schwächer, ja schienen kaum vorhanden.

Die Musik Paul Dessaus zur Courage ist nicht hauptsächlich eingängig; wie beim Bühnenbau war auch bei ihr dem Publikum etwas zu tun übriggelassen: das Ohr hatte die Stimmen und die Weise zu vereinigen. Die Kunst ist kein Schlaraffenland. Um zum Musikalischen umzuschalten, der Musik das Wort zu erteilen, ließen wir jedesmal, wenn ein Lied kam, das nicht unmittelbar aus der Handlung herauskam oder, aus ihr herausgekommen, deutlich außen blieb, vom Schnürboden ein Musikemblem herunter, bestehend aus Trompete, Trommel, Fahnentuch und Lampenbällen, welche aufleuchteten. Ein zartes und leichtes Ding, schön anzuschauen, auch wenn es in der 9. Szene zerschlissen und zerstört war. Es erschien einigen als bloße Spielerei und als ein unrealistisches Element. Aber einerseits sollte man gegen das Spielerische, solange es nicht alles überwuchert, nicht allzu streng auf dem Theater verfahren, andrerseits war es insofern nicht einfach unrealistisch, als es die Musik aus der realen Handlung heraushob; es diente uns dazu, den Wechsel zu einer andern ästhetischen Ebene, der musikalischen, sichtbar zu machen, so daß nicht der falsche Eindruck entstand, die Lieder »wüchsen aus der Handlung heraus«, sondern der richtige Eindruck, sie seien Einlagen. Die dagegen sind, sind einfach gegen das Sprunghafte, »Unorganische«, Montierte, hauptsächlich weil sie gegen die Zerreißung der Illusion sind. Sie müßten nicht gegen das Musikzeichen protestieren, sondern gegen die Art, wie die Musikstücke in das Stück eingebaut sind, eben als Einlagen.

Die Musiker waren sichtbar in einer Loge neben der Bühne untergebracht – welche Position ihre Darbietungen zu kleinen Konzerten machte, selbständigen Beiträgen an passenden Stellen des Stücks. Die Loge hatte Verbindung mit der Hinterbühne, so daß gelegentlich, für Signale oder wenn in der Handlung selbst Musik vorkam, einige Musiker nach hinten gehen konnten.

Wir begannen mit der Ouvertüre, welche etwas dürftig, da nur von vier Musikern gemacht, aber nicht unfeierlich auf die Wirren der Kriegszeit vorbereitete.

Wir benutzten für die hier beschriebene Berliner Aufführung am Deutschen Theater das berühmte Modell, das Teo Otto in den Kriegsjahren für das Züricher Schauspielhaus entworfen hatte. Das Modell verwendete für einen stehenden Rahmen, bestehend aus großen Schirmen, die Materialien der Kriegslager des siebzehnten Jahrhunderts: Zeltleinwand, mit Stricken zusammengehaltene Holzbalken und so weiter. Baulichkeiten wir Pfarrhof und Bauernhaus wurden plastisch hereingestellt, realistisch nach Bauart und Baumaterial, aber in künstlerischer Andeutung, stets nur so viel davon, wie dem Spiel dienlich war. Auf dem Rundhorizont standen farbige Projektionen, und für die Fahrten wurde die Drehscheibe benutzt. – Wir veränderten Größe und Stellung der Schirme und benutzten sie nur in den Lagerszenen, so daß diese von den Landstraßenszenen getrennt waren. Die Baulichkeiten (2, 4, 5, 9, 10, 11) gestaltete der Berliner Bühnenbauer frei, das Prinzip beibehaltend. Auf Hintergrundprojektionen, wie in Zürich, verzichteten wir und hängten die Ländernamen in großen schwarzen Buchstaben über die Szenen. Wir verwendeten gleichmäßiges, ungefärbtes Licht und so viel davon, wie die Apparate hergaben. Dadurch beseitigten wir den Rest von »Atmosphäre« welche die Vorgänge leicht romantisch macht. Beinahe alles übrige behielten wir, oft bis ins kleinste (Hackblock, Feuerstelle und so weiter), und besonders die vorzüglichen Stellungen des Planwagens, und das letztere bedeutet viel, denn damit war schon viel von der Gruppierung und dem Ablauf der Vorgänge von vornherein festgelegt.

Man verliert erstaunlich wenig mit dem Verzicht auf die völlige Freiheit der »schöpferischen Gestaltung«. Irgendwo, mit irgend etwas muß man doch auf jeden Fall anfangen; warum sollte es nicht etwas schon einmal Durchdachtes sein? Seine Freiheit gewinnt man dann schon durch den Widerspruch, der sich allenthalben in einem meldet und regt.

### Realistisches Theater und Illusion

Goethe schreibt 1826 von der »Unvollkommenheit der englischen Bretterbühne« Shakespeares. Er sagt: »Es ist keine Spur von der

Natürlichkeitsforderung, in die wir nach und nach durch Verbesserung der Maschinerie, der perspektivischen Kunst und der Garderobe hineingewachsen sind.« Er fragt: »Wer will sich nun gegenwärtig so etwas zumuten lassen? Unter solchen Umständen waren Shakespeares Stücke höchst interessante Märchen, nur von mehreren Personen erzählt, die sich, um etwas mehr Eindruck zu machen, charakteristisch maskiert hatten, sich, wie es not tat, hin und her bewegten, kamen und gingen, dem Zuschauer jedoch überließen, sich auf der öden Bühne nach Belieben Paradies und Paläste zu imaginieren.«

Seit dieser Feststellung ist die Maschinerie unserer Theater hundert Jahre lang verbessert worden, und die »Natürlichkeitsforderung« hat zu einem solchen Illusionismus geführt, daß wir Späteren durchaus bereit sein mögen, uns einen Shakespeare auf öder Bühne eher zumuten zu lassen als einen, der keine Imagination mehr erfordert und keine mehr hervorbringt.

Zu Goethes Zeit war die Verbesserung der Maschinerie zur Herstellung der Illusion ziemlich unbedenklich, da sie noch so unvollkommen war, so in der »Kindheit der Anfänge« steckend, daß das Theater selbst immer noch eine Realität blieb und Phantasie wie Erfindung immer noch aus Natur Kunst machen konnte. Die Schauplätze waren noch theatralische Ausstellungen, in denen die Bühnenbauer die Örtlichkeiten künstlerisch poetisch gestalteten.

Das Theater der bürgerlichen Klassik stand in jener glücklichen Mitte der Entwicklung auf das Naturalistische-Illusionäre zu, wo die Maschinerie ebenso viele illusionäre Elemente stellen konnte, daß einiges Natürliche vollkommener vorgestellt werden konnte, aber noch nicht so vieles, daß das Publikum glauben gemacht wurde, es sei überhaupt nicht mehr im Theater, wo also die Kunst noch nicht darin bestand, den Eindruck zu vernichten, sie sei am Werk. Die Lichteffekte waren, ohne die Glühbirne, noch primitiv; wo mangelhafter Geschmack die Abendsonnenstimmung für nötig hielt, verhinderte mangelhafte Maschinerie die völlige Berückung. Das echte Kostüm der Meininger wurde etwas später gesichtet; es war meist prächtig, wenn auch nicht immer schön, und es wurde immerhin durch unechte Sprechweise ausgeglichen. Kurz, zumindest da, wo es bei dem Geschäft der Täuschung versagte, zeigte sich das Theater noch als Theater. Heute ist die Wiederherstellung der Realität des Theaters als Theater eine

Voraussetzung dafür, daß man zu realistischen Abbildungen des menschlichen Zusammenlebens kommen kann. Bei übermäßiger Steigerung der Illusion, die Örtlichkeiten betreffend, und bei einer »magnetischen« Spielweise, welche die Illusion hervorruft, man wohne einem momentanen, zufälligen »echten« Vorgang bei, erhält alles eine solche Natürlichkeit, daß man mit dem Urteil, mit der Phantasie und mit den Reaktionen nicht mehr dazwischenkommen kann, sondern sich einfügt, lediglich mitlebt und ein Objekt der »Natur« wird. Die Illusion des Theaters muß eine teilweise sein, so daß sie immer als Illusion erkannt werden kann. Die Realität muß, bei aller Komplettheit, schon durch künstlerische Gestaltung verändert sein, damit sie als veränderbar erkannt und behandelt werden kann.

Und das ist der Grund unserer heutigen Natürlichkeitsforderung: wir wünschen die Natur unseres Zusammenlebens zu verändern.

## Illusionäre Elemente?

Die völlig leere Bühne mit dem Rundhorizont (im Vorspiel, in der 7. und in der letzten Szene) erzeugt zweifellos die Illusion flacher Landschaft mit Himmel. Dagegen ist deshalb nichts zu sagen, weil eine poetische Regung im Gemüt des Zuschauers vonnöten ist, damit diese Illusion zustande kommt. Sie ist eben leicht genug hergestellt, daß die Schauspieler durch ihr bloßes Spiel am Anfang eine freie Landschaft daraus machen können, sich darbietend dem Unternehmungsgeist der kleinen Marketenderfamilie, und am Ende der erschöpften Glücksjägerin eine nicht auszumessende Wüstenei. Und jedenfalls ist immer zu hoffen, daß sich mit diesem stofflichen Eindruck der formale vermischt, daß der Zuschauer teilnehmen darf an dem ersten Nichts, aus dem alles entsteht, indem er zunächst nur die schiere Bühne erblickt, die leere, die sich bevölkern wird. Auf ihr, der tabula rasa, haben die Schauspieler, weiß er, in wochenlanger Arbeit, dies und jenes erprobend, die Vorgänge der Chronik kennengelernt, indem sie sie darstellten, und sie dargestellt, indem sie sie beurteilten. Nun geht es los, der Wagen der Courage rollt auf die Bühnenfläche. – Gibt es im Großen ein schönes Ungefähr, so gibt es das nicht im Kleinen. Wichtig für realistische Darstellung ist das sorgfältig ausgearbeitete Detail in Kostüm und Requisit, denn hier kann die Phantasie des Zuschauers nichts hinzufügen. Die Arbeits- und Eßgeräte müssen liebevollst ausgeführt sein. Auch dürfen die Kostüme natürlich nicht wie von einem Trachtenfest sein, sondern müssen individuelle Merkmale tragen sowie die der Klassen. Sie sind länger oder kürzer getragen, aus billigerem oder teurerem Stoff, besser oder schlechter instand gehalten und so weiter.

Die Kostüme der Courage-Aufführung stammten von Palm.

## Was eine Aufführung von »Mutter Courage und ihre Kinder« hauptsächlich zeigen soll

Daß die großen Geschäfte in den Kriegen nicht von den kleinen Leuten gemacht werden. Daß der Krieg, der eine Fortführung der Geschäfte mit andern Mitteln ist, die menschlichen Tugenden tödlich macht, auch für ihre Besitzer. Daß für die Bekämpfung des Krieges kein Opfer zu groß ist.

### VORSPIEL

Als Vorspiel wurde die Courage und ihre kleine Familie auf dem Weg zum Kriegsschauplatz gezeigt. Dafür wird das Geschäftslied der Courage aus der 1. Szene verwendet (so daß in dieser dann auf den Satz der Courage »Geschäftsleut« sogleich die Frage des Feldwebels »Wohin gehört ihr, Bagage?« folgt). Nachdem die Ouvertüre gespielt war, wurde, damit der Darstellerin die Anstrengung erspart wurde, gegen das Rollen der Drehbühne anzusingen, von einer Platte bei verdunkeltem Zuschauerraum die erste Strophe gesungen. Dann beginnt das Vorspiel.

### Der lange Weg in den Krieg

Die halbhohe, leichte Leinengardine, auf der im folgenden die Szenentitel projiziert werden, zerteilt sich, und der Planwagen der Courage rollt auf der gegenbewegten Drehbühne nach vorn.

Es ist ein Zwischending zwischen einem Militärfahrzeug und einer Krämerbude. Auf einem Längsbrett steht »Zweites Finnisches Regiment«, auf einem andern »Mutter Courage, Speze-

Der lange Weg in den Krieg
Berlin 1951 (Angelika Hurwicz / Joseph Noerden / Helene Weigel / Ernst
Kahler)

reien«. Neben gut schwedischen Schweinewürsten ist auf der Blache eine Fahne mit Preiszettel »4 Gulden« ausgestellt. Der Wagen wird sich während der Historie mehrmals ändern. Er wird voller und weniger voll mit Waren behängt, die Blache wird beschmutzter oder reinlicher, die Schrift des Firmenbretts verblaßter und dann wieder neu gemalt sein, je nach gutem oder schlechtem Geschäftsgang. Nun, zu Beginn ist er voll behängt und frisch bespannt.

Der Planwagen wird gezogen von den beiden Söhnen, und sie singen die 2. Strophe des Geschäftslieds der Courage: »Ihr Hauptleut, eure Leut marschieren / Euch ohne Wurst nicht in den Tod«. Auf dem Bock sitzen die stumme Kattrin, die Mundharfe spielend, und die Courage. Die Courage sitzt bequem, ja faul, sich mit dem Wagen wiegend, sie gähnt. Alles deutet darauf, auch der Blick, den sie einmal zurückwirft, daß der Wagen einen langen Weg herkommt.

Wir hatten das Lied vorgesehen als theatralisches Auftrittslied, schwungvoll und frech – wir dachten an die letzte Szene des Stücks. Aber die Weigel wünschte es als Geschäftslied, Lied der aktualen Repräsentation, und sie schlug vor, es zur Darstellung des langen Wegs in den Krieg zu benutzen. Von solchem Stoff sind die Gedanken großer Schauspieler.

Uns schien dann die Darstellung des langen Wegs, den die Händlerin führt, um in den Krieg zu kommen, genügender Hinweis auf ihre aktive und freiwillige Teilnahme am Krieg. Jedoch ergaben viele Diskussionen mit Zuschauern und manche Rezensionen, daß die Courage von vielen doch einfach als die Vertreterin der »kleinen Leute« aufgefaßt wurde, die »in den Krieg verwickelt werden«, da »gar nichts machen können«, »dem Kriegsgeschehen hilflos ausgeliefert sind« und so weiter. Eine tief wurzelnde Gewohnheit läßt den Zuschauer im Theater immer nur die mehr emotionellen Äußerungen der Figuren herauspicken und alles übrige übersehen. Geschäfte werden, wie Landschaftsbeschreibungen im Roman, gelangweilt hingenommen. Die »Atmosphäre der Geschäfte« ist einfach die Luft, in der man atmet und der man nicht besonders Erwähnung tut. So tauchte der Krieg in den Diskussionen immer wieder als ein zeitloses Abstraktum auf, was immer wir tun mochten, ihn als eine Summe geschäftlicher Unternehmungen aller darzustellen.

*Zu kurz kann zu lang sein*

Die beiden Strophen des Auftrittslieds und dazu eine Pause dazwischen, in der der Planwagen stumm rollt, dauern einige Zeit, und sie schien uns auf den Proben zunächst zu lang. Aber als wir die zweite Strophe wegließen, wirkte das Vorspiel länger, und als wir die Pause zwischen den Strophen verlängerten, wirkte es kürzer.

## Das Couragelied des Vorspiels

Erst bei der Neueinstudierung durch das Berliner Ensemble benutzte die Weigel auch für das Geschäftslied der Courage die Dialekttönung, deren sie sich im ganzen Stück bediente. Das Lied lebte auf.

Es sollte nie vergessen werden, daß unser Bühnendeutsch künstlich ist. Der Text des Schaupielers gewinnt an Realität, wenn er ihn in der Volkssprache, also in heimatlichem Dialekt, übt. Wenige Texte, eigentlich nur ganz und gar papierene, verlieren dadurch. Einige müssen freilich im Dialekt des Dichters gesprochen werden, etwa Schillers und Hölderlins im schwäbischen, Kleists im märkischen und so weiter.

### ERSTE SZENE

DIE GESCHÄFTSFRAU ANNA FIERLING, BEKANNT UNTER DEM NAMEN COURAGE, STÖSST ZUR SCHWEDISCHEN ARMEE

*Werber durchstreifen das Land nach Kanonenfutter · Die Courage präsentiert einem Feldwebel ihre gemischte Familie, entstanden auf verschiedenen Kriegsschauplätzen · Die Marketenderin verteidigt ihre Söhne gegen die Werber mit dem Messer · Sie entdeckt, daß ihre Söhne den Werbern erliegen, und prophezeit dem Feldwebel frühen Soldatentod · Um sie vom Krieg abzuschrecken, läßt sie auch ihre Kinder das schwarze Los ziehen · Infolge eines kleinen Handels verliert sie am Ende doch noch ihren kühnen Sohn · Auch der Feldwebel prophezeit der Courage etwas: Wer vom Krieg leben will, muß ihm auch etwas geben.*

*Werber durchstreifen das Land nach Kanonenfutter.* Auf der leeren Bühne stehen rechts vorn an der Rampe der Feldwebel und der Werber auf Ausschau und beklagen sich mit gedämpfter Stimme über die Schwierigkeit, Kanonenfutter für ihren Feldhauptmann aufzutreiben. Die Stadt, von der der Feldwebel spricht, ist im Zuschauerraum angenommen. Dann taucht der Couragewagen auf, und den Werbern läuft beim Anblick der jungen Burschen das Wasser im Maul zusammen. Das »Halt!« des Feldwebels bringt den heranrollenden Wagen zum Stehen.

*Die Courage präsentiert einem Feldwebel ihre gemischte Familie, entstanden auf verschiedenen Kriegsschauplätzen.* Die Professionellen des Handels und des Krieges begegnen sich, der Krieg kann beginnen. Wenn sie der Kriegsleute ansichtig werden, mögen die Fierlingischen für einen Augenblick halten, als seien sie furchtsam: die Eigenen sind nämlich auch der Feind; das Heer gibt nicht nur, es nimmt auch. Dann ist das »Guten Morgen, Herr Feldwebel« ebenso militärisch knapp und eintönig wie das »Guten Morgen, ihr Leut«. Vom Wagen kletternd, zeigt die Courage, daß sie die Vorweisung der Papiere für eine unter Professionellen überflüssige Formalität hält (»Schön, gehen wir die ganze Routine durch«). Ihre kleine Familie, entstanden auf so manchem Kriegsschauplatz, stellt sie in spaßhaftem Ton vor, sie spielt ein wenig das Original »Mutter Courage«.

Der Planwagen mit den Kindern steht links, die Werber stehen rechts. Die Courage geht mit ihrer Zinnbüchse voll von Papieren, sie wird hergerufen, aber es ist auch ein Vorstoß, zum Kundschaften und Verhandeln; sie beschreibt ihre Familie von dort aus, als habe man einen besseren Überblick von weitem, wenn man ihnen vom Leibe bleibt. Der Werber seinerseits unternimmt Streifzüge hinter ihrem Rücken, an die Söhne sich heranpirschend, sie provozierend. Der Drehpunkt liegt bei »Brauchens nicht eine Schnall?« – »Ich brauch was andres.«

*Die Marketenderin verteidigt ihre Söhne gegen die Werber mit dem Messer.* Der Feldwebel läßt die Marketenderin stehen und tritt auf die Söhne zu, gefolgt vom Werber. Er klopft an ihre Brustkästen, befühlt ihre Wadenmuskeln. Er kehrt zurück, pflanzt sich vor der Mutter auf: »Warum drückt sich das?« Der Werber ist zurückgeblieben: »Laß sehn, ob du ein Hühnchen bist.« Die Courage rennt hin, wirft sich zwischen Werber und Sohn: »Ein Hühnchen ist er.« Der Werber geht zum Feldwebel (nach rechts) und beschwert sich: »Er hat mich grob beleidigt«; die Courage reißt ihren Eilif zurück. Dann versucht es der Feldwebel mit der Vernunft, aber die Courage zieht ihr Schnappmesser und stellt sich rabiat vor die Söhne.

*Die Courage entdeckt, daß ihre Söhne der Werbung erliegen, und prophezeit dem Feldwebel frühen Soldatentod.* Wieder tritt sie auf den Feldwebel zu (»Gib den Helm«). Ihre Kinder folgen ihr, um zu gaffen. Und der Werber vollzieht eine Flankenumgehung und redet auf Eilif vom Rücken aus ein.

Wenn der Feldwebel nach einigem Zögern sein schwarzes Kreuz gezogen hat, kehren die Kinder befriedigt zum Wagen zurück, freilich vom Werber gefolgt. Und wenn die Courage sich wendet (»Ich muß mich tummeln«), sieht sie den Werber zwischen den Söhnen; er hat die Arme um ihre Hälse.

*Um ihre Söhne vom Krieg abzuschrecken, läßt die Courage auch sie das schwarze Los ziehen.* Der Aufruhr in den eigenen Reihen ist in voller Entwicklung. Sie rennt zornig hinter ihren Wagen, ihren Kindern schwarze Kreuze zu malen. Wenn sie mit dem Helm zur Wagendeichsel zurückkehrt, überläßt der Werber ihr grinsend ihre Kinder und kehrt zum Feldwebel (nach rechts) zurück. Ist die finstere Zeremonie vollführt, läuft die Courage, dem Feldwebel den Helm zurückzugeben, und klettert mit fliegenden Röcken auf den Wagensitz. Die Söhne haben sich wieder eingespannt, der Wagen setzt sich in Bewegung. Die Courage hat die Situation gemeistert.

*Infolge eines kleinen Handels verliert die Courage am Ende doch noch ihren kühnen Sohn.* Auf den Rat des Werbers kommt der nur halb kampfunfähig gemachte Feldwebel mit dem Kaufangebot heraus. Elektrisiert klettert die Courage wieder vom Wagen herunter, und der Feldwebel zieht sie nach links hinter den Wagen. Während des Handels nimmt der Werber dem Eilif den Zuggurt ab und führt ihn weg. Die Stumme sieht es, klettert ebenfalls vom Wagen und versucht vergebens, die in das Feilschen versunkene Mutter auf Eilifs Verschwinden aufmerksam zu machen. Erst wenn die Geldumhängetasche zugeschnappt ist, entdeckt die Courage den Verlust. Für einen Augenblick muß sie sich auf die Wagendeichsel setzen, ihre Schnallen vor sich. Dann wirft sie sie zornig in den Wagen, und die Familie, um ein Mitglied verkleinert, zieht verfinstert ab.

*Auch der Feldwebel prophezeit der Courage etwas.* Lachend prophezeit der Feldwebel der Courage, sie werde dem Krieg, von dem sie leben will, auch zinsen müssen.

### Ein Fehler

Da der Rundhorizont des Deutschen Theaters fehlerhafterweise keinen Einlaß bietet, wurde im Hintergrund eine Attrappe nötig, die zu Beginn den Planwagen verdeckte, sonst hätte der Wagen aus einem Loch im Rundhorizont kommen können. Die Bühnenleute gaben der Attrappe die vage Form eines Gehöfts; wir hätten darauf bestehen können, daß sie die Form einer Attrappe haben müßte. Aber dies wäre schlechter gewesen als ein Loch im Horizont, durch das der Wagen auf die Bühne eingefahren wäre, so ließen wir fünfe grad sein.

### Die Werber

Die leere Bühne des Vorspiels wurde dadurch in eine konkrete Örtlichkeit verwandelt, daß ein paar winterliche Grasbüschel, eine Landstraße markierend, hereingestellt waren. Hier stehen wartend und stark frierend in ihren Eisenhülsen die Kriegsleute.

Die große Unordnung im Krieg beginnt mit der Ordnung, die Desorganisation mit der Organisation. Die Sorgenbringer haben noch Sorgen. Wir hören Beschwerden, daß, den Krieg in Gang zu bringen, Verstand nötig sei. So sind die Kriegsleute Geschäftsleute. Der Feldwebel hat ein Büchlein, das er zu Rate zieht, der Werber hat eine Landkarte gegen die Landschaft. Die Verschmelzung von Krieg und Geschäft kann nicht früh genug etabliert werden.

### Gruppierung

Es wird gewisse Schwierigkeiten bereiten, die Darsteller des Feldwebels und des Werbers zu überreden, an einem Platz und beisammen zu verharren, bis der Planwagen der Courage auftaucht. Alle Gruppen zeigen auf unserem Theater eine starke Tendenz, sich aufzulösen, teils weil der Schauspieler sich von Gängen und Stellungsveränderungen eine Belebung des Zu-

schauerinteresses erwartet, teils weil er für sich sein und das Auge
des Zuschauers mit sich wegziehen will. Es existiert aber kein
Anlaß, die Kriegsleute nicht beisammen zu lassen; im Gegenteil
würden Bild und Argumentation durch Stellungswechsel gestört.

## Stellungswechsel

Stellungen sollten beibehalten werden, solange kein triftiger
Grund eintritt, sie zu ändern; und der Wunsch nach Abwechslung
ist kein triftiger Grund. Weicht man dem Wunsch nach Abwechs-
lung, dann tritt schnell eine Entwertung aller Bewegungen auf der
Bühne ein, hinter keiner sucht das Publikum mehr einen speziellen Sinn, keine nimmt das Publikum mehr ernst. An den
Drehpunkten der Handlung besonders benötigt man aber den
Stellungswechsel häufig in seiner unverminderten Radikalität.
Man sorgt für die legitime Abwechslung, wenn man die Drehpunkte aufspürt und für das Arrangement berücksichtigt. Die
Werber haben zum Beispiel der Courage zugehört, es ist ihr
gelungen, sie zu verblüffen und so abzulenken oder zu unterhalten und so günstig zu stimmen, und nur ein Umstand war bisher
ominös: der Feldwebel hat nach den Papieren verlangt, sie aber
dann nicht geprüft – auch er wünschte nur den Aufenthalt. Sie tut
den nächsten Schritt (auch körperlich, sie geht auf den Feldwebel
zu, faßt seine Gürtelschnalle an: »Brauchens nicht eine Schnall?«),
versucht ihnen etwas zu verkaufen, da schreiten die Werber zur
Aktion. Der Feldwebel sagt ominös: »Ich brauch was andres« und
geht mit dem Werber zu den Söhnen an die Wagendeichsel. Es
erfolgt die Musterung, eine Musterung wie von Pferden. Und der
Drehpunkt wird unterstrichen, indem er zur Courage zurückgeht, sich vor ihr aufpflanzt und fragt: »Warum drückt sich das
vom Heeresdienst?« (Derlei Gänge sollten auch nicht dadurch
verwischt werden, daß bei ihnen gesprochen wird!) Benötigt man
Stellungswechsel, um gewisse Vorgänge für die Einsicht des
Publikums freizulegen, muß man die Bewegung dazu ausnützen,
etwas für die Handlung und den Moment Bedeutsames damit
auszudrücken; findet man da nichts, tut man gut, das ganze
Arrangement bis zu diesem Punkt durchzuprüfen, es wird wohl
fehlerhaft sein, denn das Arrangement hat ja nur die Handlung
auszudrücken, und die Handlung enthält (hoffentlich) eine lo-

gische Abwicklung der Vorgänge, welche das Arrangement ja nur zu präsentieren hat.

## Über Details

Das Detail, auch das kleinste, muß natürlich bei der strahlend hell erleuchteten Bühne voll ausgespielt werden. Besonders gilt das für Vorgänge, die auf unserer Bühne nahezu grundsätzlich übergangen werden, wie das Bezahlen bei einem Handel. Die Weigel erfand da (für den Schnallenhandel in 1, den Kapaunhandel in 2, den Getränkeverkauf in 5 und 6, die Aushändigung des Beerdigungsgeldes in 12 und so weiter) eine eigene kleine Geste: Sie klappte die umgehängte Ledergeldtasche hörbar zu. Es ist tatsächlich schwierig, bei den Proben der Ungeduld der Schauspieler, die auf das Mitreißen auszugehen gewohnt sind, entgegenzutreten und die Details mit dem Grundsatz epischen Spiels *eins nach dem andern* gründlich und erfinderisch auszuarbeiten. Selbst so winzige Details zeigen allerhand wie das, daß die Courage, wenn die Werber auf ihre Söhne zutreten und sie wie Gäule auf die Muskelkraft abtasten, noch Mutterstolz zeigt, bevor des Feldwebels Frage »Warum drückt sich das vom Heeresdienst?« ihr die Gefahr zeigt, in der sie ihrer Vorzüge wegen schweben, und sie zwischen Söhne und Werber springt. Das Tempo bei den Proben sei langsam, schon der Herausarbeitung des Details wegen; das Tempo der Aufführung zu bestimmen, ist ein eigener, späterer Prozeß.

## Detail

In dem Messerziehen der Courage ist keine Wildheit. Die Frau zeigt lediglich, daß sie bei der Verteidigung der Kinder soundso weit gehen wird. Überhaupt muß die Darstellerin zeigen, daß die Courage Situationen wie diese kennt und zu meistern versteht.

## Die Courage läßt ihre Kinder das Los ziehen

Nur durch eine leise Tiradenhaftigkeit und indem sie demonstrativ ihr Gesicht wegwendet, wenn der Schweizerkas sein Los aus dem hingereichten Helm zieht, also durch eine etwas zu starke Unparteilichkeit und eine Demonstration ihres Nichteingreifens (ihr seht, kein Hokuspokus, keine Tricks von meiner Seite) zeigt die Darstellerin, daß die Courage selbst ihre Korrektur des Glücks im Bewußtsein behält, denn im übrigen glaubt sie ja durchaus, was sie sagt, nämlich daß gewisse Schwächen und Vorzüge ihrer Kinder unter Umständen tödlich sein können.

### Die Courage prophezeit dem Feldwebel den Soldatentod

Es stellte sich heraus, daß die Courage sich nach Eilif umblicken mußte, bevor sie auf den Feldwebel zutritt, ihn das Los ziehen zu lassen. Sonst wurde nicht verstanden, daß sie es macht, um den kriegslüsternen Sohn vom Krieg abzuschrecken.

### Der Schnallenhandel

Die Courage verliert ihren Sohn an den Werber, weil sie sich dem Verkauf einer Schnalle nicht versagen kann. Die Courage hat, wenn sie vom Wagen geklettert ist, um dem Feldwebel die Schnalle zu bringen, zunächst einiges Mißtrauen zu zeigen, indem sie sich besorgt nach dem Weber umsieht. Hat der Feldwebel sie erst an dem Gürtel der Schnalle hinter den Wagen gezogen, damit der Werber den Sohn bearbeiten kann, wechselt ihr Mißtrauen auf das geschäftliche Feld hinüber. Dem Feldwebel Schnaps holend, nimmt sie ihm die noch unbezahlte Schnalle noch einmal ab, und in die Münze beißt sie hinein. Den Feldwebel verstimmt dieses Mißtrauen sehr.

Würde das Mißtrauen zu Beginn weggelassen, hätte man eine dumme Person, die ganz uninteressant wäre, oder eine Händlerin, von einer Handelsleidenschaft geritten, der die Gewöhnung fehlt. Das Mißtrauen darf nicht fehlen, es muß nur zu schwach sein.

### Pantomimisches

Auszuspielen: wie der Werber dem Eilif den Zuggurt abnimmt (»Und die Weiber reißen sich um dich«). Er befreit ihn vom Joch.

Er hat ihm einen Gulden aufgedrängt; die Faust mit dem Gulden vor sich haltend, geht Eilif wie in Trance ab.

### Dosierung

Meisterhaft dosierte die Weigel die Reaktion auf die Entführung des kühnen Sohns. Sie spielte mehr Betroffenheit als Entsetzen.

Der Sohn ist nicht eben verloren, wenn er Soldat wird, er ist lediglich gefährdet. Und sie wird noch Kinder verlieren. Um zu zeigen, daß sie gut weiß, warum sie Eilif nicht mehr um sich hat, ließ die Weigel den Bund mit den Gürteln, von dem sie einen verkauft hat, am Boden nachschleifen und warf ihn zornig in den Wagen, nachdem sie, einige Augenblicke auf der Deichsel sitzend, um auszuruhen, ihn vor sich, zwischen den Beinen gehalten hatte. Und sie schaut ihrer Tochter nicht ins Gesicht, wenn sie ihr die Gurte umlegt, mit denen Eilif den Wagen hat ziehen helfen.

ZWEITE SZENE

MUTTER COURAGE FINDET VOR DER FESTUNG WALLHOF IHREN KÜHNEN SOHN WIEDER

*Mutter Courage treibt Lebensmittelwucher im schwedischen Lager · Beim zähen Feilschen um einen Kapaun schließt sie Bekanntschaft mit einem Lagerkoch, der in ihrem Leben noch eine Rolle spielen wird · Der schwedische Feldhauptmann bringt einen jungen Landsknecht in sein Zelt und ehrt ihn für seine Tapferkeit · Die Courage findet in dem jungen Landsknecht ihren verlorenen Sohn wieder · Es glückt ihr, angesichts der Ehrung Eilifs, ihren Kapaun teurer zu verkaufen · Eilif berichtet seine Heldentat, und die Courage in der Küche nebenan läßt sich beim Kapaunrupfen über schlechte Feldhauptleute aus · Eilif tanzt einen Säbeltanz, und seine Mutter antwortet durch ein Lied · Eilif umarmt seine Mutter und bekommt eine Ohrfeige, weil er sich durch seine Heldentat in Gefahr gebracht hat.*

Grundarrangement

*Mutter Courage treibt Lebensmittelwucher im schwedischen Lager vor der Festung Wallhof. Beim zähen Feilschen um einen Kapaun schließt sie Bekanntschaft mit einem Lagerkoch, der in ihrem Leben noch eine Rolle spielen wird.* Die Szene hat ihre Bewegung am Drehpunkt (»Sehen Sie, was ich mach?«). Der Koch beendet sein Rübchenschälen, fischt aus der Kehrichttonne das verfaulte Fleischstück und trägt es zum Hackblock. Die Erpressung der Courage ist mißlungen.

*Der schwedische Feldhauptmann bringt einen jungen Lands-*
*knecht in sein Zelt und ehrt ihn in einer kleinen Rede für seine*
*Tapferkeit.* Ein Trommelwirbel außerhalb des Zelts kündigt die
Ankunft hoher Persönlichkeiten an. Es muß nicht klar sein, ob
der Feldhauptmann trinkt, um den Landsknecht zu ehren, oder
ihn ehrt, um zu trinken. Nebenan bereitet der Koch inzwischen
die Mahlzeit und weicht die Courage nicht von der Stelle mit
ihrem Kapaun.

*Die Courage findet in dem jungen Landsknecht ihren verlorenen*
*Sohn wieder. Es glückt ihr, angesichts der Ehrung Eilifs, ihren*
*Kapaun teurer zu verkaufen.* Während sich die Courage ihrer
Wiedersehensfreude hingibt – übrigens nicht so hemmungslos,
daß sie nicht mehr aus dem Auftauchen Eilifs ein Geschäft
machen könnte –, läßt sich der Feldhauptmann nebenan vom
Feldprediger einen Kienspan für seine Tonpfeife holen.

*Eilif berichtet seine Heldentat, und die Courage in der Küche*
*nebenan läßt sich beim Kapaunrupfen über schlechte Feldhaupt-*
*leute aus.* Zunächst lauscht die Mutter strahlend der Erzählung,
dann verfinstert sie sich, und am Ende wirft sie den Kapaun
zornig in den Bottich vor sich. Während sie, ihre Arbeit wieder-
aufnehmend, ein Hühnchen mit dem Feldhauptmann rupft, zeigt
nebenan der Feldhauptmann ihrem Sohn auf der Karte, zu was für
neuen Heldentaten er ihn benötigt.

*Eilif tanzt einen Säbeltanz, und seine Mutter antwortet durch ein*
*Lied.* Eilif tanzt seinen Säbeltanz vorn, nahe der Wand zur Küche.
Die Courage schleicht sich an die Wand heran, sein Lied zu
beendigen. Danach kehrt sie zu ihrem Bottich zurück, stehenblei-
bend.

*Eilif umarmt seine Mutter und bekommt eine Ohrfeige, weil er*
*sich durch seine Heldentat in Gefahr gebracht hat.*

### Der Kapaunhandel

Der Handel zwischen Courage und Feldkoch um den Kapaun
hatte unter anderm den Beginn ihrer zarten Beziehungen zu
etablieren. Beide zeigten Spaß am Handel, und der Koch zollte
dem Mundwerk der Marketenderin Bewunderung wie auch der
Fixigkeit, mit der sie die Ehrung ihres kühnen Sohns für den
Handel ausnutzt. Die Courage wiederum amüsierte sich über die
Art, wie der Koch mit der Spitze eines langen Fleischmessers die

verfaulte Rinderbrust aus der Kehrichttonne fischte und sie sorgsam, als etwas Kostbares, wenn auch der Nase Fernzuhaltendes, zu seinem Küchentisch trug. Meisterhaft zeigte der Schauspieler Bildt, wie der Koch, ein Don Juan, animiert durch die neue Beziehung, die Zubereitung des Kapauns mit theatralischer Eleganz vollführt. Hierbei ist zu bemerken, daß solch »stummes Spiel« die gleichzeitige Szene im Zelt nebenan keineswegs störte, da es mit Takt ausgeführt wurde.

Übrigens scheute Bildt nicht die Mühe, sich von einem Holländer den holländischen Akzent beibringen zu lassen.

### Der Feldkoch Buschs in der Neueinstudierung

Um den Beginn zarter Beziehungen mitten im Kampf um einen billigen Preis des Kapauns andeuten zu können, fügte Busch ein altes holländisches Liedlein ein (»Nit Betteres als de Piep«). Dabei zog er die Courage auf seine Knie und griff, sie umarmend, nach ihrer Brust. Die Courage schob seiner Hand den Kapaun unter. Nach dem Liedlein sagte er ihr trocken ins Ohr: »Dreißig.« Auf ihr Kopfschütteln fischte er das stinkende Ochsenfleisch aus der Tonne. (Die Courage gibt ihm das Stichwort zum Lied mit »Nehmens die Pfeif aus dem Maul, wenn ich mit Ihnen sprech«.)

### Der Feldhauptmann

Bei der Darstellung des Feldhauptmanns wurde das Klischee nicht ganz vermieden. Sie hatte etwas Polterndes, Bärbeißiges und zeigte zuwenig über die herrschende Klasse. Es wäre besser gewesen, einen aristokratischen verlebten Schweden zu zeigen, der die Ehrung des tapferen Landsknechts als eine Routinehandlung vornimmt, sozusagen geistesabwesend. Schon der Auftritt – er hält sich betrunken an dem zu Ehrenden aufrecht, geradeswegs auf die Weinkanne zusteuernd – wäre so instruktiver gewesen. Wie es war, war es wenig mehr als randalierende Besoffenheit.

### Detail der Neueinstudierung

Der Feldhauptmann wurde als verlebter Aristokrat dargestellt; die Befehle an den Koch brüllte er jedoch sehr laut. Im übrigen benutzt er seine Ehrung des räuberischen Landsknechts als Demonstration für den Feldprediger, dessen Glaubenspropaganda den Krieg nicht weiterbringt. Nach »Zusammengehauen hast du sie« läßt er Eilif mit einem Blick auf den Feldprediger aus der Pfeife rauchen, und nach »In dir steckt ein junger Cäsar« reicht er ihm den Weinkrug, allerdings nicht ohne zuvor festgestellt zu haben, daß nicht mehr viel drin ist.

## Der Glaubenskrieg

Aus der Behandlung, die dem Feldprediger von seiten des Feldhauptmanns widerfährt, haben wir die Rolle zu ersehen, die der Glaube in einem Glaubenskrieg spielt. Dies wurde recht grob deutlich gemacht. Der Feldhauptmann läßt sich den brennenden Span für seine Pfeife von ihm holen und schüttet ihm einmal verächtlich Wein über den Priesterrock; der Feldprediger, mit dem Blick auf Eilif, wischt sich den Rocksaum ab, halb protestierend, halb als sei es ein Spaß. Sich mit zu Tisch zu setzen, wird er nicht eingeladen wie der kleine Schlächter, noch bekommt er zu trinken. Aber seine Stellung wurde am deutlichsten durch die Niedrigkeit, herrührend von der Niedrigkeit der Stellung, mit der er sich stolzlos zu Tisch setzt und sich vom Wein einschenkt, wenn der Feldhauptmann den jungen Soldaten, vor dem alles sich abspielt, zur Karte an der Zeltwand führt und der Tisch so frei wird. Von dieser Stellung her kommt der Zynismus des Feldpredigers.

## Eilifs Tanz

Der kleine wilde Säbeltanz des kühnen Sohns muß sowohl mit Feuer als auch mit Lässigkeit ausgeführt werden. Der junge Mensch ahmt einen Tanz nach, den er irgendwo gesehen hat. Derlei ist nicht leicht herauszubringen.

Kostüm: Eilif trägt einen billigen, zerbeulten Brustpanzer und immer noch seine zerfransten Hosen. Erst im 8. Bild (Ausbruch des Friedens) trägt er kostbarere Kleidung und Ausstattung; er stirbt reich.

## Detail

Während der zornigen Rede über die schlechten Feldhauptleute rupft die Courage heftig ihren Kapaun, dem Rupfen eine Art symbolische Bedeutung verleihend. Kurze Auflacher des amüsierten Feldkochs unterbrechen die Blasphemien.

## Die Courage der Giehse

In der Münchener Aufführung nach dem Berliner Modell zeigte die Giehse, die die Rolle der Courage während des Weltkriegs in Zürich kreiert hatte, wie ein großer Schauspieler das Arrangement und theatralische Material einer Modellaufführung zur Ausgestaltung einer eigenen und unverwechselbaren Figur benutzen kann. Sie erfand dabei immerzu schöne Änderungen, die auch für das Modell Bereicherungen darstellen. So, wenn sie, den Gulden, den sie für ihren Kapaun erzielt hat, indem sie den Triumph ihres Sohnes ausnutzte, in der erhobenen Faust, einen kleinen Triumphmarsch ausführte. Oder wenn sie dem in die Küche stolpernden Eilif, der sie, offenbar in der Art der Fierlings, mit einem barbarischen Gebrüll begrüßt, mit einer mißlaunigen Abart dieses Lautes antwortet. Die Ohrfeige ist so vorbereitet. (Die Weigel hatte Wiedersehensfreude gespielt und, sich plötzlich an Eilifs Unvorsichtigkeit erinnernd, ihn geohrfeigt.)

### DRITTE SZENE

MUTTER COURAGE WECHSELT VOM LUTHERISCHEN ZUM KATHOLISCHEN LAGER ÜBER UND VERLIERT IHREN REDLICHEN SOHN SCHWEIZERKAS

*Schwarzhandel mit Munition · Mutter Courage bewirtet eine Lagerhure und warnt ihre Tochter vor Liebschaften im Felde · Während die Courage mit dem Koch und dem Feldprediger kokettiert, probiert die stumme Kattrin Hut und Stiefel der Lagerhure an · Der Überfall · Erstes Mittagsmahl im katholischen Lager · Gespräch der Geschwister und Verhaftung des Schweizerkas · Mutter Courage verpfändet ihren Wagen an eine Lagerhure, um den Schweizerkas loszukaufen · Die Courage versucht die Bestechungssumme herunterzuhandeln · Die Courage handelt zu lange und hört die Salve, die den Schweizerkas niederstreckt · Die stumme Kattrin tritt an die Seite der Mutter, den toten Schweizerkas zu erwarten · Um sich nicht zu verraten, verleugnet die Courage ihren toten Sohn.*

Der Planwagen steht während der ganzen Szene links, mit dem Deichselende gegen den Zuschauer, so daß die links von ihm Stehenden von denen rechts nicht gesehen werden. In der Mitte hinten steht eine Fahnenstange, rechts vorn eine Tonne, die als Eßtisch dient. Die Szene ist in vier Teile geteilt: *Der Überfall, Verhaftung des redlichen Sohns, Der Handel, Die Verleugnung.* Nach den beiden ersten Teilen wird die Gardine gezogen, nach dem dritten Teil die Bühne verdunkelt.

*Schwarzhandel mit Munition.* Mutter Courage, von links hinten kommend, wird verfolgt von einem Zeugmeister, der auf sie einredet. Sie bleibt einen Augenblick mit ihm an der Rampe stehen; nach »Nicht für den Preis« wendet sie sich von ihm ab und setzt sich auf eine Kiste am Wagen, wo schon Schweizerkas sitzt. Der Handel findet mit unterdrückten Stimmen statt. Kattrin wird vom Wäscheabnehmen gerufen und geht mit dem Zeugmeister links hinter den Wagen. Die Courage hat begonnen, Schweizerkasens Unterhosen zu flicken, und ermahnt ihn zur Redlichkeit dabei. Der Zeugmeister, zurückkehrend von der anderen Seite des Wagens, nimmt ihn mit weg. Diese und die nachfolgenden Szenen haben den Ton einer Idylle.

*Mutter Courage bewirtet eine Lagerhure und warnt ihre Tochter vor Liebschaften im Felde.* Mit ihrem Nähzeug setzt sich die Courage zur Pottier. Kattrin, Wäsche von der Leine nehmend, horcht dem Gespräch zu. Nach ihrem Lied schlendert die Pottier mit demonstrativem Hurengang hinter den Planwagen.

*Während die Courage mit dem Koch und dem Feldprediger kokettiert, probiert die stumme Kattrin Hut und Stiefel der Lagerhure an.* Nach kurzem Wortgeplänkel führt Mutter Courage ihre Besucher zu einem Gläschen Wein hinter den Planwagen, wo sich ein politisches Gespräch anspinnt. Nach dem eingefügten Satz »Und der Krieg ist ein Glaubenskrieg« stimmt der Koch ironisch den Choral »Ein feste Burg ist unser Gott« an. Dies gibt Kattrin die Zeit, Hut und Schuhe der Yvette anzuprobieren.

*Der Überfall.* Der feste Punkt in dem Gelaufe und Gerufe des Überfalls ist der Feldprediger, der, allen im Weg stehend, nicht vom Platze weicht. Das übrige Arrangement ergibt sich aus dem Buch.

*Erstes Mittagsmahl im katholischen Lager.* Der Feldprediger, nunmehr Schankknecht, fügt sich der kleinen Familie um den Eßtopf ein; der Schweizerkas sondert sich ein wenig ab; er will weg.

*Gespräch der Geschwister und Verhaftung des Schweizerkas.* Das Gespräch der Geschwister findet an dem improvisierten Eßtisch statt. Wenn Kattrin den Spitzel hinter dem Wagen gesehen hat, versucht sie den Bruder abzuhalten, in den Wagen zu klettern. Sie läuft der Mutter bis in die Mitte der Bühne entgegen, wenn diese mit dem Feldprediger zurückkommt. Die Katholischen erwartend, gruppieren sich Courage, Feldgeistlicher und Kattrin am Tisch.

*Mutter Courage versucht ihren Wagen an eine Lagerhure zu verpfänden, um den Schweizerkas loszukaufen.* Der Feldprediger läuft der Courage entgegen und fängt die Erschöpfte vor dem Planwagen auf. Sie löst sich schnell aus der Umarmung, die ihr etwas Kraft verleiht, und beginnt zu denken. Ihr Plan ist fertig, wenn die Pottier mit dem Obristen kommt. Die Pottier läßt den Obristen stehen, läuft zur Courage mit dem Judaskuß, läuft zurück zu ihrem Galan, kriecht dann gierig in den Planwagen. Die Courage zerrt sie heraus, beschimpft sie, schiebt sie ab zum großen Handel um den Schweizerkas.

*Die Courage versucht die Bestechungssumme herunterzuhandeln.* Die Courage hat Kattrin und den Feldprediger zum Gläserwaschen und Messerputzen gesetzt, damit eine Art von Belagerungszustand errichtend. Sie steht in der Mitte der Bühne, zwischen der Lagerhure und ihren Leuten, wenn sie sich weigert, den so sauer verteidigten Wagen ganz aufzugeben. Sie setzt sich wieder zum Messerputzen, und sie steht nicht mehr auf, wenn die Pottier zurückkommt mit dem Bericht, die Beamten verlangten 200 Gulden. Sie ist jetzt sogleich einverstanden zu zahlen.

*Die Courage hört die Salve, die den Schweizerkas niederstreckt.* Kaum ist die Pottier weggeschickt, steht die Courage plötzlich auf und sagt: »Ich glaub, ich hab zu lang gehandelt.« Die Salve ertönt, und der Feldprediger verläßt sie und geht hinter den Wagen. Es wird dunkel.

*Um sich nicht zu verraten, verleugnet die Courage ihren toten Sohn.* Hinter dem Wagen vor kommt langsamen Ganges die Yvette. Sie beschimpft die Courage, ermahnt sie, sich nicht zu verraten, und holt Kattrin hinter dem Wagen vor. Abgewendeten Gesichts geht diese auf die Mutter zu und stellt sich neben sie. Der

Schweizerkas wird gebracht, und zu ihm tretend, verleugnet seine Mutter ihn.

## Gänge und Gruppierungen

Das Arrangement der Gänge und Gruppierungen muß dem Rhythmus der Erzählung folgen und die Vorgänge bildhaft ausdrücken.

In der 3. Szene wird ein Lageridyll durch einen feindlichen Überfall gestört. Das Idyll ist also von Beginn an so zu komponieren, daß eine größtmögliche Zerstörung sichtbar gemacht werden kann. Es muß Gelegenheit zum Hin- und Herlaufen geben, es muß ein übersichtliches Durcheinander entstehen können, und die Teilorte der Bühne müssen ihre Bestimmung ändern dürfen.

Um ihre Wäsche zu retten, die an einer Leine, gespannt vom Planwagen zu einer Kanone hinten rechts, zum Trocknen aufgehängt wurde – und zwar zu Beginn der Szene durch die stumme Kattrin, so daß am Ende der Szene ihr vorzeitiges Einsammeln durch die Courage erfolgen kann –, muß die Courage die ganze Bühne in der Diagonale überqueren. Kattrin hockt am Faß rechts vorn, wo zu Beginn die Lagerhure als Kundin gesessen hat; die Courage holt Ruß aus dem Wagen und bringt ihn zum Faß, der Tochter das Gesicht einzureiben. Ein privater Vorgang spielt sich jetzt dort ab, wo zuvor nur das Geschäft erledigt wurde. Der Schweizerkas kommt mit der Schatulle so in der Diagonale von hinten rechts zum Planwagen links vorn gelaufen, daß sein Weg sich mit dem der zu ihrer Tochter eilenden Courage überschneidet. Sie läuft zunächst ein paar Schritte an ihm vorbei, hat aber die Schatulle gesehn und wendet sich zu ihm um, der eben in den Wagen will. Sie steht einen Moment wie eine Henne zwischen zwei gefährdeten Kücken, unschlüssig, welches zuerst zu retten. Während sie der Tochter das Gesicht einschmiert, verbirgt der Sohn die Schatulle im Planwagen; sie kann ihn erst zurechtweisen, wenn sie mit der Tochter fertig ist und er wieder aus dem Wagen kommt. Sie steht noch bei ihm, als der Feldprediger hinter dem Wagen vorstürzt und auf die schwedische Fahne zeigt. Die Courage läuft zu ihr in die Mitte hinten und rafft sie.

Das Lageridyll, welches der Überfall zerstört, muß gegliedert sein. Wenn das kleine unsaubere Geschäft, der Schwarzhandel mit Munition, an der Wagentreppe getätigt ist, geht der Schweizerkas, gefolgt vom Zeugmeister, nach rechts weg. Der letztere erkennt die Lagerhure, die an dem Faß sitzt und ihren Hut näht; er sieht angeekelt weg. Die Yvette ruft ihm etwas nach, und dann, wenn das Gewicht nach der rechten Bühnenseite verlagert ist, kommt langsam auch die Courage zum Faß herüber. (Etwas später folgt die stumme Kattrin, die, hinter dem Wagen hervorkommend, wieder beginnt, die Wäsche aufzuhängen.) Die beiden Frauen sprechen, Kattrin lauscht beim Wäschehängen. Yvette singt ihr Lied. Yvette geht, in provozierendem Gang, von vorn rechts nach hinten links ab. Kattrin schaut ihr zu und wird von der Mutter ermahnt. Von rechts hinten kommen der Koch und der Feldprediger. Nach kurzem Wortgeplänkel zieht die Courage die beiden hinter den Wagen, nachdem diese durch ihre Aufmerksamkeit auch die des Zuschauers auf Kattrin gelenkt haben. Folgt das Politisieren am Wagen und die Pantomime Kattrins. Sie ahmt Yvette nach, denselben Weg nehmend. Der Alarm setzt ein mit Zeugmeister und Soldaten, die von rechts hinten gelaufen kommen. Der Koch geht in dieser Richtung ab, nachdem die Courage zur Kanone gelaufen ist, ihre Wäsche zu retten, Kattrin zum Faß, ihre Füße zu verbergen.

### Wichtig

Wichtig die nie erlahmende Arbeitswilligkeit der Courage. Sie wird kaum je gesehen, ohne daß sie arbeitet. Diese Tüchtigkeit ist es, welche die Erfolglosigkeit der Courage erschütternd macht.

### Winzige Szene

Die winzige Szene zu Beginn von 3, in der Heeresgut verschoben wird, zeigt die allgemeine, natürliche Korruption in den Feldlagern des großen Glaubenskrieges. Der redliche Sohn hört mit dem einen Ohr zu, wie etwas sehr Gewöhntem; seine Mutter verbirgt den unredlichen Handel nicht vor ihm, ermahnt ihn aber, seinerseits redlich zu sein, da er einfältig ist. Die Befolgung des Rats wird ihm das Leben kosten.

### Yvette Pottier

Die stumme Kattrin hat das Vorbild der Yvette vor Augen. Sie selbst muß schwer arbeiten, die Lagerhure trinkt und faulenzt.

Auch für Kattrin würde die einzige Form der Liebe, die ihr im Krieg geboten wird, die Prostitution sein. In einem Lied zeigt Yvette, daß andere Formen zu schweren Schädigungen führen. Zuzeiten wird die Hure mächtig, indem sie sich teuer verkauft. Mutter Courage, die nur Stiefel verkauft, muß ihren Wagen verzweifelt gegen sie verteidigen. Moralisch verurteilt die Courage Yvette natürlich nicht, etwa wegen der besonderen Form ihres Handels.

### Der Obrist

Der Obrist, den die Lagerhure anschleppt, ihr den Planwagen der Courage zu kaufen, ist schwer zu spielen, da er ein pures Negativum ist. Die Figur hat nur zu zeigen, mit welchem Preis die Lagerhure ihren Aufstieg erkauft; so muß sie grausig sein. Pilz zeichnete das Alter des Obristen in feiner Weise, indem er ihn eine feurige Leidenschaft mimen ließ, der er keinen Augenblick gewachsen war. Gleichsam auf das Stichwort brach die Geilheit hervor, und der Greis schien seine Umgebung zu vergessen. Unmittelbar darauf vergaß er dann die Geilheit und stierte abwesend ins Nichts. Einen kühnen Effekt brachte der Schauspieler mit dem Stock hervor. In den leidenschaftlichen Augenblicken drückte er ihn so zu Boden, daß er sich bog, und schnellte sofort wieder zurück, was unwiderstehlich komisch die grausig aggressive Impotenz andeutete. Nur beträchtliche Eleganz der Ausführung hält derlei im Rahmen des guten Geschmacks.

### Detail

Die stumme Kattrin, fertig mit dem Wäschehängen, starrt offenmäulig auf die Besucher aus dem Zelt des Feldhauptmanns. Der Koch erweist ihr die Ehre einer besonderen Beachtung, wenn er der Courage hinter den Wagen folgt. Das ist es wohl, was die Stumme auf den Gedanken bringt, Yvettes Waffen zu stehlen.

### Diesseits und jenseits

Während auf der einen Seite des Planwagens mit offenem Hohn vom Krieg gesprochen wird, eignet sich die stumme Kattrin einiges Handwerkszeug der Lagerhure an und übt deren wiegenden Gang, den sie eben gesehen hat. Der Gesichtsausdruck der Hurwicz dabei war tiefernst und angestrengt.

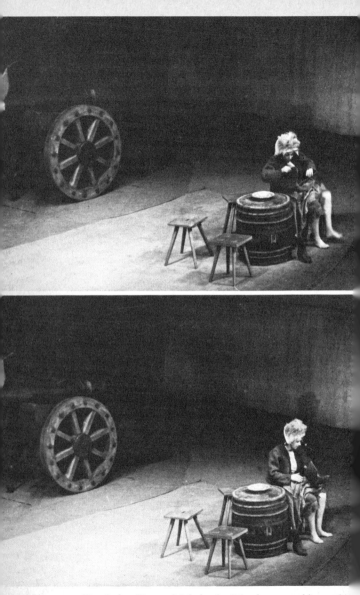

Die stumme Kattrin hat Hut und Schuhe der Lagerhure gestohlen und produziert sich damit

Berlin 1949 (Angelika Hurwicz)

### *»Ein feste Burg ist unser Gott«*

Der erste Teil der *Kattrin-Pantomime* fand erst nach »Ich hab
mich nicht getäuscht in ihrem Gesicht« statt. (Der Koch fügte ein:
»Und der Krieg ist ein Glaubenskrieg«.) Damit stellten sich
Courage, Koch und Feldprediger an der Seite des Wagens auf, daß
sie Kattrin nicht sehen konnten, und stimmten »Ein feste Burg ist
unser Gott« an. Sie sangen es stimmungsvoll und sich immerfort
scheu umschauend, als sei es im schwedischen Lager ein illegales
Lied.

### *Der Überfall*

Es muß herauskommen, daß die Courage derlei kriegerische
Überraschungen gewohnt ist und sie meistert. Bevor sie die
Kanone retten läßt, rettet sie ihre Wäsche. Dem Feldprediger
verhilft sie zu einer Verkleidung, der Tochter beschmiert sie das
Gesicht, den Sohn ermahnt sie, die Kasse wegzuwerfen, die
schwedische Fahne zieht sie ein. All dies tut sie mit Routine,
jedoch keineswegs kalten Bluts.

### *Die Bergung der Kanone beim Überfall*

wurde in der Neueinstudierung exakt ausgearbeitet. Der Zeugmeister stand mit dem Rücken zum Publikum, auf den Fußzehen
wippend und ab und zu die Hände vom Rücken nehmend, um
den zwei Landsknechten an der Kanone mit sehr bestimmten,
aber widersprechenden Gesten zu bedeuten, wie sie die Kanone
losmachen sollen. Es gelingt nicht.

Der Zeugmeister wendet sich angewidert ab und sieht grinsend
dem Feldprediger zu, der sich drücken möchte; der würdige Herr
ist offenbar zu feige, die Flucht zu ergreifen.

### *Das Essen*

Die Courage hat es sich gerichtet. Die kleine Familie, vermehrt
um den neuen Knecht, der am Morgen noch Prediger war, wirkt
noch ein wenig zerzaust, sie sehen sich noch um beim Gespräch
wie Gefangene, aber die Mutter macht schon wieder Witze, die
Katholischen kaufen ebenso Hosen wie die Lutherischen. Sie
wissen noch nicht, daß andrerseits bei den Katholischen die
Redlichkeit ebenso lebensgefährlich ist wie bei den Lutherischen.

### Der Feldprediger

Der Feldprediger hat einen Unterschlupf gefunden. Er hat seinen eigenen Eßnapf, und er macht sich linkisch nützlich, schleppt Schäffer mit Wasser, putzt Besteck und so weiter. Im übrigen ist er noch fremd; aus diesem Grund oder auf Grund seines Phlegmas zeigt er keine übertriebene Teilnahme an der Tragödie des redlichen Sohns. Wenn die Courage ihren zu langen Handel um den Sohn treibt, blickt er auf sie wie eben auf seine Brotgeberin.

### Schweizerkas

Es scheint schwierig für Schauspieler, ihr Mitleid mit der Figur, die sie spielen, zu unterdrücken und ihr Wissen um den baldigen Tod sich nicht anmerken zu lassen. Gerade das macht den Schweizerkas, wenn er gefaßt wird, rührend, daß er zu seiner Schwester ohne Vorahnungen gesprochen hat.

### Bruder und Schwester

Das kleine Gespräch zwischen der stummen Kattrin und dem Schweizerkas ist ruhevoll und nicht ohne Zartheit. Kurz vor der Zerstörung zeigt sich noch einmal, was zerstört wird.

Die Szene geht auf ein altes japanisches Stück zurück, in dem zwei Knaben Freundschaft schließen, indem einer dem anderen einen fliegenden Vogel und dieser ihm eine Wolke zeigt.

### Detail

Da die stumme Kattrin zu aufgeregt gestikuliert, wenn sie ihrer Mutter die Verhaftung des Schweizerkas berichtet, versteht diese sie nicht und sagt: »Nimm die Händ, ich mag nicht, wenn du wie ein Hund jaulst, was soll der Feldprediger denken, dem graust's doch.« Die Hurwicz ließ die Kattrin sich ruckhaft fassen und nicken. Dieses Argument versteht sie, es ist mächtig.

### Detail

Während des Verhörs durch den Feldwebel in Anwesenheit des Schweizerkas kramte die Courage in einem Korb, eine beschäftigte Geschäftsfrau, die keine Zeit für Formalitäten hat. Aber nach dem Satz »Und renkt ihm nicht das Schulterblatt aus!« rannte sie den Soldaten nach, die den Schweizerkas abführten.

### Die Courage der Giehse

Der Schweizerkas ist weggeführt worden. »Und renkt ihm nicht das Schulterblatt aus!« brüllend, vollführt die Courage der Giehse neben ihrem Wagen und gedeckt durch diesen, wild den Boden stampfend, einen wahren Verzweiflungstanz. Sie muß ihre Verzweiflung verstecken und kann selbst ihren Appell an die Quäler ihres Sohns nur pro forma äußern.

### Die drei Gänge der Yvette

Dreimal läuft die Lagerhure um den Sohn der Courage und um ihren Planwagen. Ihr Zorn wechselt vom bloßen Zorn über den Schwindelversuch der Courage, welche sie aus der Regimentskasse auszahlen will, über in den Zorn über den Verrat der Courage an ihrem Sohn.

### Kattrin und der Handel um den Schweizerkas

Die stumme Kattrin ist nicht realistisch gezeichnet, wenn man ihre Gutartigkeit so betont, daß man sie zum Beispiel gegen das Herunterhandeln der Bestechungssumme für den Bruder sein läßt. Sie läuft vom Messerputzen weg, wenn sie zu erkennen anfängt, daß der Handel zu lang geht. Und wenn sie, nach der Exekution von Yvette vorgeschickt, zu ihrer Mutter mit abgewendetem Gesicht geht, so mag darin ein Vorwurf liegen – vor allem aber kann sie ihr nicht ins Gesicht sehen.

### Die Verleugnung

Die Courage sitzt, neben ihr steht ihre Tochter, deren Hand sie hält. Wenn die Kriegsleute mit dem Toten hereinkommen und sie aufgefordert wird, ihn anzuschauen, steht sie auf, geht hin, schaut ihn an, schüttelt den Kopf und geht zurück, sich zu setzen. Während des Ganzen hat sie einen verbissenen Ausdruck; die Unterlippe ist vorgeschoben. Die Kühnheit der Weigel bei der Preisgabe der Figur erreichte hier den Höhepunkt.

(Der Darsteller des Feldwebels kann das Erstaunen des Zuschauers anführen, indem er erstaunt über solche Härte sich zu seinen Leuten umblickt.)

Die Händlerin hat zu lange gehandelt · Der stumme Schrei

Berlin 1951 (Helene Weigel/Erwin Geschonneck)

## Beobachtung

Der Ausdruck des äußersten Schmerzes nach dem Anhören der Salve, der schreilos geöffnete Mund bei zurückgebogenem Kopf stammt vermutlich von der Pressefotografie einer indischen Frau, die während der Beschießung von Singapore bei der Leiche ihres getöteten Sohnes hockt. Die Weigel muß sie vor Jahren gesehen haben, wiewohl sie sich auf Befragen nicht daran erinnerte. So gehen Beobachtungen in den Fundus der Schauspieler ein. – Die Weigel nahm diese Haltung übrigens erst in späteren Vorstellungen ein.

## Die Courage der Giehse

Vor der Verleugnung, wenn die stumme Kattrin, geschickt von der Lagerhure, sich unwillig neben sie stellt, lehnt sie sich in einem Augenblick der Schwäche an die Tochter und faßt nach ihrer Hand. Sie läßt sie schnell fallen, wenn die Landsknechte mit der Bahre des Schweizerkas kommen. Ihr Gang vom Faß zur Bahre und zurück ist wiegend und frech, und an der Bahre steht sie kerzengerade, in einer herausfordernden, ja eitlen Haltung, als folge sie lediglich einer beleidigenden Zumutung. Wenn die Bahre weggetragen ist, fällt sie ohne Übergang und lautlos vornüber vom Hocker.

### VIERTE SZENE

#### DAS LIED VON DER GROSSEN KAPITULATION

*Mutter Courage sitzt vor dem Zelt des Rittmeisters, um sich wegen Beschädigung ihres Planwagens zu beschweren · Ein Schreiber rät ihr vergebens, fünfe grad sein zu lassen · Ein junger Landsknecht kommt, sich ebenfalls zu beschweren · Sie bringt ihn davon ab · Das bittere Lied von der Großen Kapitulation · Durch die Belehrung, die sie dem jungen Landsknecht erteilt hat, selber belehrt, geht auch sie weg, ohne sich beschwert zu haben.*

## Grundarrangement

*Mutter Courage sitzt vor dem Zelt des Rittmeisters, um sich wegen Beschädigung ihres Planwagens zu beschweren. Ein Schreiber rät ihr vergebens, fünfe grad sein zu lassen.* Der Schreiber tritt zur Bank, auf der die Courage sitzt, und redet ihr gut zu. Sie bleibt verstockt.

*Ein junger Landsknecht kommt, sich ebenfalls zu beschweren. Sie bringt ihn davon ab, da sein Zorn zu kurz sei.* Zwei Landsknechte kommen; der ältere hält den jüngeren tätlich ab, ins Zelt des Feldhauptmanns zu dringen. Die Courage mischt sich ein und verwickelt den jungen Menschen in ein Gespräch über die Gefährlichkeit kurzer Zorneswallungen.

*Das bittere Lied von der Großen Kapitulation.* Der junge Landsknecht, dessen Zorn verraucht ist, geht fluchend weg.
*Durch die Belehrung, die sie dem jungen Landsknecht erteilt hat, selber belehrt, geht auch die Courage weg, ohne sich beschwert zu haben.*

## Gemütsverfassung der Courage zu Beginn der Szene

In den ersten Proben eröffnete die Weigel diese Szene in einer Haltung der Niedergeschlagenheit. Dies war nicht richtig.

Die Courage lernt, indem sie lehrt. Sie lehrt und lernt die Kapitulation.

Die Szene verlangt Erbitterung zu Beginn und Niedergeschlagenheit am Ende.

## Schlechtigkeit der Courage

Die Schlechtigkeit der Courage ist in keiner Szene größer als in dieser, wo sie den jungen Menschen die Kapitulation vor den Oberen lehrt, um sie selber durchführen zu können. Und doch zeigt das Gesicht der Weigel dabei einen Schein von Weisheit und sogar Adel, und dies ist gut. Es ist nämlich nicht die Schlechtigkeit ihrer Person so sehr als die ihrer Klasse, und sie selbst erhebt sich wenigstens dadurch darüber ein wenig, daß sie Einsicht in diese Schwäche, ja Zorn darüber zeigt.

## Die Abgänge

Der Schauspieler Schaefer führte als junger Soldat einen merkwürdigen Gang vor. Die Courage beschimpft habend, ging er ab, als bewegten ihn einzig noch seine Füße, mit hängenden Kniekehlen und halben Weges zwei Schritte zurück zur Courage tuend (ohne die große, unaufhaltsame Figur des Ganges zu unterbrechen), als wolle er noch etwas zu ihr sagen, gebe dies aber ebenfalls auf; kurz, wie ein Ochse, der auf den Kopf geschlagen wurde und nicht weiß wohin.

Die Courage der Weigel hingegen ging schnell ab, den Kopf gesenkt, in gerader Linie.

## Die Courage der Giehse

Dem Lied von der Großen Kapitulation gab die Giehse eine aggressive Wendung, indem sie beim letzten Refrain das Publikum mit einbezog – sie trat auf in der »Stadt der Bewegung« und der Remilitarisierung.

Ihren Zürcher Szenenschluß, mit dem in militärischer Zu-Befehl-Haltung gesprochenen »Ich beschwer mich nicht«, gab sie für den Münchener Szenenschluß auf; die Courage ging mit gesenktem Kopf die Rampe entlang am Schreiber vorbei ab, wodurch die Niederlage betont wurde.

## Die Szene, gespielt ohne Verfremdung

Eine solche Szene ist gesellschaftlich verhängnisvoll, wenn die Darstellerin der Courage das Publikum durch hypnotisches Spiel einlädt, sich in sie einzuleben. Das Publikum wird nur eigene Neigungen zu Resignationen und Kapitulationen stärken – und außerdem und dazu noch sich den Genuß verschaffen, über sich selbst zu stehen. Die Schönheit und Anziehungskraft eines gesellschaftlichen Problems wird es nicht zu fühlen bekommen.

FÜNFTE SZENE

MUTTER COURAGE VERLIERT VIER OFFIZIERSHEMDEN, UND DIE STUMME KATTRIN FINDET EINEN SÄUGLING

*Nach einer Schlacht · Die Courage verweigert dem Feldprediger
ihre Offiziershemden, mit denen er verwundete Bauersleute verbinden will · Die stumme Kattrin bedroht ihre Mutter · Kattrin
birgt unter Lebensgefahr einen Säugling · Die Courage beklagt
den Verlust ihrer Hemden und entreißt einem Landsknecht, der
Schnaps gestohlen hat, einen erbeuteten Mantel dafür, während
Kattrin das erbeutete Kind wiegt.*

### Grundarrangement

*Nach einer Schlacht.* Die Courage steht mit zwei Landsknechten
vor ihrem Wagen, dessen Seitenbrett für den Schankbetrieb her-
abgelassen ist. Kattrin sitzt auf der Wagentreppe und ist unruhig.
Die Courage stürzt zwei Schnäpse hinunter; sie braucht Schnaps
für ihre Härte angesichts des Elends.

*Die Courage verweigert dem Feldprediger ihre Offiziershem-
den, mit denen er verwundete Bauersleute verbinden will.* Der
Feldprediger schreit aus dem zerschossenen Bauernhof heraus
nach Leinen. Kattrin wird von ihrer Mutter gehindert, aus dem
Wagen Offiziershemden zu holen. Die Courage hockt sich bock-
beinig auf die Wagentreppe und läßt niemanden hinein.

*Die stumme Kattrin bedroht ihre Mutter.* Der Feldprediger hat
aus dem Haus zusammen mit dem einen Landsknecht eine verwundete Frau herausgeschafft, danach einen alten Bauern, dessen
Arm herabhängt. Er verlangt von neuem Leinen, und alle blicken
auf die Courage, die sich in Schweigen hüllt. Zornig ergreift
Kattrin eine Planke und bedroht die Mutter. Der Feldprediger
muß sie ihr entwinden. Er hebt die Händlerin auf, setzt sie auf
eine Truhe und holt sich Offiziershemden.

*Kattrin birgt unter Lebensgefahr einen Säugling.* Noch sich
raufend mit dem Feldprediger, sieht die Courage ihre Tochter in
das vom Einsturz bedrohte Haus laufen, einen Säugling zu retten.
Hin und her gerissen zwischen Kattrin und den Offiziershemden
rennt sie herum, bis die Hemden zerrissen sind und Kattrin mit
dem Säugling aus dem Haus kommt. Nun verfolgt sie diese, ihr
das Kind abzujagen. (Gänge: Kattrin läuft mit dem Säugling
entgegen der Uhrzeigerrichtung um die Verwundeten herum,
dann in der Uhrzeigerrichtung um den Wagen herum.) Ihre
Mutter bleibt mitten auf der Bühne stehen, da der Feldprediger
mit den Hemden aus dem Wagen kommt. Kattrin setzt sich auf

die Truhe rechts.

*Die Courage beklagt den Verlust ihrer Hemden und entreißt einem Landsknecht, der Schnaps gestohlen hat, einen erbeuteten Mantel dafür, während Kattrin das erbeutete Kind wiegt.* Nach einem wahren Tigersprung auf den zechprellerischen Landsknecht stopft Mutter Courage den Pelzmantel in den Wagen.

## Eine andere Courage

Bei der Courage ist eine Änderung vor sich gegangen. Sie hat den Sohn dem Wagen geopfert, so verteidigt sie den Wagen jetzt wie eine Tigerin. Durch hartes Handeln hat sie sich verhärtet.

## Detail

Zu Beginn der Szene (nach »Siegesmärsch spielen sie auf, aber den Sold zahlens nicht aus«) stürzte die Courage der Weigel zwei Schnäpse hinunter. Dies genügte ihr als ein mildernder Umstand für das Feilschen, Keifen und Toben der Courage durch die ganze Szene.

## Detail

Zwischen dem Soldaten, der von der Courage keinen Schnaps bekommt, und dem Soldaten, der an dem Servierbrett längs des Planwagens Schnaps trinkt, war ein kleines Spiel. Es brachte das feindliche Verhältnis zwischen dem, der hat, und dem, der nichts hat, zum Ausdruck. Der Trinkende grinst höhnisch und leert sein Glas demonstrativ genußvoll, der zu spät Gekommene starrt ihn lange feindselig an, bevor er sich angewidert und besiegt umdreht und nach hinten geht – auf eine Gelegenheit wartend, an den Schnaps zu kommen. Später wird der Trinkende mehr Herz gegenüber der verwundeten Bäuerin zeigen als der Durstige.

## Die Widersprüche dürfen nicht verschwinden

Der Schauspieler Hinz hatte dem Feldprediger, aufgebaut auf dem Widerspruch zwischen Schubjak und überlegenem Geist, körperlich etwas Hölzernes, Unbeholfenes und Komisches gegeben. All dies behielt er bei seiner Samaritertätigkeit bei. Er handelte mit Kälte, lediglich als bewege ihn sein einstmaliges Seelsorgeramt, seiner jetzigen Brotgeberin in den Rücken zu fallen, aber es schien noch etwas anderes durch: Seine einstmals gehobene Stellung verschaffte ihm die Führung auf dem Schlachtfeld, in einem Geist, der davon kam, daß er selber letztlich zu den Unterdrückten gehörte. Wenn er den Beschädigten hilft, wird es offenbar, daß es schade auch um ihn ist.

### Die Szene, abhängend vom Pantomimischen

Die Wirkung der Schlachtfeldszene hängt völlig von der minutiösen Pantomime ab, in der die Darstellerin der stummen Kattrin den steigenden Zorn über die Unmenschlichkeit der Mutter zeigt. Die Schauspielerin Angelika Hurwicz lief zwischen den verwundeten Bauersleuten und der Courage hin und her wie eine aufgestörte Mutterhenne. Sie unterdrückte nicht die wollüstige Neugier infantiler Personen am grausigen Geschehen, bevor sie mit der Mutter gestisch zu argumentieren begann. Den Säugling trug sie aus dem Haus wie eine Diebin; am Schluß der Szene hob sie ihn mit beiden Armen schubsend hoch, wie um ihn lachen zu machen. Hat ihre Mutter den Pelzmantel, hat sie den Säugling als Beuteanteil.

### Kattrin

In der Schlachtfeldszene bedroht die stumme Kattrin ihre Mutter mit dem Erschlagen, weil sie den verwundeten Bauern ihr Leinen verweigert. Es ist notwendig, die stumme Kattrin von Anfang an als intelligent zu zeigen. (Ihr Gebrechen verführt Schauspieler dazu, sie als dumpf zu zeigen.) Sie ist am Anfang frisch und heiter, von ausgeglichener Gemütslage – die Hurwicz gab ihr sogar in dem Gespräch mit dem Bruder der dritten Szene eine Art von unbeholfenem Charme. Die sprachliche Unbeholfenheit teilt sich wohl ihrem Körper mit, jedoch ist es der Krieg, der sie bricht, nicht ihr Gebrechen; technisch gesprochen: Der Krieg muß etwas zum Brechen vorfinden.

Es wird alles versäumt, wenn ihre Kinderliebe als etwas dumpf Tierisches denunziert wird. Die Rettung der Stadt Halle ist ein intelligenter Akt. Wie sonst könnte herauskommen, was herauskommen muß, nämlich, daß hier der Hilfloseste bereit ist zu helfen.

*Detail*

Am Schluß der Szene hob die stumme Kattrin den Säugling hoch, während die Courage den Pelzmantel rollte und in den Planwagen warf: Die beiden Frauen hatten ihren Beuteanteil.

*Musik und Pausen*

Die fünfte (Schlachtfeld-)Szene wurde auf Musik und Pausen gestellt.

Siegesmarsch: Von Beginn bis »Hilf mir einer«.

Von nach »Mein Arm ist hin« bis »Ich geb nix«.

Von nach ». . . und ist glücklich in all dem Jammer« bis Schluß der Szene.

Pausen nach:

»Die Stadt muß ihm was gezahlt haben.«

»Wo ist das Leinen?«

»Das Blut kommt durch.«

SECHSTE SZENE

BEGINNENDER WOHLSTAND, ABER DIE STUMME KATTRIN WIRD VERUNSTALTET

*Mutter Courage, zu Wohlstand gelangt, macht Inventur · Leichenrede auf den gefallenen Feldhauptmann Tilly · Gespräche über die Dauer des Krieges · Der Feldprediger beweist, daß der Krieg lang dauern wird · Die stumme Kattrin wird weggeschickt, neue Waren einzukaufen · Die Courage lehnt einen Heiratsantrag ab und besteht auf Brennholz · Die stumme Kattrin ist von Landsknechten für immer verunstaltet worden und weist die roten Schuhe der Lagerhure zurück · Mutter Courage verflucht den Krieg.*

*Grundarrangement*

*Mutter Courage, zu Wohlstand gelangt, macht Inventur. Leichenrede auf den gefallenen Feldhauptmann Tilly.* Die Courage unterbricht ihr Warenzählen, um Landsknechte, die das Begräbnis schwänzen, Branntwein auszuschenken. Sie weist die Durchbrenner tugendhaft zurecht und beklagt die Feldhauptleute, weil das Volk ihre großen Pläne nicht genug unterstützt, während sie in einer Zinnbüchse nach Würmern sucht. Der Regimentsschreiber belauscht sie vergebens, um sie bei einer ungebührlichen Äußerung zu ertappen.

*Gespräch über die Dauer des Krieges. Der Feldprediger beweist, daß der Krieg lang dauern wird.* Der rechte Teil der Bühne ist der private, links ist der Ausschank und der Gästetisch mit Schreiber und Prediger. Es gibt ein Spiel zwischen rechts und links, wenn der trinkende Soldat Kattrin zusingt und sie ihm zulächelt, und die Courage kommt mit dem Bündel Schnallengürteln, die sie abzählt, an den Tisch, um den Feldprediger Schankknecht über seine Meinung von der Länge des Krieges zu befragen. Während der ganzen Zeit seiner zynischen Ausführungen steht sie in Nachdenken versunken: Soll sie neue Waren kaufen?

*Die stumme Kattrin wird weggeschickt, neue Waren einzukaufen.* Der Feldgeistliche Schankknecht äußert, daß der Krieg noch lange gehen wird, und Kattrin läuft zornig hinter den Wagen. Die Courage lacht, holt sie zurück und schickt sie mit einem großen Korb ins Lager, Waren zu kaufen. »Laß dir nichts wegnehmen; denk an deine Aussteuer, Kattrin!«

*Die Courage lehnt einen Heiratsantrag ab und besteht auf Brennholz.* Die Courage hat sich auf einen Schemel an ihrem Wagen niedergelassen, stopft eine Pfeife und fordert den Schankknecht auf, ihr etwas Brennholz zu hacken. Er hackt ungeschickt Brennholz, beschwert sich über das Brachliegen seiner Gaben und schlägt ihr vor, wohl um körperlicher Arbeit zu entgehen, ihn zu ehelichen. Sie deutet ihm an, daß sie in ihre Marketenderei niemanden hereinlassen will, und führt ihn freundlich zum Hackblock zurück.

*Die stumme Kattrin ist von Landsknechten für immer verunstaltet worden und weist die roten Schuhe der Lagerhure zurück.* Herein stolpert Kattrin, behängt mit Korb und Waren. Sie sinkt am Zelteingang nieder, und die Courage muß sie zu ihrem Hocker schleppen und sie verbinden. Die roten Schuhe, die die Mutter holt, sie zu trösten, weist Kattrin zurück, sie nützen nichts mehr. Mit stummem Vorwurf kriecht sie in den Wagen.

*Mutter Courage verflucht den Krieg.* Langsam holt die Courage die neuen Waren, von Kattrin mit solchem Einsatz verteidigt, nach vorn und kniet damit an der Stelle, wo sie zu Beginn der

Szene Inventur gemacht hat, nieder, auch sie zu überprüfen. Sie erkennt den Krieg als eine unwürdige Einnahmequelle, und zum ersten und letzten Male verflucht sie den Krieg.

## Inventur

Wieder ist die Courage verändert. Zunehmender Wohlstand hat sie weicher und menschlicher gemacht. Beides zieht den Feldprediger an, so daß er ihr einen Antrag macht. Zum erstenmal sehen wir sie einen Augenblick in Ruhe sitzen, ohne daß sie arbeitet.

## Begräbnisrede der Courage auf Tilly

Im Laufe der Vorstellungen wurde erkannt, daß die Rede über den toten Feldhauptmann von der Courage leichter gehalten werden konnte, wenn in der Pause, in der alle nach hinten schauen, wo der Trauermarsch laut und feierlich geworden ist, der leicht angetrunkene Schreiber die ihre Begräbnisrede haltende Courage scharf beobachtet, sich dabei vom Sitz erhebend, da ihm so ist, als verhöhne sie den Feldhauptmann. Er setzt sich enttäuscht nieder, wenn die Courage so geredet hat, daß ihr nichts nachzuweisen ist.

(Die Pause während des Trauermarsches muß lang sein, sonst wirkt die Begräbnisszene nicht richtig.)

## Detail

In die Begräbnisrede auf den Feldhauptmann Tilly (»Mir tut so ein Feldhauptmann oder Kaiser leid«) fügte die Weigel nach »Er weiß es nicht besser«, in eine Zinnbüchse schauend, ein »Jesses, in den Zwieback sind mir die Würmer gekommen«. Dabei lachte sie. Hier nämlich entlädt sich die Heiterkeit der Courage, der sie, vom Schreiber beobachtet, in der subversiven, aber nicht leicht zu inkriminierenden Rede nicht Ausdruck verleihen darf.

## Pantomimisches

Die Ausführungen des Feldpredigers über die Langlebigkeit des Krieges dürfen sich nicht verselbständigen. Sie bilden die Antwort auf die besorgte Frage der Courage, ob sie dem Krieg trauen und neue Waren kaufen soll. Die Weigel brachte während der Redereien pantomimisch die Nachdenklichkeit und das Kalkulieren der Courage zum Ausdruck.

### Detail

Der betrunkene Landsknecht singt sein Lied der stummen Kattrin zu. Sie lächelt ihn an. Dies erinnert den Zuschauer vor ihrer Entstellung noch einmal an ihre Liebesfähigkeit.

### Zu beachten

Gewaltsame Beschäftigungen veranlassen die Schauspieler, laut zu werden. Wenn der Darsteller des Feldpredigers beim Holzhacken hin und wieder laut wurde, litt die Szene.

### Der Feldprediger Geschonnecks

Hinz, in der ersten Berliner Aufführung, haute die Figur wie mit der Axt aus, Geschonneck, saftig und prall, gab mehr Aufschlüsse. In der Szene im Zelt des Feldhauptmanns deutete er, wenn dieser ihm verächtlich einen Schwupp Wein über den Talar gießt, durch ein »humorvolles« Lächeln dem jungen Eilif an, daß derlei als rauher Spaß anzusehen sei, nicht als Herabsetzung des Boten Gottes beim lutherischen Heer. Er sang das Horenlied still und bitterlich; man sah gleichsam wieder einen jüngeren Geistlichen in der Universitätsstadt Upsala vor sich. Auch dieser Krieg war einst etwas anderes gewesen, als er begonnen hatte, nicht ohne Ideale. Und Geschonneck addierte noch einen schönen Zug. In der 3. Szene kommt er mit der Courage vom Einkaufen zurück. Die stumme Kattrin läuft ihnen entgegen und wird von der Mutter aufgefordert, ruhig zu berichten, nicht jaulend wie ein Hund, daß es dem Feldprediger grause. Der Feldprediger widersprach dem mit einer ungemein zarten, betretenen Geste.

In der 6. Szene geht der Feldprediger Geschonnecks nach dem Abgang der Kattrin unauffällig zur Tafel am Schanktisch, auf der die Courage die Getränke angekreidet hat, die er als Verlierer im Damespiel nun bezahlen muß, und wischt einen der Kreidestriche weg. Dabei zeigt er, daß er diese Unwürdigkeit, zu der ihn seine traurige Lage bringt, einsieht und beklagt.

Diese kleine Pantomime hilft der folgenden Szene mit dem Heiratsantrag: Engere Beziehungen zwischen ihm und der Courage würden so etwas überflüssig machen.

## Kattrin

Die Verwundete, wieder auf der Truhe hockend wie während des Gesangs des betrunkenen Landsknechts, faßt sich nur ein- oder zweimal vorsichtig an die Stirn, um sich zu vergewissern, wo die Wunde wohl sitze; im übrigen zeigt sie nur durch die Willfährigkeit, mit der sie sich verbinden läßt, daß sie weiß, was die Narbe für sie bedeuten wird. Ihre Nichtbeachtung der roten Stöckelschuhe der Yvette und wie sie sich in den Wagen verkriecht, enthält einen Protest: Sie gibt ihrer Mutter die Schuld am Unglück.

## Widersprüchlichkeit

Die Courage sprach die Verfluchung des Krieges, während sie die Vorräte zusammenklaubte, die zu verteidigen ihre Tochter sich die Verunstaltung geholt hatte.

Ihre Inventur vom Beginn der Szene fortsetzend, zählte sie weiter die frisch hereingekommenen Waren ab.

### SIEBENTE SZENE

MUTTER COURAGE AUF DER HÖHE IHRER GESCHÄFTLICHEN LAUFBAHN

*Mutter Courage hat ihr Urteil über den Krieg berichtigt und besingt ihn als guten Brotgeber.*

## Grundarrangement

*Mutter Courage hat ihr Urteil über den Krieg berichtigt und besingt ihn als guten Brotgeber.* Von Kattrin und dem Schankknecht Feldprediger gezogen, kommt der Wagen von hinten und fährt an der Rampe entlang. Die Courage geht nebenher, argumentiert mit den Ziehenden und wendet sich dann im Gesang an die Zuschauer. Pause.

## Zeichen des Wohlstands

Es schien uns nach etwa 40 Vorstellungen, daß die Courage in der 6. Szene, wenn sie Inventur macht, als Zeichen des schmalen

Die Courage besingt den Krieg als ihren Brotgeber
München 1950 (Peter Lühr/Erni Wilhelmi/Therese Gichse)

Wohlstands, zu dem sie gelangt ist, Ringe an den Fingern und eine
Kette von Silbertalern um den Hals haben sollte. Aber einer von
uns entdeckte nach einigen weiteren Vorstellungen, daß dadurch
die Bemerkung der Courage über die Courage der armen Leute
litt, und wir bestimmten als den Ort für Zeichen des Wohlstands
die 7. Szene. Hier, wo sie ihre Verdammung des Kriegs widerruft,
zeigen die Zeichen des Wohlstands, kürzlich erworben, sie, wie es
sein soll, als bestochen.

In dieser kurzen Szene führte die Weigel die Courage übrigens
als im Vollbesitz ihrer Vitalität vor, wie vordem nur in der
5. (Schlacht-)Szene; jedoch war sie hier heiter, dort finster.

### Die Courage der Giehse

Wieder eingedenk, wo sie auftrat, spielte die Giehse diese Szene,
nach der die Pause liegt, um jedes Mißverständnis zu vermeiden,
betrunken torkelnd, die Flasche schwingend.

ACHTE SZENE

EIN FRIEDE DROHT MUTTER COURAGES GESCHÄFT ZU RUINIEREN.
IHR KÜHNER SOHN VOLLBRINGT EINE HELDENTAT ZUVIEL UND
FINDET EIN SCHIMPFLICHES ENDE

*Courage und der Feldprediger hören ein Gerücht, der Friede sei
ausgebrochen · Wiedersehen mit dem Feldkoch · Der Kampf um
den Futterplatz · Eine alte Bekannte, die es im Krieg zu etwas
gebracht hat · Entlarvung des Pfeifenpieters · Untergang Eilifs, des
kühnen Sohns der Courage · Er wird hingerichtet für eine der
Missetaten, für die er im Kriege belohnt wurde · Der Friede ist
schon wieder zu Ende · Die Courage verläßt den Feldprediger und
zieht mit dem Koch weiter, dem schwedischen Heere nach.*

### Grundarrangement

*Courage und Feldprediger hören ein Gerücht, der Friede sei
ausgebrochen.* Rechts stehen eine alte Frau und ihr Sohn aus der
Stadt, die allerlei Hausrat verkaufen wollen. Es ist früh am
Morgen, und aus dem Wagen links antwortet mürrisch eine
schlaftrunkene Courage. Dann ertönen von rechts Glocken, der
Feldprediger kriecht unter dem Wagen hervor, wo er geschlafen
hat, und die Courage steckt den Kopf aus dem Wagen. Die alte
Frau scheint freudig bewegt, die Courage nicht.

*Wiedersehen mit dem Feldkoch.* Die Friedensglocken beginnen
allerlei Besucher heranzuschwemmen. Zuerst kommt – er, wie
alle, von rechts – der Feldkoch, zerlumpt, alle seine Habe in einem
Bündel. Der Schankknecht Feldprediger sieht ihn unlustig, aber
die Courage, ihr Haar flechtend, schüttelt ihm, auf ihn zulaufend,
die Hand. Sie lädt ihn zu einer Holzbank, die vor dem Wagen
steht, während der Feldprediger hinter den Wagen geht, sein
geistliches Gewand anzulegen. Unter dem Glockengeläute sitzen
sie, beinahe wie Liebesleute, und berichten sich von dem Bank-
erott, den der Friede über sie gebracht hat.

*Der Kampf um den Futterplatz.* Wenn der Feldprediger zurückkommt – er steht in der Mitte der Bühne wie ein letzter
Schneidezahn in einem zahnlosen Mund –, beginnt der Koch ihn
abzuschlachten. Wenn die Courage in den Wagen geklettert ist,
ihre Hucke zu packen, um die Waren zu verkaufen, die sie gekauft

hat, weil der Feldprediger ihr einen langen Krieg versprochen hat, muß der den Koch, der sich schon die Fußlappen auszieht, denn er wird hierbleiben, demütig bitten, ihn nicht aus seiner Bleibe zu verdrängen. Er bekommt ein Achselzucken zur Antwort.

*Eine alte Bekannte, die es im Krieg zu etwas gebracht hat. Entlarvung des Pfeifenpieters.* Ein neuer Besuch. Gefolgt von einem Bedienten, dick und asthmatisch am Stock, jedoch in schwarzer Seide, tritt die Obristin Starhemberg auf, einstige Lagerhure. Sie ist aus der Kalesche gestiegen, die Courage zu sehen, und sieht den Feldkoch, den sie als Pfeifenpieter kennt. Sie denunziert ihn grimmig der Courage, die sie kaum abhalten kann, dem Koch mit dem Stock zu Leibe zu gehen.

*Untergang Eilifs, des kühnen Sohnes der Courage. Er wird hingerichtet für eine der Missetaten, für die er im Kriege belohnt wurde.* Wenn die Weiber fort sind, zieht der Koch finster wieder seine Fußlappen an, und der Feldprediger genießt seinen Triumph. Das Gespräch mündet in ein gemeinsames wehmütiges Gedenken an die schönen Kriegszeiten, da bringen, hergeweht von den Friedensglocken, einige Landsknechte mit Hakenbüchsen einen reich gekleideten Fähnrich, gefesselt, Eilif. Sein Mut fällt zusammen, als er hört, daß seine Mutter weg ist. Der Feldprediger gibt ihm einen Schluck Branntwein und geleitet ihn zur Richtstätte, wieder ein Pfaffe.

*Der Friede ist schon wieder zu Ende. Die Courage zieht mit dem Koch weiter, dem schwedischen Heere nach.* Der Koch versucht, die stumme Kattrin im Wagen aufzustöbern, um ein Brot zu erbetteln. Da kommt die Courage gerannt, freudestrahlend: Der Friede ist wieder um. Der Koch verheimlicht ihr den Tod Eilifs. Gemeinsam mit dem Koch packt sie ihre Siebensachen in den Wagen, und die Fahrt geht ohne den Feldprediger weiter.


### Vorbauen

Die Weigel bereitete das Gespräch mit dem Koch in der 8. Szene sehr sorgfältig im Gespräch mit dem Feldprediger in der 6. Szene vor. Sie sprach das »Er war ein netter Mensch« mit etwas besinnlicherer Wärme, als es die lustige Abfertigung des Feldpredigers erforderte. Dadurch hatte sie in der 8. Szene ein Publikum, das Bescheid wußte, und konnte dem Koch gegenüber einen trockenen und nüchternen Ton haben, so daß man mit Rührung und Spaß beobachten konnte, wie das Thema des Liebesgesprächs der beiderseitige Ruin ist.

### Die Würde der Jämmerlichkeit

In dem Hahnenkampf Feldprediger – Koch erzielte Hinz als Feldprediger eine außerordentliche und natürliche Wirkung, wenn er, plötzlich alle Überheblichkeit lassend, den Koch bat, ihn nicht bei der Courage auszustechen, da er, ein besserer Mensch geworden, seinen Predigerberuf nicht mehr ausüben könne. Seine Angst, den Arbeitsplatz zu verlieren, verlieh ihm eine neue Würde.

### Erniedrigungen

Auch der Koch weiß Erniedrigungen zu ertragen. In dem Triumphgespräch mit dem Feldprediger hat er Schuh und Fußlappen ausgezogen, wie einer, der ans Ende und Ziel einer langen Wanderschaft gekommen ist. So findet ihn Yvette barfuß, was den alten Don Juan geniert. Bekümmert zieht er sein Fußzeug nach der Enthüllung wieder an, wenn der Feldprediger ihn abkanzelt. Das Um-Essen-Betteln bei der Kattrin spielte Bildt meisterhaft. Er schlug zunächst lässig mit dem Stock an die Trommel, die am Wagen aufgehängt ist, sein Bündel wieder umgehängt, bereit, zu gehen. In den Planwagen hineinredend, gab er den Wörtern »Speck« und »Brot« einen kennerischen Gourmandton: der hungernde Koch.

### Gelungener Verkauf

Yvette Pottier ist die einzige Figur des Stücks, die ihr Glück macht; sie hat sich günstig verkauft. Das gute Essen hat sie ebenso entstellt, wie die Narbe Kattrin entstellt hat; sie ist fett, daß man den Eindruck hat, das Fressen sei ihre einzige Leidenschaft geworden. Sie benutzt den Akzent der österreichischen Aristokratie, selbst bei den vulgären Schimpfwörtern »Hurenbock, elendiger!« – »Lump, miserabliger!« – »Abgefeimter Verführer!«, die sie dem Koch zuzischelt, während die Courage dem Feldprediger einige Aufträge erteilt.

### Lutz als Yvette

Lutz spielte die Obristin Starhemberg, weiland Lagerhur, eine Rolle, die immer wenig Schwierigkeiten bereitet hatte, nach Proben, wie sie sonst nur für riesige Rollen üblich sind, in der Aufführung des Berliner Ensembles mit Herzklopfen, aber exquisit. Sie stopfte sich aus, bis sie wie eine kleine Tonne aussah, verwandte pfundweise Puder, sprach kurzatmig und trug watschelnd ihren Bauch vor sich her wie eine Sehenswürdigkeit. Dazu schimpfte sie wie ein Roßkutscher. Aber der Zorn auf den einstmaligen Verführer war so gewaltig, daß es schien, als ob sie ihren protzigen Reichtum und hohen Stand verdammte, da sie doch dem elenden Feldkoch dafür die Schuld zuschob. Und durch einen Kunstgriff, den man kaum nennen könnte, gelang es ihr, der grotesk deformierten Person einen Rest der Grazie aufzuheben, die das kindliche Geschöpf der 3. Szene so angenehm gemacht hatte.

## Der Ernährer Krieg

Die Courage kommt erschöpft vom Rennen, aber strahlend darüber, daß wieder Krieg ist, aus dem Dorf zurück und läßt sich vergnügt vom Koch die Hucke abnehmen. Neue Geschäfte werden es ihr ermöglichen, den Koch aufzunehmen. Über die Möglichkeit, ihren Sohn wiederzusehen, spricht sie leichten Herzens: »Nun wieder Krieg ist, wird alles sich einrenken.« Sie wird über sein Grab fahren.

## Detail

Beim Packen taucht die stumme Kattrin auf. Den Koch erblickend, sieht sie ihn auf die Narbe starren, verbirgt scheu mit der Hand die Narbe und wendet sich weg. Sie ist lichtscheu geworden.

Noch in der 11. Szene hält sie, wenn die Soldaten sie aus dem Wagen zerren, die Hand über das Auge.

### NEUNTE SZENE

DIE ZEITEN SIND SCHLECHT. DER KRIEG NIMMT EINEN UNGLÜCKLICHEN VERLAUF. IHRER TOCHTER WEGEN SCHLÄGT DIE COURAGE EINE BLEIBE AUS

*Der Koch hat eine Wirtschaft in Utrecht geerbt · Die stumme Kattrin hört, daß der Koch sie nicht nach Utrecht mitnehmen will ·*

*Das Lied von den Anfechtungen großer Geister · Die stumme Kattrin beschließt, ihrer Mutter die Entscheidung zu ersparen, packt ihr Bündel und hinterläßt eine Botschaft · Mutter Courage verhindert Kattrins Flucht und zieht mit ihr allein weiter · Der Koch geht nach Utrecht.*

### Grundarrangement

*Die Zeiten sind schlecht. Der Koch hat eine Wirtschaft in Utrecht geerbt.* Bei winterlichem Sturm, in früher Dämmerung, bringen Courage und Feldkoch, beide zerlumpt, den zerlumpten Wagen vor einem Pfarrhaus zum Halten. Der Koch schirrt sich unwillig los und gesteht der Courage, daß er in Utrecht eine Schankwirtschaft geerbt und dorthin will. Er lädt sie ein, mitzukommen. Auf der Deichsel hockend und frierend, beklagt die Courage die ungünstige Geschäftslage: Der Krieg findet nur noch wenig, sich zu ernähren.

*Die stumme Kattrin hört, daß der Koch sie nicht nach Utrecht mitnehmen will.* Der Koch unterbricht das Gespräch zwischen Mutter und Tochter, in dem vom friedlichen Leben in Utrecht die Rede ist, und winkt sie zu sich auf die Seite (rechts, vor dem Pfarrhaus). Kattrin belauscht, neben dem Wagen versteckt, die Weigerung des Kochs, sie mitzunehmen.

*Koch und Courage singen das Lied von den Anfechtungen großer Geister.* Während des Bettelliedes überdenkt die Courage verzweifelt das Angebot des Kochs, die vermutlich letzte Aussicht, zu einer Bleibe zu kommen.

*Die stumme Kattrin beschließt, ihrer Mutter die Entscheidung zu ersparen, packt ihr Bündel und hinterläßt eine Botschaft.* Wenn das Bettellied gesungen ist, hat die Courage ihren Beschluß gefaßt, das Angebot des Kochs abzulehnen. Sie geht noch mit ihm ins Pfarrhaus, der Suppe wegen. Kattrin kommt mit einem Bündel und arrangiert auf der Wagendeichsel eine Hose des Kochs über dem Rock der Mutter.

*Mutter Courage verhindert Kattrins Flucht und zieht mit ihr allein weiter.* Die Courage entdeckt Kattrin, wie sie sich wegstehlen will. Sie füttert sie wie ein Kind mit einem Teller Suppe und versichert ihr, daß sie nie daran gedacht habe, den Wagen im Stich zu lassen. Sie wirft das Bündel des Kochs und die Hose aus dem Wagen, spannt sich und Kattrin davor und zieht mit ihr los (hinter

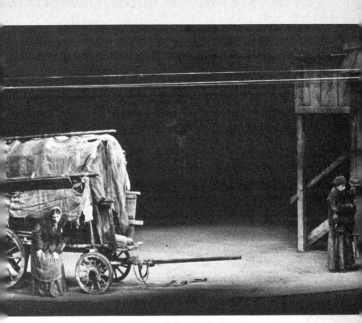

Die stumme Kattrin hört, daß der Koch sie nicht nach Utrecht
mitnehmen will
Berlin 1951 (Angelika Hurwicz/Helene Weigel/Ernst Busch)

dem Haus nach rechts).

*Der Koch geht nach Utrecht.* Der Koch findet die Frauen und
den Wagen nicht mehr vor. Er nimmt schweigend sein Bündel auf
und macht sich nach hinten rechts auf den Weg nach einer Bleibe,
nach Utrecht.

### Der Koch

Der Koch darf in dieser Szene unter keinen Umständen als brutal
dargestellt werden. Die geerbte Wirtschaft ist zu klein, um drei
Leute zu unterhalten, und den Gästen kann der Anblick der
entstellten Kattrin nicht zugemutet werden, das ist alles. Die
Courage findet seine Argumentation nicht unvernünftig. Die
Weigel zeigte deutlich, daß die Courage sich den Vorschlag

überlegt – sie überlegt jeden Vorschlag –, indem sie während der ersten Strophe des Bettellieds mit einem Ausdruck, gemischt aus Unentschlossenheit, Angst und Mitleid, zum Wagen hinüberschaut.

### Neueinstudierung 1951

Ernst Busch als Koch sang das Bettellied aufrüttelnd, kurzatmig, mit überanstrengter Stimme. Der Koch rechtfertigt seine Härte durch einen Angriff auf die Zeit. Nach dem Lied sprach er mit der Courage besonders behutsam, etwas traurig. Nach dem Imbiß die Treppe hinunterstolpernd und den Wagen nicht mehr vorfindend, läßt er die Pfeife aus dem Mund fallen.

### Detail

In dieser Szene, in der ihre Argumente etwas dünn sind, sprach die Courage zu ihrer Tochter wie zu einer Schwerhörigen. Ihr lautes, langsames Sprechen vermittelt auch den Eindruck, daß sie auch im Namen des Kochs spricht, worin sie durchaus nicht sicher ist.

### Die Demonstration der Kattrin

Mit dem Auslegen von Hose und Rock versucht Kattrin, ihrer Mutter eine Botschaft zu hinterlassen, warum sie wegging. Die Schauspielerin Hurwicz wies aber auch auf einen Moment von Ressentiment hin, indem sie auf das Pfarrhaus blickte, wo Mutter und Koch jetzt wohl ihre Suppe aßen, dann sich ihr Arrangement beschaute und einen unheimlichen bösartigen Kicherlaut mit der Hand vor dem Munde erstickte, bevor sie sich wegschlich.

### Detail

Mit den Worten »Glaub nicht, daß ich ihm deinetwegen den Laufpaß gegeben hab«, fütterte die Courage Kattrin mit dem Löffel.

### Die Courage der Giehse

In der Szene, wo die Courage die stumme Kattrin von der Flucht zurückhält, fütterte die Weigel sie mit dem Löffel. Die Giehse setzte eine neue schöne Erfindung hinzu: Während sie, den Holzteller umkehrend, die letzten Tropfen der Suppe in den Löffel laufen ließ, zeigte sie durch Betonung und Heraushebung des Wortes »Wagen« – von ihr bayrisch »Woogen« ausgesprochen – die unbeholfene Höflichkeit vieler kleiner Leute, welche den Opfern, die sie bringen, eigensüchtige Motive unterschieben, um anderen die Demütigung zu ersparen, die Opfer annehmen zu müssen.

### In der Neueinstudierung

Nachdem die Courage ihre Tochter gefüttert hat und bevor sie das Zeug des Kochs aus dem Wagen wirft, stellt sie den Teller auf die Treppe des Pfarrhauses. Sie läßt aber Kattrin nicht mehr los, sondern zerrt sie mit sich zur Treppe und dann weiter zum Wagen. Dort nimmt sie ihr das Bündel ab und wirft es zornig hinein.

### Die Courage der Giehse

Mühselig hochhumpelnd, verbeugte sich die Courage tief auf halber Treppe, als stünde die Tür ins Pfarrhaus offen. Auch als sie den Teller zurück auf die Treppe stellte, verbeugte sie sich noch einmal tief. Das mühselige Hochklimmen zeigte, wie alt sie war, die da eine Bleibe ausschlug; die Bettlerverbeugung, was für ein Leben sie auf der Straße zu erwarten hatte.

Die Weigel übernahm die Verbeugungen.

### Der Koch macht sich auf den Weg nach Utrecht

Derlei muß voll ausgespielt werden; Courage und Kattrin spannen sich vor den Wagen, bewegen ihn ein paar Raddrehungen zurück, um den Bogen um das Pfarrhaus zu machen, und ziehen nach rechts ab. Der Koch kommt, noch kauend an einem Stück Brot, sieht sein Zeug, nimmt es auf und wandert mit weiten Schritten nach hinten weg. Man sieht ihn entschwinden. So sieht man: Die Wege haben sich getrennt.

### IMMER NOCH AUF DER LANDSTRASSE

*Aus einem Bauernhaus hören Mutter und Tochter das Lied von der Bleibe.*

## Das Lied in der Münchener Aufführung

Eine schöne Variante der Münchener Aufführung war es, daß das Lied in harter, herausfordernder Selbstsicherheit gesungen wurde. Der anmaßende Besitzerstolz der singenden Bäuerin machte die Lauscher auf der Straße zu Verdammten.

## Ausdruck unerwünscht

Die beiden Frauen kommen, den Wagen ziehend. Sie hören die Stimme aus dem Bauernhaus, bleiben stehen, horchen, setzen sich mit ihrem Wagen wieder in Bewegung. Was in ihnen vorgeht, soll nicht gezeigt werden; das Publikum kann es sich denken.

## Detail

Wieder losziehend, warf die Weigel in einer der späteren Vorstellungen den Kopf hoch und schüttelte ihn, wie ein müder Schlachtengaul beim Losziehen. Die Geste ist kaum nachahmbar.

### ELFTE SZENE

#### DIE STUMME KATTRIN RETTET DIE STADT HALLE

*Die Stadt Halle soll überfallen werden · Landsknechte zwingen einen Bauernsohn, ihnen den Weg zu zeigen · Bauer und Bäuerin fordern die stumme Kattrin auf, mit ihnen für die Stadt Halle zu beten · Die Stumme klettert auf das Stalldach und schlägt die Trommel, um die Stadt Halle zu wecken · Weder das Angebot, ihre Mutter in der Stadt zu verschonen, noch die Drohung, den Wagen zu zertrümmern, halten Kattrin davon ab, weiter zu trommeln · Tod der stummen Kattrin.*

*Die Stadt Halle soll überfallen werden. Landsknechte zwingen einen Bauernsohn, ihnen den Weg zu zeigen.* Ein Fähnrich betritt mit zwei Landsknechten nachts einen Bauernhof. Sie holen aus dem Haus die schlaftrunkenen Bauersleute und aus ihrem Wagen die stumme Kattrin. Durch die Androhung, daß der einzige Ochse niedergesäbelt wird, zwingen sie den Bauernsohn, sich zum Führer herzugeben. (Sie führen ihn nach hinten, alle gehen nach rechts ab.)

*Bauer und Bäuerin fordern die stumme Kattrin auf, mit ihnen für die Stadt Halle zu beten.* Der Bauer lehnt eine Leiter an den Stall (rechts), klettert hoch und stellt fest, daß das Gehölz von Bewaffneten wimmelt. Heruntersteigend bespricht er mit der Bäuerin, daß sie sich nicht durch einen Versuch, die Stadt zu warnen, in Gefahr bringen dürfen. Die Bäuerin geht auf Kattrin zu (nach rechts vorn), fordert sie auf, Gott um Hilfe für die Stadt aufzufordern, und kniet mit ihr und dem Bauern zum Gebet nieder.

*Die Stumme klettert auf das Stalldach und schlägt die Trommel, um die Stadt Halle zu wecken.* Kattrin entnimmt dem Gebet der Bäuerin, daß die Kinder der Stadt Halle in Gefahr sind. Verstohlen holt sie vom Wagen eine Trommel, dieselbe, die sie eingeholt hatte, als sie verunstaltet wurde, und klettert damit aufs Stalldach. Sie beginnt zu trommeln. Die Bauersleute versuchen vergebens, sie zur Ruhe zu bringen.

*Weder das Angebot, ihre Mutter in der Stadt zu verschonen, noch die Drohung, den Wagen zu zertrümmern, halten Kattrin davon ab, weiter zu trommeln.* Auf das Trommelgeräusch hin kommen der Fähnrich und die Landsknechte mit dem Bauernsohn zurückgelaufen, die Landsknechte nehmen vor dem Wagen Aufstellung, und der Fähnrich bedroht die Bauersleute mit dem Degen. Einer der Landsknechte tritt in die Mitte, der Trommelnden Versprechungen zu machen, dann der Fähnrich. Der Bauer läuft zu einem Baumstamm (links vorn) und schlägt mit der Axt auf ihn ein, um den Trommellärm zu übertönen. Kattrin geht aus dem Lärmwettbewerb als Siegerin hervor, der Fähnrich will ins Haus, es anzuzünden, die Bäuerin verweist auf den Wagen. Der eine Landsknecht zwingt den Bauernsohn mit Fußtritten, auf den Wagen einzuhauen, der andere Landsknecht wird weggeschickt, eine Kugelbüchs zu holen. Er pflanzt sie auf, und der Fähnrich befiehlt Feuer.

*Tod der stummen Kattrin.* Kattrin fällt vornüber, die Schlegel in den sinkenden Händen geben noch einen Schlag und einen Nachschlag; für einen Augenblick triumphiert der Fähnrich, dann antworten die Geschütze von Halle, den Takt der Trommelschläge der stummen Kattrin aufnehmend.

### Schlechte Komiker lachen immer, schlechte Tragöden weinen immer

Wie bei den lustigen, so bei den traurigen Szenen kommt es auf die Vereinigung von Präzision und Lässigkeit an, auf die Sicherheit des lockeren Handgelenks bei der Führung der Fabel im Arrangement. Die Schauspieler beziehen ihre Stellungen und bilden ihre Gruppen in der Art, wie bei den rouletteähnlichen Spielzeugen der Kinder die Kugeln, hingestreut, in die Höhlungen der Holzschüssel fallen, wobei es bei diesem Spiel nicht vorbestimmt ist, welche Kugel in welche Höhlung fällt, während es bei den theatralischen Arrangements nur nicht vorbestimmt zu sein scheint. Die Steifheit oder Schwere, die in Deutschland bei traurigen Szenen gemeinhin vorherrscht, kommt auch daher, daß ohne jeden Grund die Körper beim Tragischen vergessen werden und so in einen Muskelkrampf versetzt zu sein scheinen. Ein Unfug!

### Die zwei Ängste der stummen Kattrin

Der stummen Kattrin nützt ihre Stummheit nichts, der Krieg hält ihr eine Trommel hin. Sie muß mit der unverkauften Trommel aufs Stalldach klettern, die Kinder der Stadt Halle retten.

Es ist notwendig, das Heldenklischee zu vermeiden. Die stumme Kattrin ist erfüllt von zwei Ängsten: der für die Stadt Halle und der für sich.

### »Die dramatische Szene«

Die Trommelszene erregte die Zuschauer in besonderer Weise. Einige erklärten dies daraus, daß sie die meist dramatische des Stücks sei und das Publikum eben das Dramatische dem Epischen vorzöge. In Wirklichkeit ist das epische Theater imstande, noch andere Vorgänge als bewegte Vorgänge, Zusammenpralle, Komplotte, seelische Folterungen und so weiter darzustellen, aber es ist auch imstande, diese darzustellen. Zuschauer mögen sich mit der stummen Kattrin in dieser Szene identifizieren; sie mögen sich einfühlen in dieses Wesen und freudig spüren, daß in ihnen selbst solche Kräfte vorhanden sind – jedoch werden sie sich nicht durch das ganze Stück eingefühlt haben; in den ersten Szenen zum Beispiel kaum.

## Verfremdung

Will man die Szene vor einer wilden Aufregung auf der Bühne bewahren, in der alles Bemerkenswerte untergeht, muß man besonders sorgfältig Verfremdungen vornehmen.

Zum Beispiel ist das Gespräch der Bauersleute über den Überfall in Gefahr, einfach »miterlebt« zu werden, wenn es in einen allgemeinen Wirbel hineingerissen wird; es kommt nicht heraus, wie sie ihr Nichtstun rechtfertigen und sich die Notwendigkeit dazu gegenseitig bestätigen, so daß nur das Beten als »Aktion« übrigbleibt.

So wurden die Schauspieler bei der Probe angehalten, nach ihren Sätzen hinzuzufügen »sagte der Mann« und »sagte die Frau«. Derart:

»›Der Wachtposten wirds rechtzeitig entdecken‹, sagte die Frau.«

»›Den Wachtposten müssen sie hingemacht haben‹, sagte der Mann.«

»›Wenn wir mehr wären‹, sagte die Frau.«

»›Mit dem Krüppel allein hier oben‹, sagte der Mann.«

»›Wir können nix machen, meinst‹, sagte die Frau.«

»›Nix‹, sagte der Mann« und so weiter.

## Das Trommeln der stummen Kattrin

Das Trommeln ist unterbrochen, da Kattrin die Vorgänge auf dem Hof immerfort im Auge behält, nach:

»Jesus, was macht die?«

»Euch zerhack ich.«

»Hör du, wir machen dir einen Vorschlag zum Guten.«

»Bei deiner Fresse kein Wunder!«

»Wir müssen den Hof anzünden.«

Solche Szenen wie die, in der der Bauer versucht, das Trommeln der Kattrin durch Holzhacken zu übertönen, müssen voll ausgespielt werden. Kattrin muß zu dem Bauern beim Trommeln herunterschauen und den Wettkampf aufnehmen. Es bedarf einiger Standhaftigkeit der Regie, in stürmischen Szenen solche Pantomimen lange genug dauern zu lassen.

## Detail

Die Hurwicz zeigte beim Trommeln zunehmende Erschöpfung.

## Zeremoniencharakter der Verzweiflung

Die Lamentationen der Bäuerin, der die Soldaten den Sohn wegnehmen und den Hof bedrohen, als die stumme Kattrin ihr Wecken und Trommeln beginnt, müssen etwas Abgeleiertes haben, etwas von einer »stehenden Verhaltungsart«. Der Krieg hat schon lange gedauert. Das Jammern, Betteln und Denunzieren ist zu festen Formen erstarrt: So macht man es, wenn die Soldateska auftritt.

Es lohnt sich, auf den »unmittelbaren Eindruck« des anscheinend einmaligen, aktualen Schreckensvorgangs zu verzichten, um tiefere Schreckensstrata zu erreichen, wo das oftmalige, immer wiederkehrende Unglück die Menschen schon zu einer Zeremonisierung der Abwehrgebärden gezwungen hat – die ihnen freilich doch niemals die aktuale Angst ersparen kann. Sie muß in der Darstellung die Zeremonie durchdringen.

## Das Alter spielen

Für eine Gastspielreise hatte eine sehr junge Schauspielerin die Gelegenheit, die zumindest vierzigjährige, wohl aber ihrer Klasse entsprechend früh gealterte Bäuerin der 11. Szene zu spielen. In solchen Fällen versucht man für gewöhnlich, von vornherein das Altersbild durch die Verstellung der Stimme und der Bewegungen zu erzeugen, anstatt daß man, unterstellend, die Sätze und Haltungen seien schon in der Rolle die einer Vierzigjährigen, einfach Tonfall um Tonfall und Haltung um Haltung ausfindig macht und damit rechnet, auf diese induktive Art am Ende das Bild einer

Vierzigjährigen zu zeigen. Das Alter dieser Bäuerin mußte erzeugt werden durch die Verunstaltungen und Vergewaltigungen, welchen sie unterworfen worden war: den Fehlgeburten und den Gängen hinter den Särgen der früh verstorbenen Kinder, der schweren Arbeit in kindlichem Alter, den körperlichen Züchtigungen von seiten der Eltern und des Mannes, den geistigen Züchtigungen von seiten des Pfaffen, dem Zwang zum Speichellecken und Heucheln und so weiter. Nur so, selber vergewaltigt und denunziert, konnte sie ja zu einer Denunziantin und Opportunistin werden. Ihrer Jugend wegen fiel es der Schauspielerin natürlich auf der Probe schwer, das unselig routinierte Niederknien zum Beten oder zum Um-Gnade-Winseln zu treffen. Das Flehen und das Niederknien waren bei ihr eins, aber bei der Bäuerin mußte zuerst das Niederknien und dann das Flehen kommen, das Ganze als eine bewußte Veranstaltung, oftmals vorgenommen. Und beim Beten hatte sie eine möglichst bequeme Positur einzunehmen, zuerst ein Knie auf den Boden (und daß es nicht zerschunden wurde), dann das andere und dann die Hände über dem Bauch gefaltet: Und dann mußte es ein Vorbeten sein; die Bäuerin lehrt die Fremde das Beten. Hierbei hatte die Schauspielerin einen guten Gedanken, der sie mehr »alt machte«, als eine Verstellung der Stimme es vermocht hätte: Nach dem verräterischen Zwiegesprächlein, in dem die Bäuerin und ihr Mann sich gegenseitig versichern, sie könnten nichts für die bedrohte Stadt tun, sah sie die stumme Kattrin bewegungslos dastehen, schlurfte auf sie zu und sah sie vorwurfsvoll an: »Bet, armes Tier, bet!«, als beschuldigte sie die Fremde einer unverzeihlichen Unterlassung, einer Unwilligkeit, etwas zu tun. Das Beten selbst war das übliche leere Geplärr mit dem Wohlgefallen an der eigenen Stimme und den dem Pfaffen abgelauschten Kadenzen, die das Sichfügen in alle gottverhängten Verhängnisse ausdrücken; aber in der Beschreibung der Feinde, die auf die Stadt vorrücken, gab sie zu erkennen, daß ihr die Vorstellung nicht fehlte – was ihre Indifferenz zu einer um so schuldhafteren machte –, und gegen Ende des Gebets zu schien sie beinah in »echtes« Beten hineinzukommen: Sie wurde durch das Beten sozusagen frömmer. All dies ist nicht die Art junger Leute, und die Schauspielerin brachte es fertig, so durch die Sätze und Haltungen, das heißt durch den Realismus davon, sichtbar nach und nach zu altern, besser gesagt, sie altern zu lassen. Freilich ist es bei solchem Verfahren dann nötig, daß das

Theater das Endergebnis kalt und ehrlich beurteilt und, sollte das erforderliche Alter der Figur nicht erreicht sein, die Rolle ohne Zögern umbesetzt.

Auch als Regine Lutz die Lagerhure Yvette Pottier spielte, die den Obristen heiratet, kam es darauf an, das Alter der Obristin aus der Fabel entstehen zu lassen, als ein ganz besonderes Alter. Sie zeigte die Yvette als ein Geschöpf, das der Krieg zur Hure und das Huren zur reichen Obristin gemacht hat. Sie zeigte, was der Aufstieg gekostet hatte. Sie ist rasch gealtert, ihren Jahren voraus. Ihr übriggeblieben als einzige Freuden sind das Fressen und Kommandieren. Diese Freuden haben sie völlig verunstaltet. Sie schleppt watschelnd ihren Bauch vor sich her wie eine Sehenswürdigkeit. Die verächtlich herabgezogenen Mundwinkel lassen den Grad ihrer Verdummung erkennen, sie schnappt wie ein Dorsch auf Land nach Luft. Mit der Rachsucht alter unglücklicher Leute bellt sie auf den Feldkoch ein. Aber immer noch läßt die grotesk deformierte Person die einstige Grazie der Lagerhure ahnen.

In der gleichen Weise probierte die junge Käthe Reichel die Rolle der Handwerkerfrau, die in der 8. Szene zusammen mit ihrem Sohn versucht, der Courage Hausrat zu verkaufen. Da die Szene die Reaktion einiger Leute bei der Nachricht, es sei Friede geschlossen worden, schildert, löste sie ihr Problem ganz und gar aus der Aufgabe dieser Szene und stellte eine ältere Person dar, indem sie die etwas langsamen Reaktionen einer älteren Person zeigte. Wenn von ferne der Ruf »Friede!« kam, schob sie mit der Hand das Kopftuch vom Ohr, und es wirkte weniger wie Schwerhörigkeit, als vielmehr wie eine gewisse Abgeschlossenheit von der Umwelt, die man oft bei alten Leuten findet. Ihr Kopf folgte mit ruckartigen Bewegungen den Äußerungen der Umstehenden, als versuche sie, sich aus ihren Meinungen eine Meinung zu bilden.

Sie begreift, daß Friede ist, und es wird ihr schlecht vor Freude. Aber sie beeilt sich, ihre Fassung wiederzugewinnen, um schnell nach Hause gehen zu können. Sie geht, eine kleine Person, mit weiten Schritten, wie ältere Leute gehen, die ihre Kraft gut einteilen müssen.

war der aufmuckende junge Soldat der 4. Szene. Die Lektion der
Courage und einige andere Lektionen scheinen gewirkt zu haben:
Die Große Kapitulation hat diesen Menschen zu einem leeren,
kalten und brutalen Offizier gemacht. Wiederzuerkennen ist er
höchstens an seinem »Ich bin ein Offizier, ich hab ein Ehrenwort«, das einst hieß: »Ich hab was Besonderes gemacht und will
mein Trinkgeld haben.«

Die stumme Kattrin arbeitet ihn völlig auf. In der Verzweiflung
läßt er ab, seine Untergebenen anzubrüllen, und fleht sie um
Ratschläge an. Wenn die Kanonen der durch das Trommeln
aufgeweckten Stadt hörbar werden, setzt er sich auf den Boden
und trommelt wie ein Kind mit den Fäusten.

## Die Landsknechte der Neueinstudierung

zeigen völlige Apathie. Sie überlassen es dem Offizier, sich über
das Unternehmen aufzuregen. Die Aktion der stummen Kattrin
macht auch auf sie Eindruck, sie genießen die Niederlage ihres
Offiziers und grinsen, wenn er nicht hinsieht. Der Landsknecht,
der die Kugelbüchse holen muß, trabt mit der bekannten Lang-
samkeit, die man nicht nachweisen kann. Er gibt dennoch Feuer.
Diese Soldaten gleichen nicht den chinesischen Freiwilligen in
Korea, von denen der westdeutsche »Spiegel« schreibt: »Die
Chinesen stürmten in die US-Minenfelder. Die Soldaten der
ersten Wellen ließen sich von den hochgehenden Minen zerfetzen,
damit die folgenden durchstoßen konnten. Klumpen toter und
sterbender Chinesen hingen im amerikanischen Stacheldraht. Die
verblüfften GIs meinten, die Angreifer ständen unter Rauschgift.
(Sie waren alle nüchtern, ergaben Untersuchungen von Gefange-
nen.)«

### ZWÖLFTE SZENE

#### DIE COURAGE ZIEHT WEITER

*Bauersleute müssen die Courage überzeugen, daß Kattrin tot ist ·
Kattrins Wiegenlied · Mutter Courage zahlt für Kattrins Begräbnis
und nimmt das Beileid der Bauersleute entgegen · Mutter Courage
spannt sich allein vor ihren leeren Planwagen · Immer noch*

*hoffend, wieder in den Handel zu kommen, folgt sie dem zer-*
*lumpten Heerhaufen.*

### Grundarrangement

*Bauersleute müssen die Courage überzeugen, daß Kattrin tot ist.*
Der Wagen steht auf der leeren Bühne. Mutter Courage hält den
Kopf der toten Kattrin im Schoß. Die Bauersleute stehen, zu-
sammengedrängt und feindlich, zu Füßen der Toten. Die Courage
redet, als schlafe ihre Tochter nur, und überhört geflissentlich den
Vorwurf der Bauersleute, sie sei am Tod schuld.

*Kattrins Wiegenlied.* Das Gesicht der Mutter ist tief auf das
Gesicht der Tochter gebeugt. Das Lied besänftigt die Zuhörenden
nicht.

*Mutter Courage zahlt für Kattrins Begräbnis und nimmt das
Beileid der Bauersleute entgegen.* Als sie eingesehen hat, daß ihr
letztes Kind tot ist, steht die Courage mühsam auf und humpelt
um die Leiche (rechts) herum, an der Rampe entlang, hinter den
Wagen. Mit einer Blache kommt sie zurück, antwortet dem
Bauern auf seine Frage, ob sie niemanden mehr habe, über die
Schulter: »Doch, einen. Den Eilif«, und legt die Blache über die
Leiche, mit dem Rücken zur Rampe. Am Kopfende der Leiche
zieht sie dann die Blache vollends übers Gesicht und stellt sich
wieder, mit dem Gesicht zur Rampe, hinter ihr auf. Der Bauer
und sein Sohn geben ihr die Hand und verneigen sich zeremoniell,
bevor sie die Leiche (nach rechts) hinaustragen. Die Frau gibt der
Courage ebenfalls die Hand, geht nach rechts und bleibt noch
einmal unschlüssig stehen. Die Frauen wechseln ein paar Worte,
dann geht die Bäuerin.

*Mutter Courage spannt sich allein vor ihren leeren Planwagen.
Immer noch hoffend, wieder in den Handel zu kommen, folgt sie
dem zerlumpten Heerhaufen.* Langsam geht die Alte zum Wagen,
rollt den Strick auf, an dem bisher die stumme Kattrin mitgezogen
hat, nimmt einen Stecken, beschaut ihn, zieht die Schlinge des
zweiten Stricks durch, klemmt sich den Stecken unter den Arm
und zieht los. Die letzte Strophe des Courageliedes hat begonnen,
wenn sie sich zur Deichsel gebückt hat. Die Drehscheibe beginnt
sich zu drehen, und die Courage umrundet einmal die Bühne. Die
Gardine schließt sich, wenn sie zum zweitenmal nach rechts
hinten einbiegt.

### Die Bauersleute

Die Einstellung der Bauersleute zur Courage ist feindlich. Sie hat ihnen große Schwierigkeiten verursacht und wird ihnen auf dem Halse bleiben, wenn sie den Anschluß an die Heerhaufen verliert. Auch ist sie, nach ihrer Auffassung, an dem Unfall selber schuld. Und über das hinaus gehört die Marketenderin zu den nicht seßhaften Elementen und nun im Krieg zu den Brandschatzern, Halsabschneidern und Beutemachern im Troß der Heerhaufen. Wenn sie ihr kondolieren, indem sie ihr die Hand reichen, folgen sie lediglich dem Brauch.

### Die Verbeugung

Die Weigel zeigte während der ganzen Szene eine fast tierische Abgestumpftheit der Courage. Um so schöner war die tiefe Verbeugung, die sie vollführte, als die Tote weggetragen wurde.

### Das Wiegenlied

Das Wiegenlied muß ohne jede Sentimentalität und ohne den Wunsch, Sentimentalität zu erregen, gebracht werden. Sonst wird seine Bedeutsamkeit nicht offenbar. Der Gedanke, der dem Lied zugrunde liegt, ist ein mörderischer: Das Kind dieser Mutter sollte es besser haben als andere Kinder anderer Mütter. Durch eine leichte Betonung des »du« zeigte die Weigel diese verräterische Hoffnung der Courage, ihr Kind und vielleicht nur ihres durch den Krieg zu bringen. Dem Kind, dem das Gewöhnlichste versagt blieb, wurde das Außergewöhnliche versprochen.

### Die Bezahlung des Begräbnisses

Selbst bei der Bezahlung des Begräbnisses gab die Weigel noch einmal einen Hinweis auf den Charakter der Courage. Sie fischte ein paar Münzen aus der ledernen Umhängetasche, legte eine zurück und gab den Rest dem Bauern. Dies störte in nichts den überwältigenden Eindruck ihrer Zerstörtheit.

### Die letzte Strophe

Die letzte Strophe des Liedes der Courage wurde, als sie sich langsam vor ihren Wagen spannte, aus der Orchesterloge, wo die

Kapelle untergebracht war, angestimmt. Es bringt kräftig noch einmal ihre unzerstörte Hoffnung, doch noch einen Schnitt zu machen im Krieg, zum Ausdruck, gewinnend an Kraft durch den Verzicht auf die Illusion, das Lied werde in der Ferne von ziehenden Heerhaufen gesungen.

### Die Courage der Giehse

Bei dem Zudecken des Leichnams, bevor sie die Blache endgültig über das Gesicht der stummen Kattrin fallen ließ, steckte die Giehse den Kopf unter sie, die Tochter noch einmal betrachtend.

Und bevor sie mit dem Ziehen des Planwagens begann, blickte sie, eine andere schöne Variante, in die Ferne, sich zu orientieren, wohin sie gehen mußte, schneuzte sich, bevor sie loszog, mit dem Zeigefinger.

### Zeit nehmen

Auch am Schluß ist es nötig, daß man den Wagen entlangfahren sieht. Das Publikum versteht natürlich, wenn der Wagen weggezogen wird. Geht es dann weiter, entsteht ein Moment der Irritation (»das ist nun lang genug«). Geht es noch weiter, beginnt ein tieferes Verstehen.

### Das Wagenziehen in der letzten Szene

Für die 12. Szene wurden Bauernhaus und Stall mit Dach (der 11. Szene) weggeräumt und nur Wagen und Leichnam der stummen Kattrin zurückgelassen. Das Wegschleppen des Planwagens – die großen Buchstaben »Sachsen« werden mit Beginn der Musik hochgezogen – fand so auf der völlig leeren Bühne statt, wodurch die Erinnerung an die Szenerie der 1. Szene geweckt wurde. Auf der Bühnenscheibe beschrieb die Courage mit ihrem Wagen einen ganzen Kreis; sie kam noch einmal an der Rampe vorbei. Die Bühne war, wie gewöhnlich, strahlend beleuchtet.

### Entdeckungen der Realisten

Worin besteht die Wirkung eines solchen Spiels der Weigel, die, den Bauern das Begräbnisgeld für die tote Kattrin aushändigend, ganz mechanisch eine der Münzen, die sie aus ihrer Ledertasche gefischt hat, wieder zurücklegt? Sie zeigt, daß die Händlerin in all ihrem Schmerz nicht das Rechnen ganz vergißt, da ja das Geld so schwer zu erwerben ist. Und sie zeigt es als eine Entdeckung in bezug auf die menschliche Natur, gebildet durch diese und jene Verhältnisse. Dieser kleine Zug hat die Gewalt und die Plötzlichkeit einer Entdeckung. Die Wahrheit herauszugraben unter dem Schutt des Selbstverständlichen, das einzelne auffällig zu verknüpfen mit dem Allgemeinen, im großen Prozeß das Besondere festzuhalten, das ist die Kunst der Realisten.

### Textänderung

Nach »Es wird gehn, es ist nicht viel drinnen« fügte die Courage in der Münchener und dann auch in der Berliner Aufführung noch hinzu: »Ich muß wieder ins Geschäft kommen.«

### Mutter Courage lernt nichts

In der letzten Szene schien die Courage der Weigel achtzigjährig. Und sie versteht nichts. Sie rührt sich nur auf Sätze, die mit dem Krieg zusammenhängen, wie, daß man nicht dahinterbleiben dürfe; den groben Vorwurf der Bauersleute, sie sei schuld an Kattrins Tod, nimmt sie nicht zur Kenntnis.

Die Unfähigkeit der Courage, aus der Unergiebigkeit des Krieges zu lernen, war 1938, als das Stück geschrieben wurde, eine Voraussage. Bei der Aufführung 1948 in Berlin wurde der Wunsch ausgesprochen, die Courage solle wenigstens im Stück erkennen.

Damit nun bei diesem Realismus des Stücks etwas für den Zuschauer herauskommt, das heißt, damit die Zuschauer etwas lernen, müssen die Theater eine Spielweise erarbeiten, welche nicht auf die Identifizierung der Zuschauer mit der Hauptfigur (Heldin) ausgeht.

Nach Berichten von Zuschauern und nach Zeitungskritiken zu urteilen, hat die Züricher Uraufführung zum Beispiel, künstlerisch auf hohem Niveau stehend, lediglich das Bild des Krieges als einer Naturkatastrophe und eines unabwendbaren Schicksals gegeben und dazu dem Kleinbürger im Zuschauerraum seine eigene Unzerstörbarkeit, seine Fähigkeit, zu überleben, bestätigt. Selbst für die ebenfalls kleinbürgerliche Courage war jedoch im Stück immerzu die Entscheidung »Mitmachen oder nicht mitmachen«

offen gelassen. Die Aufführung muß also auch das Handeltreiben, Schnitt-machen-Wollen, Zum-Risiko-Bereitsein der Courage als eine ganz natürliche, »ewig menschliche« Verhaltungsweise dargestellt haben, so daß eben kein Ausweg mehr blieb. Tatsächlich kann ja heute der Kleinbürger nicht mehr, wie die Courage es konnte, aus dem Krieg bleiben. Ihm kann eine Aufführung wohl auch nur einen wirklichen Abscheu vor dem Krieg beibringen und eine gewisse Einsicht darin, daß die großen Geschäfte, aus denen der Krieg besteht, nicht von den kleinen Leuten gemacht werden. Ein Stück ist deshalb lehrhafter als die Wirklichkeit, weil da die Kriegssituation mehr als eine experimentelle Situation erscheint, geschaffen, um Einsicht zu geben; das heißt, der Zuschauer gelangt in die Haltung des Studierenden – sofern die Spielweise richtig ist. Bei dem Teil der Zuschauer, der dem Proletariat angehört, der Klasse, die wirklich gegen den Krieg selber handeln und ihn überwinden kann, ist, freilich auch nur bei richtiger Spielweise, die Einsicht in den Zusammenhang von Krieg und Kommerz freizulegen: Das Proletariat als Klasse kann den Krieg abschaffen, indem es den Kapitalismus abschafft. Allerdings muß bei dem proletarischen Teil der Zuschauer in diesem Stück auch noch mit dem Selbstverständigungsprozeß dieser Klasse gerechnet werden, der innerhalb wie außerhalb des Theaters vor sich geht.

### Das epische Element

Was das Epische in der Aufführung des Deutschen Theaters betrifft, so war davon manches zu sehen, im Arrangement, in der Zeichnung der Figuren, in der akkuraten Ausführung der Details und in der Zügigkeit des Gesamtverlaufs. Auch war das Widersprüchliche in allem nicht überkommen, sondern herausgearbeitet, und die Teile, sichtbar als solche, fügten sich gut zum Ganzen. Jedoch wurde das eigentliche Ziel des Epischen nicht getroffen. Vieles zeigte sich, aber das Moment des Zeigens fehlte schließlich. Nur in ein paar Umbesetzungsproben trat es deutlich zutage. Da »markierten« die Schauspieler, das heißt, sie zeigten nur dem neu hinzutretenden Mitspieler die Stellungen und Tonfälle, und das Ganze bekam dieses köstliche Lockere, Mühelose, Nichtdringliche, das den Zuschauer zu selbständigen Gedanken und Gefühlen anregt.

Dieses epische Grundelement wurde nirgends vermißt; wohl darum wagten die Schauspieler nicht, es zu offerieren.

## Die Notate selbst betreffend

Es ist zu hoffen, daß die vorliegenden Notate, anzeigend einige der Erörterungen und Erfindungen mannigfacher Art, die für die Vorstellung eines Stückes nötig sind, nicht den Anschein eines unechten Ernstes erzeugen. Es ist nur schwierig, in der Darstellung immer die Leichtigkeit und Unbekümmertheit zu vermitteln, welche zum Wesen des Theaters gehören. Die Künste, samt dem Lehrreichen in ihnen, gehören zu den Lustbarkeiten.

## Bemerkungen zu einzelnen Szenen

### ZWEITE SZENE

### [Brief an den Darsteller des Eilif über den Säbeltanz]

Lieber Schall, von allen Tugenden ist die Willenskraft diejenige, die in der Kunst am sorgfältigsten verborgen werden muß. (Sie steht sowieso hinter ihrer sanfteren Schwester, dem Interesse, zurück.) Der Eiliftanz soll die große Anstrengung zeigen, die er Ihnen bereitet. Dabei war er ausgezeichnet durch die Lässigkeit und die Eleganz, mit der Eilif andeutete, wie ungefähr der Tanz war, den er einmal gesehen hatte.
*Mai 1954*

### drehpunkt der 2. szene:

M.C. stößt auf die gefahr im leben ihres ältesten sohnes. freude und *stolz* verwandeln sich in zorn und besorgnis. sie hat die heldentat ihres sohnes ausgenutzt und erkennt ihre gefährlichkeit für den sohn.

(BBA 487/22)

M. C. könnte durch bestechung ihren sohn vor der exekution retten, versäumt dies aber, da sie auch an sich und ihre tochter denken muß und daher zu lange um den preiß feilscht.

(BBA 487/43)

VIERTE SZENE

Indem der Schreiber Mutter Courage beruhigt und der ältere Soldat den jüngeren, wird der ganze militärische Unterdrükkungsapparat sichtbar.

(BBA 484/85)

SECHSTE SZENE

*Die Courage lehnt den Antrag des Feldpredigers ab*

Im Auge zu behalten: Während die Tochter in Geschäften überfallen und ihrer Aussichten auf ein Liebesleben beraubt wird, sehen wir auch die Courage selber angesichts der kriegerischen Zeiten ausserstande, ein natürliches Frauenleben zu führen.

(BBA 1970/148)

### *1. Drehpunkt*

Der Feldprediger: »Wie Sie so ihren Handel führn und immer durchkommen ...«

Der Feldprediger hat sich an der eigenen Ausführung berauscht und besinnt sich auf sich selbst. Er hat immer ein leichtes Leben gehabt, man hat ihn gut bezahlt für seine Zutreibertätigkeit, in der er die Soldaten anfeuerte, ihr Leben in die Schanze zu schlagen. Aber jetzt wird seine Erniedrigung immer offenbarer. Er meint, ein Mann mit seinen Gaben und Fähigkeiten wäre der geborene Teilhaber im Geschäft der Courage. In diesem Moment fordert ihn die Courage auf, Holz zu hacken und setzt sich die Pfeife des Kochs vom Feldhauptmann in Brand. Auch der Feldprediger gerät in Brand.

»Sie müssen zugeben, dass sie allerhand von seinem Ch[a]rakter verrät« kann schon giftgeschwollen sein. Seine Schläge beim

Der Feldprediger fühlt seine Talente mißbraucht
Berlin 1951 (Erwin Geschonneck/Helene Weigel)

Hacken sind heftig, seine Rede ist kontrahiert. Er macht den Koch madig, die Denunziation kommt aus der Stellung des Geistlichen. Mit Bitterkeit weist er jede Insinuation der Gründe ab. Die Wahrheit ist, er sucht eine Bleibe.

## 2. Drehpunkt

*Herein Kattrin mit einer Wunde über Stirn und Auge*
  Es ist wichtig zu zeigen, wie Kattrin alles von sich weist und in den Wagen kriecht. dass sie aber keine diesbezügliche Geste macht, sich höchstens ein, zweimal vorsichtig an die Stirn fasst und leise stöhnt. Es darf aber auch nicht der Eindruck entstehn, als sei ihr nunmehr alles gleich. Dies wurde dadurch erreicht, dass sie sich geduldig von [. . .]                    *[fragmentarisch]*
                                                    (BBA 491/41)

# VIII. Die Benutzung von Modellen

## Texte von Bertolt Brecht

### Über die Verwendung von Vorlagen

Bevor noch Näheres darüber bekannt war, auf die bloße Nachricht hin, ein Mitarbeiter an der Berliner Aufführung der »Courage« helfe in einer andern deutschen Stadt bei der Inszenierung des einigermaßen schwierigen Stücks, kam eine Flut empörter Äußerungen. Der »freien schöpferischen Tätigkeit« sollte ein Ende bereitet, eine Diktatur des Geschmacks eröffnet, eine tote Schablone gefordert werden. In Wirklichkeit ist das Angebot von Vorlagen kaum noch »ein Schlag gegen die Regiekunst«. Sie hätte solch einen Schlag gelegentlich verdient: Es gab da »Die Weber« – eine »Vision aus Grau und Braun« und Mayers »Othello« – eine »Tragödie des Vertrauens«. Aber die Regiekunst ist nicht mehr so wild. Es bleibt die betrübliche Fähigkeit unserer Theater, den Sinn jedes Stücks, alt oder neu, zu verkehren, und es gibt die gehetzten Regisseure der 1001 Theater, die in ein paar Probentagen ein Stück herauswerfen müssen und viel zu erschöpft sind.

### Einwände gegen die Benutzung von Modellen

Der Stückeschreiber hatte oftmals die Gelegenheit, Diskussionen auf der Bühne über Gänge oder Tonfälle dadurch weiterzubringen, daß er die konkurrierenden Vorschläge ausprobieren ließ. Dies erregte mitunter die Verblüffung der Schauspieler, denn das Probieren bedeutete gemeinhin nur ein Probieren der Vorschläge des Regisseurs, der sie danach eben für erprobt erklärte. Als die Benutzung von Modellen von Aufführungen vorgeschlagen wurde, erhob sich ein lautes Geschrei, dies sei Diktatur, »freies Schöpfertum« solle verhindert werden. Der Stückeschreiber, um ein allzu freies Herumschöpfen mit seinen Stücken zu verhindern, griff tatsächlich zu sanfter Erpressung, indem er das Stück eine Zeitlang nur Bühnen zur Verfügung stellte, welche die Vorlage benutzten.

## Hemmt die Benutzung des Modells die künstlerische Bewegungsfreiheit?

*Im Zusammenhang mit der Wuppertaler Aufführung der ›Mutter Courage‹ (Premiere am 1. Oktober 1949) beantwortete Brecht Fragen des Intendanten Erich Alexander Winds (vgl. a. den Brief vom 26. 8. 49, in diesem Band S. 232). Der Dialog wurde am 22. 9. 1949 in der ›Westdeutschen Rundschau‹ veröffentlicht – unter dem Titel: ›Gespräch mit E. A. Winds über Modellaufführungen‹. Unter dem späteren Titel erschien der Text zuerst in: Theaterarbeit. 1952.*

WINDS Für die hiesige Einstudierung der »Mutter Courage« stellten Sie das gesamte Material der Berliner Aufführung für inszenatorische Studienzwecke zur Verfügung. Ihre Beauftragte, Frau Berlau, informierte mich, den Regisseur, den Bühnenbildner und die Schauspieler eingehend über Ihre Wünsche, die durch eine große Zahl szenischer Photos mit erklärenden Texten und Ihre schriftlichen Regieanweisungen erläutert wurden. Da im allgemeinen eine in so starkem Maße detaillierte Einflußnahme des Autors auf die Aufführung kaum theaterüblich ist und wir hier in Wuppertal diesen Versuch erstmalig in dieser ausgeprägten Form erproben, wäre es interessant zu erfahren, welche Gründe Sie veranlaßt haben, eine Musteraufführung herauszubringen und diese als maßgebliches Modell für andere Einstudierungen hinzustellen.

BRECHT An und für sich kann »Mutter Courage und ihre Kinder« auch in der alten Art aufgeführt werden. (Unsere Theater können ja alles aufführen – vom »Ödipus« zum »Biberpelz«, nicht etwa infolge eines mächtigen Eigenstils, der die Erzeugnisse so vieler Kulturen einschmölze, sondern infolge Mangels jeden Eigenstils.) Was dabei allerdings verlorenginge, wären die ganz speziellen Wirkungen eines solchen Stückes, und verfehlt wäre seine gesellschaftliche Funktion. Die erste Bemerkung der Droschkenkutscher über das Auto, hätte man sie mit ihm allein gelassen, wäre wohl gewesen: Und das soll was Neues sein? Worauf sie acht Pferde vorgespannt hätten und losgefahren wären. Es gibt keinen rein theoretischen Zugang zu den Methoden epischen Theaters; am besten ist praktisches Kopieren, verbunden mit dem Bemühen, die Gründe für die Gruppierungen, Bewegungen und Gesten auszufinden. Wahrscheinlich muß man eine Kopie gemacht haben, bevor man selber ein Modell machen kann. Durch die künstlerische Gestaltung der Menschen und ihrer Entwicklung leistet die Literatur ihren außerordentlichen Beitrag zur Selbstkenntnis des Menschen. Hier kann das Neue im ersten Ansatz der Entwicklung sichtbar gemacht werden. Diese selbständige große Rolle der Kunst kann nur einer wahrhaft realistischen Kunst zukommen. Der Realismus ist also nicht Sache einer internen literarischen Diskussion, sondern Grundlage der eigenen großen gesellschaftlichen Bedeutung der Kunst und damit der gesellschaftlichen Stellung des Künstlers. Unsere Bücher, unsere Bilder, unsere Theater, unsere Filme und unsere Musik können und müssen Entscheidendes zur Lösung der Lebensfragen unserer Nation beitragen. Wissenschaft und Kunst nehmen in der gesellschaftlichen Ordnung unserer Republik einen so hervorragenden Platz ein, weil der Bedeutung fortschrittlicher Wissenschaft und realistischer Kunst dieser Platz gebührt. Solche Kulturpolitik fordert von unserer Intelligenz schöpferische Mitarbeit auf der Höhe der Ziele. Sie wird geleitet von einer Literatur-, Theater- und Filmbewegung, die Tausenden von Menschen hilft, Vergangenheit und Gegenwart zu verstehen und die Zukunft zu erkennen, von den Malern, Bildhauern, Musikern, in deren Kunst etwas vom Wesen unserer Zeit spürbar wird, deren Optimismus Tausenden von Menschen hilft.

WINDS Ist nicht zu befürchten, daß durch eine Modell-Aufführung in Ihrem Sinne in der nachschöpferischen szenischen Gestaltung eine gewisse künstlerische Freiheit verlorengeht?

BRECHT Die Klage über den Verlust der Freiheit künstlerischer Gestaltung ist zu erwarten – in einem Zeitalter der anarchistischen Produktion. Doch gibt es auch in diesem Zeitalter eine Kontinuität der Entwicklung, zum Beispiel in der Technik und der Wissenschaft die Übernahme der Errungenschaften, den Standard. Und die »freischaffenden« Künstler des Theaters sind nicht sonderlich frei, wenn man genauer hinsieht. Sie sind gewöhnlich die letzten, die sich von hundertjährigen Vorurteilen, Konventionen, Komplexen zu befreien vermögen. Vor allem stehen sie in durchaus unwürdiger Abhängigkeit von »ihrem« Publikum. Sie müssen »seine Aufmerksamkeit halten«; es unbedingt »in Spannung versetzen«, das heißt die ersten Szenen so einrichten, daß es die letzten »kauft«, ihm seelische Massagen applizieren; seinen Geschmack ausfindig machen und sich danach richten; kurz, nicht sie sind es, die ihre Tätigkeit amüsieren muß, sie haben nach fremden Maßstäben zu bauen. Im Grund sind unsere Theater immer noch in der Lieferantenstellung gegenüber dem Publikum – wie soll es da viel Freiheit geben, die zu verlieren wäre? Höchstens die, sich die Art auszusuchen, in der das Publikum bedient wird.

WINDS Und ist es nicht zu befürchten, daß die Modell-Theorie die Gefahr einer gewissen Schablonisierung und Erstarrung zur Folge haben könnte und die Aufführung lediglich noch die Bedeutung einer Kopie besitzt?

BRECHT Man muß sich frei machen von der landläufigen Verachtung des Kopierens. Es ist nicht das »Leichtere«. Es ist nicht eine Schande, sondern eine Kunst. Das heißt, es muß zur Kunst entwickelt werden, und zwar dazu, daß keine Schablonisierung und Erstarrung eintritt. Um meine eigene Erfahrung mit dem Kopieren zur Verfügung zu stellen: Ich habe als Stückeschreiber japanische, hellenische, elisabethanische Dramatik kopiert, als Regisseur die Arrangements des Volkskomikers Karl Valentin und die Szenenskizzen Caspar Nehers, und ich habe mich nie unfrei gefühlt. Geben Sie mir ein vernünftiges Modell des »König Lear«, und ich werde meinen Spaß darin finden, es nachzubauen. Was macht es für einen Unterschied, ob Sie im Stücktext finden, die Courage habe den Bauern Geld für die Beerdigung der stummen Kattrin gegeben, bevor sie wegzog, oder beim Studium des Modells auch noch, sie habe es in der Hand abgezählt und eine Münze wieder zurück in die Ledertasche gesteckt? In der Tat finden Sie im Stücktext nur das erstere, das zweite bei der Weigel im Modell. Sollen Sie das erstere behalten, das zweite vergessen? Schließlich geben wir dem Theater überhaupt nur Kopien menschlichen Verhaltens. Die Gruppierungen und die Art, wie die Gruppen bewegt werden, sind, wenn sie etwas sind, Aussagen darüber. Unser Theater ist schon deshalb nicht realistisch, weil es die Beobachtung unterschätzt. Unsere Schauspieler schauen in sich hinein, anstatt auf ihre Umwelt. Sie nehmen die Vorgänge zwischen Menschen, auf die alles ankommt, lediglich als Vehikel für die Zurschaustellung von Temperament und so weiter. Die Regisseure benutzen die Stücke als Anregung für ihre »Visionen«, auch die neuen, welche nicht Visionen, sondern Berichtigungen der Wirklichkeit sind. Damit sollten wir lieber heut als morgen aufhören. Natürlich muß das künstlerische Kopieren erst gelernt werden, genau wie das Bauen von Modellen. Um nachgeahmt werden zu können, müssen die Modelle nachahmbar sein. Das Unnachahmliche muß sich absetzen vom Exemplarischen. Und es gibt eine sklavische Nachahmung und eine souveräne. Wobei zu beachten ist, daß die letztere nicht etwa quantitativ weniger »Ähnliches« enthält. Praktisch gesprochen wird es genügen, wenn das Arrangement, welches beim Modell die Geschichte erzählt, als Ausgangspunkt der Probenarbeit benutzt wird. Ganz abgesehen davon, daß Arrangements, welche die Geschichte erzählen, unseren Regisseuren nicht geläufig sind und daß ihnen auch die gesellschaftliche Funktion dieser Geschichten der neuen Stücke unbekannt und zum Teil unsympathisch ist – es ist höchste Zeit, daß wir auch auf dem Theater zu einer Arbeitsweise kommen, die unserem Zeitalter entspricht, einer kollektiven, alle Erfahrungen sammelnden Arbeitsweise. Wir müssen zu einer immer näheren Beschreibung der Wirklichkeit gelangen, und das ist, ästhetisch genommen, eine immer delikatere und machtvollere Beschreibung. Das kann nur geschehen, indem wir schon Errungenes benutzen; freilich nicht etwa dabei haltmachen. Die Veränderungen des Modells, die nur erfolgen sollten, um die Abbildung der Wirklichkeit zum Zweck der Einflußnahme auf die Wirklichkeit genauer, differenzierter, artistisch phantasievoller und reizvoller zu machen, werden um so ausdrucksvoller sein, da sie eine Negation von Vorhandenem darstellen – dies für Kenner der Dialektik.

WINDS In Ihren Regieanweisungen, das Stück »Mutter Courage« betreffend, ist auch vom Begriff des epischen Theaters beziehungsweise des epischen Darstellungsstils die Rede. Darf ich Sie bitten, mir denselben kurz zu erläutern, da zweifellos nicht nur die Bühnenkünstler, sondern auch die gesamte theaterinteressierte Öffentlichkeit darüber Näheres zu erfahren wünscht, um so mehr, als es sich in dieser Frage um eine neue Stilform handeln dürfte.

BRECHT Eine kurze Beschreibung epischer Spielweise ist außerordentlich schwer zu geben. Wo sie versucht wurde, führte sie meistens zu sehr mißverständlichen Vulgarisierungen. (Den Anschein erweckend, es handle sich um eine Ausmerzung des Emotionellen, des Individuellen, des Dramatischen und so weiter.) Etwas detailliertere Ausführungen wird man in den »Versuchen« finden. Ich möchte auch darauf hinweisen, daß diese Spielweise sich noch im Zustand der Entwicklung, genauer gesagt, in ihrem Anfangsstadium befindet und noch die Mitarbeit vieler benötigt.

WINDS Sind Sie der Meinung, daß der epische Darstellungsstil nur für »Mutter Courage« als Chronik in Frage kommt oder auch eine praktische Bedeutung für unsere gesamte zeitgenössische Theaterarbeit hat und zum Beispiel auch der Klassik, der Romantik oder den Dramatikern der Jahrhundertwende gegenüber praktisch in Anwendung kommen sollte?

BRECHT Eine epische Spielweise kommt nicht für alle klassischen Werke gleichermaßen in Frage. Am leichtesten scheint sie anzuwenden, das heißt am ehesten scheint sie Resultate zu versprechen bei Werken wie denen des Shakespeare und den Erstlingswerken unserer Klassiker (»Faust« inbegriffen). Es hängt davon ab, wie es in diesen Werken um die gesellschaftliche Funktion – Abbildung der Wirklichkeit zum Zweck der Einflußnahme auf die Wirklichkeit – bestellt ist.

WINDS Darf ich hier sagen, daß ich mir von der epischen Darstellungsform eine Befreiung aus der Fessel individualistischer Auffassung und Darstellung verspreche und aus dieser Objektivierung eine neue Belebung der künstlerischen Arbeit des Theaters erhoffe? Denn es ist kein Zweifel, daß der Zuschauer und Zuhörer im Theater heutzutage der Illusion des »als ob«, die von ihm verlangt wird, nämlich Schauspieler und darzustellende Rolle in ihrer subjektiven Ausdeutung als identisch zu empfinden, nicht mehr in allen Teilen zu folgen bereit ist. Es bedarf zweifellos einer neuen Illusionskraft der Bühne, um vor allem den einfachen, aber aufnahmebereiten Menschen zwingend anzusprechen. Es scheint mir nicht nur eine Frage des Stoffes zu sein, sondern eine Frage der Existenzberechtigung des Theaters unserer Zeit. Es ist zu begrüßen, wenn der Bühne vom Dichter und Dramatiker durch praktische Vorschläge neue Impulse gegeben werden, die dem Theater aus seiner Krise, soweit es eine solche im Künstlerischen überhaupt gibt, herauszuhelfen in der Lage sind.

# Fehler bei Benutzung von Modellen

Man kann sich einen sehr hohen kulturellen Stand des Theaters vorstellen, bei dem von den Figuren oft gespielter Stücke nicht nur der Text und was direkt aus ihm hervorgeht, bekannt ist, sondern auch ihre theatralische Ausformung sowie nicht nur die Situationen, sondern auch deren theatralische Ausformung. Die neuen Regisseure zögen da die Bilder authentischer Aufführungen ebenso zu Rate wie der Regisseur eines Gorki-Films, wenn er einen bestimmten Besuch Gorkis bei Lenin zu inszenieren hätte, vermutlich (hoffentlich) das bekannte Bild benutzte, das Lenin und Gorki auf einer Bank sitzend zeigt. – Es sollte nicht lange bewiesen werden müssen, daß wir noch viel zu lernen haben, um so authentische Wiedergaben eines Stücks in lebendiger und geistreicher Form zustande zu bringen – viel bei der Herstellung von Modellen und viel bei ihrer Benutzung. (Bei einer halbwegs ernsthaften Einführung der Modellbenutzung würde sogar die Aufstellung eines völlig neuen Modells für ein schon modelliertes Stück einen Teil seiner Ideen und Wirkungen aus dem Vorhandensein des alten nehmen können.) Fürs erste sollten wir Dinge wie die Kopftücher der Weigel als Courage nicht ohne weiteres benutzen, noch den speziellen Ausdruck des Schmerzes in der dritten Szene. Und allenthalben, in jeder Einzelheit, wie in großen Zügen, sollte Frisches zu Tage gefördert werden. So töricht eine Nichtbenutzung des Modells (etwa aus Ehrgeiz) wäre, so klar sollte es doch auch sein, daß man ein Modell am besten benutzt, indem man es verändert.

# Wie Erich Engel das Modell benutzt

*(Zuerst in: Theaterarbeit. 1952)*

Das Kopieren ist eine Kunst für sich, eine der Künste, die der Meister beherrschen muß. Er muß es schon deshalb, weil er sonst selbst nichts Kopierbares herstellen kann. Betrachten wir, wie ein großer Regisseur eine Kopie vornimmt.

Erich Engel bringt nur sehr selten eine feste Konzeption des Arrangements mit auf die Probe. Meist gibt er irgendwelche vorläufigen Stellungen an; dann studiert er sie und beginnt »hineinzugehen«, das heißt Verbesserungen vorzuschlagen, die den Sinn der Fabel reiner und eleganter herausbringen. Bei dieser induktiven Probeart kann eine Vorlage kaum in die Quere kommen, sie dient einfach als die vorläufige Annahme, die studiert und korrigiert wird. (Wobei sie unter Umständen ganz und gar fallen gelassen werden muß.) Der Meister erweist sich bei der Behandlung solcher Vorlagen, die er als wertvoll erkennt. Ein solches Arrangementsmodell handhabt er so behutvoll wie ein großer Geigenbauer eine Stradivarigeige, dessen Hände die Rundungen, die Belackung, die Maße des Instruments gleichsam neu erscheinen lassen. Nicht bevor er die Absicht des vorliegenden Arrangements voll erkannt hat, schreitet er zu einer Änderung. Das bedeutet aber, daß er imstande sein muß, die Vorlage erst einmal nachzubauen, in einer lockeren Weise, als etwas Vorläufiges, jedoch Bedeutsames. Er preßt die Vorlage voll aus, entnimmt ihr Fingerzeige auf die Drehpunkte der Szene und die Interpretation. Scharfäugig kontrolliert er Vor- und Nachteile des Arrangements für seine Schauspieler. Er scheint sich zunächst nicht besonders um ihre Besonderheiten zu kümmern, wenn er sie dazu bringt, die Stellungen und Bewegungen der Vorlage anzunehmen; aber das ist nur scheinbar, denn gerade an ihrer Mühe erkennt er gelegentlich die Eignung der Vorlage für sie; nicht immer taugt die Vorlage nicht, wenn die Mühe groß ist. Schreitet er dann zu Änderungen, ist es da, wo er eine besondere Eigenschaft der Szene entdeckt, die im Arrangement nicht geborgen ist, oder eine besondere Eigenschaft des Schauspielers, die keinen Ausdruck in ihm findet. Mit welcher Konsequenz untersucht er in einem solchen Fall das Vorher und das Nachher! Und wie sicher gibt er der Figur und der Szene die neue Spannung und die neue Balance. Die Abänderungen entstehen dadurch, daß das sich neu Ergebende der Vorlage einverleibt wird. Die so entstandenen Abänderungen mögen dann so gewichtig sein, daß etwas ganz Neues entsteht. Aber schon in der Vorlage findet der Meister Sprengungen, die bei der Erarbeitung der Vorlage selbst passiert sind, und fühlt er die Balance heraus, in welcher die unversöhnlichen Gegensätze sich halten. Er weiß, wie sich oft bei der Arbeit eine Wahrheit als Störungsfaktor, als etwas nicht ins Konzept Passendes anmeldet, das man gerne wegließe, weil es die Linie schädigt. Da tut der zu Unrecht Verfolgte etwas Häßliches – wird man nicht fühlen, er sei zu Recht verfolgt, wenn man es meldet?

Da ist der Kluge in dem oder jenem dumm, der Geliebte unsympathisch, soll man es verheimlichen? Und die Sprünge in der Entwicklung – soll man sie verkleistern? Die Widersprüche – soll man sie nach der einen oder andern Seite hin auflösen? Der Meister entdeckt diese Dinge in der Vorlage, er vermag die Schwierigkeiten aufzuspüren, die bewältigt worden sind.


## Beiträge von Mitarbeitern Brechts


### Wie benutzt der Regisseur Brecht sein eigenes Modell

*(Zuerst in: Theaterarbeit. 1952)*

Brecht inszenierte die Courage in München nach seinem Berliner Modell. Er prüfte die Bilder des Modellbuchs nach, wenn es sich um Gruppierungen und vor allem um Abstände handelte. Er suchte nach dem Bildhaften und Schönen, jedoch niemals seinem eigenen Modell sklavisch folgend. Er ließ die neue Aufführung locker entstehen: vielleicht lag da eine neue Lösung; doch die neue Lösung mußte mindestens auf die Höhe der alten, schon geprobten Modell-Lösung kommen. Er studierte die Modell-Bücher, um den Grund herauszufinden, warum er zu dieser Lösung, dieser Stellung oder dieser Geste gelangt war. Bald merkten die Schauspieler die Absicht des Regisseurs und wurden nicht verstimmt: Modell hin, Modell her, sie konnten zeigen, was sie wollten; wenn es gut war, wurde es sofort aufgenommen. Sofort gab Brecht jede alte Lösung auf, wenn er eine neue von den Schauspielern geliefert bekam, die den Sinn der Sache, den Gestus, den Inhalt wiedergab und die Chronik weitererzählte. Wenn man Brecht auf Sachen aufmerksam machte, die durch die neue Lösung weggefallen waren, baute er sie ein und gab sehr acht, daß nichts Wertvolles verlorenging. Fest lag nur der Platz von Mutter Courages Marketenderwagen. Er ist ein fester Punkt im Arrangement, eine gute Grundlage.

# Erfahrungen mit der Benutzung des Modells bei der Inszenierung von »Mutter Courage«

Während der Vorarbeiten zur Inscenierung von »Mutter Courage« war uns beim Studium des Stückes bewußt geworden, welche Bedeutung der Fabel zukommt. Im Verhalten der Figuren werden die wahren Zusammenhänge einer historischen Situation gezeigt. Die Figuren treten der Wirklichkeit gegenüber. Es ist nicht ihre Deutung versucht, sondern die Realität wiedergegeben. Wie sollte ein solch bedeutender Inhalt seine künstlerische Form finden? Wie sollte erreicht werden, daß erstens die Akzente richtig und prägnant in der Darstellung sichtbar und zweitens die Situationen realistisch erzählt wurden?

Mit dieser Fragestellung versuchten wir das Modell zu erarbeiten. Wir studierten die Bilderfolge. Aus der Fülle der Phasen wurde unser Blick auf das Arrangement gelenkt. Wir stellten fest, dass ihm eine grosse Bedeutung zukommt. Mit seiner richtigen Anwendung konnten die im Stück wirkenden Kräfte als Gruppierungen der Figuren auf der Bühne wiedergegeben werden. Diese Umsetzung ins Scenische, Bildliche verlangte eine Disciplin, durch welche Stellungen und Gänge nicht mehr zufällig, etwa einem Bedürfnis nach Abwechslung entsprechend, ausgeführt werden konnten. Die gleiche Konsequenz sprach aus der Anordnung des Bühnenbildes. Diese Klarheit wurde durch das Studium des Bildermodells gewonnen.

In der Probenarbeit aber entstanden Schwierigkeiten. Abgesehen von mitunter falsch geklebter Bilderfolge, irrtümlichen Unterschriften und manchmal einigen Lücken in der Aufeinanderfolge der Situationen, waren nach unserer Ansicht die Drehpunkte, welche die entscheidenden Vorgänge der Fabel besonders deutlich machten, nicht konsequent genug ausgewählt. Es war mit dem Modell ein Material der gesamten Aufführung übergeben worden, dessen Anordnung aber zu wenig mit dem Blickpunkt auf eine Arbeitsgrundlage getroffen worden war für denjenigen, der sich selbständig ans Werk macht. Es fehlte manchmal die Begründung für einen bestimmten Gang, weil in der Bilderfolge entscheidende Phasen fehlten, die aber als Vorstufe für den betreffenden Drehpunkt nützlich gewesen waren. Zum Beispiel könnte im 1. Bild der Drehpunkt, an welchem die Werber zur

»Musterung der Söhne« übergehen, noch deutlicher gefasst sein. Vermisst wurde ausserdem eine Detailfolge. Wenn auch durch die anders geartete Persönlichkeit eines Darstellers an einer anderen Bühne die Einzelheit nicht kopiert werden konnte, so sagt die abgebildete doch das Wesentliche aus und lässt Rückschlüsse zu auf die Behandlung des Stilistischen. An einer solchen Detailfolge liesse sich gut die realistische Formulierung studieren. Diese Details sind für das Erkennen der Merkmale einer Interpretation vielleicht wichtiger als eine Reihe von Scenenfotos, die in ihrer Auswahl so etwas wie »Markierpunkte« für eine ganze Scene abgeben. Bei zu wenig Einzelheiten besteht die Gefahr, dass die Momente des gesellschaftskritischen Vorgangs eine zu einseitige Festlegung erfahren.

Trotz der Möglichkeit, das Modell studieren zu können, fielen bei den Proben im Zusammenhang mit der Idee der Fabel Äusserungen, welche Missdeutungen darstellten. Auch wurden Erkenntnisse, die sich das Regiekollektiv erarbeitet hatte, als übertrieben oder abwegig empfunden, was bei der herkömmlichen Art und Weise des Produzierens nicht verwunderlich ist. Es war dann doppelt schwer, Darsteller zu überzeugen, dass »Mutter Courage« keine »Muttertragödie« ist oder dass nicht so etwas entstehen dürfe, wie die Auffassung, dass die Courage trotz aller Verluste mutig und unerschütterlich weiterzieht.

Um solchen Entstellungen zu begegnen, wäre es ratsam, wenn Beschreibungen dem Modell beigefügt werden könnten, welche grundsätzliche Erwägungen, Scenenbeschreibungen und Erwähnungen von Details enthielten. Es ist an eine Niederschrift gedacht, wie sie in der Art der Anmerkungen zu »Hofmeister« abgefasst ist.

Auch sollten Kostüme und Requisiten fotografiert werden. Zum Beispiel ist für den Stückzusammenhang wichtig zu zeigen, dass die Courage verarmt und körperlich verfällt. Eine wichtige Rolle spielt auch die Veränderung des Wagens mit Beginn des 9. Bildes. Eine Sorgfalt in der Auswahl von Kleidern und Gegenständen kann die realistische Gestaltung nur fördern. Diese Dinge unterstützen die Fabel; werden sie vernachlässigt, so entsteht ein ungefähres, mangelhaftes Bild, das den Gesamteindruck beeinträchtigen kann.

Dieser Vorschlag, das Modell noch genauer zu beschreiben, mag im Sinne der allerorts gepflegten Inscenierungspraxis verwunderlich scheinen. Aber wir mussten die interessante Feststellung machen, dass, je genauer das Modell beschrieben wird, desto freier das Nachschaffen betrieben werden kann. Die entscheidende Rolle spielt die Erkenntnis über die gesellschaftliche Wahrheit der Fabel.

Durch manche Lücke im Modell und in Ermangelung eingehender Beschreibung haben wir in der scenischen Formulierung eine eigene Ausprägung gesucht. Es sind Abweichungen vom Modell entstanden. Es war kein willkürliches Abgehen, sondern es vollzog sich die überaus fruchtbare Prozedur, mit grosser Genauigkeit die Fabel zu erforschen. Damit soll markiert werden, dass diese Abweichungen vom Modell einer Notwendigkeit entsprungen sind, und dass sie Versuche darstellten.

Auch wurde dies Verändern bewirkt durch andere Darsteller. Entspricht aber die Inscenierung der Wahrheit der historischen Situation, deren vielfältiges widersprüchliches Bild im Verhalten der Figuren sichtbar wird, dann sind auch die veränderten Details gerechtfertigt. Die Fabel blieb als Hauptstück des Spiels in ihrer Bedeutung erhalten.

Im folgenden sollen diese Abweichungen kurz beschrieben werden.

Im ersten Bild ist die Situation gegeben, wie die Courage Denkgewohnheiten benützt, die dem Schicksalsglauben der Zeit Rechnung tragen, um den Söhnen den Kriegsdienst lebensgefährlich erscheinen zu lassen. Sie lässt den Feldwebel und ihre Kinder das Los ziehen. Sie versäumt nicht, die Losezettel zu präparieren. Der Feldwebel erliegt ihrer List. Die Reaktion der Kinder stellt nun die Abweichung dar: Wenn die Courage beschwörend wie eine Hellseherin auf den Feldwebel zugeht, liessen wir die Kinder grinsen. Wir wollten zeigen, dass ihnen bewusst ist: jetzt wird eine List gebraucht, welche die Courage schon öfter angewandt haben mag. Wenn nun auch die Kinder die vorbereiteten Kreuzezettel ziehen, dann wollten wir sichtbar machen, dass sie wie durch stillschweigende Übereinkunft das Spiel mitmachen, weil das Geschäft erhalten bleiben muss, d. h. weil die Arbeitskraft der beiden Söhne für die Existenz des Geschäftes ausschlaggebend ist. Aber der Einfluss der Kriegspartei hat bei Eilif schon so stark gewirkt, dass wir ihn nach der Provokation des Werbers ». . . werd ich mich an deinen Bruder halten« und der energischen Aufforderung der Courage darüber zu lachen, die Mutter in einem gemachten ironischen Lachgestus angrinsen liessen. Der Darstellerin der Courage schlugen wir vor, ihren vermeintlichen Schmerz darüber, dass jedes der Kinder das Todeszeichen zieht, in tiradenhafter Übertreibung zu äussern und die unmittelbar darauffolgenden Sätze, in denen sie ihre Tugenden charakterisiert in nüchterner Eindringlichkeit wiederzugeben, verknüpfend mit dem Spass der Losgeschichte die Belehrung der tüchtigen Geschäftemacherin.

Das Verhalten der Courage nach der Salve, die den Tod des Schweizerkas anzeigt, ist für die Darstellung ein sehr schwieriges Unternehmen. Nicht nachahmbar ist die einmalige Gestaltung von Helene Weigel. Wir versuchten eine andere Möglichkeit auszuprobieren: Die Darstellerin der Courage sank wie ein getroffenes Tier auf den Hocker nieder, nachdem sie ein Aufbäumen gezeigt hatte. Als es wieder hell wurde, sah man sie in der gleichen Stellung. Jetzt kamen die Soldaten mit der Bahre. Nachdem sie der Feldwebel aufgefordert hatte, den Toten anzusehen, raffte sie sich zusammen, verkniff das Gesicht, aus welchem eine Mischung von Hohn und Trotz sprach. Die Füsse setzte sie mühsam, wodurch der Gang etwas Mechanisches, Puppenhaftes bekam. Ebenso fiel ihr Kopfschütteln aus. Währenddessen beschäftigten sich ihre Hände, als hantierten sie selbständig, mit dem Wischlappen, ihn zusammenwringend. Erst als die Soldaten mit der Bahre hinter ihr abgingen, löste sich ihre Anspannung und sie sackte auf dem Hocker mit leerem Ausdruck zusammen.

Aus der Kenntnis, dass Brecht das fünfte Bild neu gefasst und im Verhalten der Courage das Geschäftsprinzip eine konsequentere Formulierung gefunden hat, lehnten wir den Vorschlag der Darstellerin der Courage ab, eine Härte zu zeigen, die den Branntweingenuss als Ursache haben sollte. Wir glaubten nicht mit der Wirkung des Alkohols eine Entschuldigung für ihr Verhalten annehmen zu können. Im Sinne eines rücksichtslosen Geschäftsgebarens sollte es auch liegen, wenn wir am Schluss des Bildes zeigten, wie die Courage den Pelz, den sie dem trinkenden Soldaten abgerissen hat, sorgfältig zusammenlegte, mit Blicken taxierte und im Wagen verstaute. Der Feldprediger kontrastierte mit grosser Geste und dem letzten Satz: »Es liegt noch einer drunten«, dieses Verhalten und übergab es der Betrachtung.

(BBA 1969/97-102)

# Aus der Korrespondenz des Berliner Ensembles

*(Zuerst in: Theaterarbeit. 1952)*

FRAGE  Wie zeigt man den immer weiterrollenden Marketenderwagen auf einer Bühne ohne Drehscheibe?

ANTWORT  Zunächst sollte untersucht werden, ob nicht eine Handdrehscheibe aufgelegt werden kann, ziehbar von einigen Bühnenarbeitern. Wenn nicht, läßt sich das Vorspiel als Aufbruch geben: die Familie der Courage packt die letzten Stücke zusammen. Die Söhne werfen sich die Ziehgurte über, die Courage und Kattrin steigen auf. Alles geschieht singend. Wenn der Vorhang fällt, rollt der Wagen das kleine Stück, das die Bühne erlaubt. Am wichtigsten scheint uns, zu zeigen, daß alles in Bewegung ist. Dasselbe gilt für die siebente Szene. Im Schlußbild kann die Courage den Wagen zweimal herumziehen – jedenfalls ist diese Lösung auf größeren Bühnen ohne Drehscheibe möglich. Wenn kein Rundhorizont vorhanden ist, sollte man den Wagen erst abrollen lassen, wenn der Vorhang fällt.

Möglich ist jedoch auch eine Lösung, die allerdings einige Übung in der Pantomime voraussetzt. Die Ziehenden vollführen die Bewegungen des Gehens und Ziehens, ohne sich mit dem Wagen fortzubewegen. Zwei der Räder können vom Innern des Wagens aus mit Stricken zum Drehen gebracht werden.

FRAGE  Wie kann man die Umbauzeit bei Bühnen ohne Drehscheibe verkürzen?

ANTWORT  Auch für Bühnen mit Drehscheibe sind die Umbauzeiten von größter Wichtigkeit. Man kann nicht verlangen, daß das Publikum eine halbe Stunde auf Umbauten in einem Stück wie »Mutter Courage« wartet. Das Stück hat fünfzehn Bilder, und die Umbauten dürfen keine zwei Minuten dauern. Für schnelle Umbauten kann man die Drehscheibe nicht ausnützen, weil die Bühne in mehreren Szenen leer sein muß.

Umbauten müssen wie Szenen probiert werden. Es gehört zur Regie: jeder Bühnenarbeiter muß eine Rolle zugeteilt bekommen. Was trägt er hinein? Was nimmt er gleichzeitig mit hinaus? Wieviel Licht kann man den Bühnenarbeitern lassen, wenn die Projektion noch klar auf dem Vorhang stehen muß? Müssen den Bühnenarbeitern Strohschuhe gegeben werden, damit der Lärm auf der Bühne nicht zu groß wird?

Die Stoppuhr darf bei der Regie nicht fehlen. Nur durch ständiges Kontrollieren der Zeit können die Umbauzeiten kontrolliert werden.

FRAGE Wie erreicht man die beste Ausdrucksweise der stummen Kattrin?

ANTWORT Man erreicht sie, wenn die Darstellerin der Kattrin bei den ersten Proben voll ausspricht, was sie später durch Gesten und kleine Laute ausdrücken muß. Dadurch bekommt sie die Gesten, die zum Inhalt ihrer Sätze gehören. Zum Beispiel in der ersten Szene: »Der Werber nimmt Eilif mit sich! Tu was – Komm! Der Teufel stiehlt uns Eilif – Komm doch!« In der dritten Szene: »Zwei Soldaten haben nach einem aus dem Zweiten Finnischen gefragt – die haben Schweizerkas gesehen – der eine war ein Einäugiger. Schweizerkas hat nichts verstanden und ist mit der Schatull weggegangen . . .« Es muß in rasendem Tempo gesprochen werden, weil Kattrin aufgeregt ist, trotzdem muß alles darin sein. Erst wenn die Mutter sie beschimpft, daß sie wie ein Hund jault, wiederholt Kattrin alles langsam und deutlich.

Allmählich nimmt man auf den Proben die Deutlichkeit der Wörter weg, so daß nur Laute zurückbleiben. Auch kann sich jede Darstellerin ihre eigenen Laute ausdenken.

FRAGE Wissen die Kinder der Courage, daß die Mutter einen Schwindel macht, wenn sie in der ersten Szene den Feldwebel das schwarze Kreuz ziehen läßt?

ANTWORT Nein. Die Courage sagt dem Feldwebel einen frühen Soldatentod voraus, um die Kinder zu warnen, vor allem ihren kühnen Sohn Eilif, der Lust bekommen hat, Soldat zu werden. Im Modell fehlt leider ein Bild, das zeigt, wie sich die Courage nach Eilif umwendet, ob er auch zusieht, bevor sie geht, den Feldwebel das Los ziehen zu lassen. Die Frage »Lachen die Kinder bei dem Schwindel?« beantworten unsere Bilder: der kühne Sohn Eilif nimmt es sauer auf – er mag nicht mehr den Wagen ziehen und sein Leben von der Mutter bestimmen lassen; der redliche Schweizerkas strahlt, wenn der Feldwebel sein Kreuz gezogen hat: »Ein schwarzes Kreuz hat er gezogen, hin geht er.« Kattrin zeigt großen Ernst, erst wenn Schweizerkas strahlt, grinst sie mit.

FRAGE Das Modell zeigt als letzten Moment der fünften Szene (Auf dem Schlachtfeld), wie die stumme Kattrin das von ihr gerettete Kind strahlend hochwirft. Wir ließen, bevor die Gardine sich schließt, die Courage ihre Beute zusammenrollen, einen Pelzmantel, den sie einem Soldaten, der seinen Schnaps nicht bezahlen konnte, abgerissen hat. Dabei sagt der Feldprediger: »Es liegt noch einer drunten.« Diesen Satz setzte das Regiekollektiv als Szenenschluß, um den Gegensatz zwischen den Beutemachern und den Geschädigten zu zeigen.

ANTWORT Die Lösung des Regiekollektivs Döbeln ist ein interessantes Beispiel für die freie Benutzung des Modells. Unsere Lösung ein Beispiel für die freie Benutzung des Textes. (Wir strichen den letzten Satz im Buch.)

FRAGE In der zweiten Szene befindet sich die Feldküche neben dem Zelt des Feldhauptmanns im Freien. Eilif und der Feldhauptmann gehen in die Feldküche durch einen Schlitz links hinten. Wir ließen sie an der Rampe entlang hinübergehen. Möglich?

ANTWORT Scheint uns nicht möglich. Nicht, weil die Illusion des Zuschauers zerstört wird. Aber die Trennung zwischen Zelt und Küche muß real genommen und betont werden, denn sie hat soziale Bedeutung. Das Erscheinen des Feldhauptmanns in der Küche ist ein Ereignis: der Koch salutiert, die Händlerin knixt.

FRAGE Weiß die Courage, daß sie ihren Sohn Eilif einbüßte, weil sie eine Schnalle verkaufen wollte?

ANTWORT Ja. Sie zeigt es dadurch, daß sie den Bund mit Schnallen und Gürteln wütend in den Wagen schleudert, bevor sie weiterzieht.


# Ruth Berlau
## Die holländische Courage

*(Zuerst in: Theaterarbeit. 1952)*

EINE ERFAHRUNG MIT DEM MODELL IM AUSLAND · SUBJEKTIVE ERLEBNISSE KÖNNEN FÜR DAS ROLLENSTUDIUM NICHT IMMER VER- WERTET WERDEN · HILFSMITTEL · ABNEIGUNG GEGEN REQUISITEN · HILFE DES MODELLBUCHS BEI DER ÜBERSETZUNG

*Het voorjaar komt, O Christenmens!*
*De sneeuw smelt weg, de doden rusten.*
*Maar wat nog niet gestorven is*
*Dat rept de benen nu gewis.*

Wer sich ins Ausland begibt, Mutter Courage nach dem Berliner Modell zu inszenieren, muß sich gefaßt machen auf die unheimliche Aktualität dieses Stückes in Ländern, die vom Hitlerkrieg überzogen wurden. Die holländische Geschichte kennt einen achtzigjährigen Krieg, der Holland völlig verwüstete, aber die Schrecken des Nazikriegs überschatten ihn.

Wenn die Courage in der dritten Szene vor der Leiche des Schweizerkas steht und gezwungen ist, ihn zu verleugnen, und die holländische Schauspielerin Aaf Bouber weinend dastand, konnte ich es kaum über mich bringen, ihr zu sagen, daß die Courage sich nicht verraten darf und daß sie, selber mitschuldig am Tod des Sohnes, auch nicht allzuviel Sympathie für die Händlerin erzeugen darf. Aaf Boubers eigener Sohn war von den Nazis abgeholt worden, und sie hatte ihn nie wieder gesehen. Jedesmal, wenn sie auf der Probe vor der Leiche stand, wurde ihr schlecht, und sie konnte sich kaum beherrschen.

Aaf Bouber hatte 40 Jahre naturalistisch gespielt, ausschließlich auf Einfühlung in die Figur des Stückes bedacht. Sie hatte ein Register von Gefühlen, reich an Tönen wie eine Orgel. Es kam mir zunächst so vor, als schleppte ich jeden Tag aus dem Probesaal insgeheim ein paar Flöten weg, nachdem ich schon das Pedal ganz entfernt hatte. Aber ich mußte dies der Bedürfnisse des Stücks wegen zunächst tun. In den späteren Proben gewann sie die Vielfalt der Ausdrücke natürlich voll zurück.

Als wir über die Bedeutung der Szene übereingekommen waren, wählte sie von den Möglichkeiten des Modells die Lösung der Giehse, eine freche Haltung, deren Künstlichkeit erschütterte. Für viele Darstellerinnen der Courage ist es das Schwierigste, das eigene Mitleid mit der so vieles erduldenden Händlerin so weit zurückzudämmen, daß sie ihre asoziale Haltung, das Mitmachen am Kriege und ihre Unbelehrbarkeit darstellen können.

In der Schlachtfeldszene (5) halfen wir uns damit, daß die Bouber einen Helm trug. Wenn die Courage das Leinen für die Verwundeten nicht hergeben wollte, weil die nicht zahlen könnten, gab schon der Helm der Händlerin ein hartes Aussehen und zeigte, daß diese Härte vom Krieg stammte. Den Helm trug sie auch im 7. Bild, wo sie der Meinung ist, daß der Krieg seinen Mann nährt.

Auch am Schluß der 8. Szene hatte ich den Helm hinten in den Wagen gelegt und der Bouber freigestellt, ihn noch beim Weiterfahren schnell aufzusetzen, um ihre Freude über den Fortgang des Krieges zu unterstreichen. Solche Stellen fielen ihr schwer, solange sie noch ganz mit Einfühlung spielte: Sie haßt den Krieg.

In Holland entstand der neue Schlußsatz der Courage. Weil auch die Bouber mehr erwartete von dem Mitleid der Zuschauer als von ihrer harten Kritik dieser Mutter, fügten wir, wenn sie, die drei Kinder im Krieg verloren hat, sich allein vor den Wagen spannt, hinzu: »Ich muß wieder in'n Handel kommen!« Doch war selbst ihr letztes Dem-Krieg-Nacheilen, selbst ihr den abziehenden Heerhaufen geltender Ruf »Nehmt's mich mit!« immer noch überschattet von Trauer und Sentimentalität. So habe ich die Trommel Kattrins an dem sonst völlig leeren Marketenderwagen hängen lassen, damit sie hin und her baumelte und den Blick des Zuschauers fing: Eine Trophäe des Krieges, der über die Courage gesiegt hatte:

> Wie van de oorlog wil halen,
> moet er ook voor willen betalen.

Wie viele heutige Schauspieler haßte die Bouber die Requisiten und meinte, es genügte, wenn sie sich auf der Premiere damit beschwerte.

Ich hatte, aus Erfahrung klug geworden, als Allererstes dem Requisiteur unsere Requisitenliste mit Bildern gegeben. Er ist ein Künstler und sagte, unsere Liste der Requisiten gebe schon allein die Fabel des Stückes her. Er schluckte die Liste wie andere einen Kriminalroman. Er war aber nicht gewöhnt, daß der Regisseur eigens Requisitenbesprechungen ansetzte und stundenlang Schönheit und Richtigkeit der Requisiten überprüfte. Auch die Requisiten sind in Modellen ja nie zufällig. Die Courage stopft in der sechsten Szene zum Beispiel ihre Tonpfeife aus einem alten, kleinen Tabakbeutel. Das gibt ihr das Ruhige, Ausgeglichene, mit dem sie uns erklärt, daß arme Leute Courage brauchen. Der Tabakbeutel muß die Schönheit und Haltbarkeit alten Leders haben, damit er mit Grazie gehandhabt werden kann.

Der Regisseur muß sich mit dem Requisiteur ans Materialstudieren begeben: Wie alt sind die Dinge? Wie müssen die bastumwundenen Flaschen aussehen? Wann ist ein Becher wertvolles Zinn, wann nur Holz? Im Zelt des Feldhauptmanns zeigen die Requisiten allein seine Karriere: Es ist zusammengestohlene Kriegsbeute. Also muß jede Sache wertvoll sein, sonst hätte er sie nicht mitgeschleppt.

Der holländische Requisiteur hatte viel Sinn und Gefühl für Material und weinte fast, wenn die Direktion einen Kupferkessel für »seine« Küche ablehnte, er kostete 60 Gulden. Wenn ich nicht eingeschritten wäre, hätte er diese alte Schönheit von seinem Gehalt gekauft.

Ein Requisiteur muß mit allerlei Schwierigkeiten rechnen: In Holland war gerade eine Krankheit unter Hühnern ausgebrochen, so daß es ein Verbot gab, Federn in eine Stadt zu bringen. Nachts schmuggelte unser Requisiteur chemisch gereinigte Federn ins Theater: um seinen Kapaun für die zweite Szene zu kaschieren.

Seine Fragen zeigten, wie tief er in das Stück eingedrungen war: Sind nun die Schinken, die an dem Marketenderwagen hängen, größer im 7. Bild, wo die Courage reich geworden ist? Soll man im 5. Bild ein Stück extra dickes Leinen in die Offiziershemden der Courage einnähen? Damit das Zerreißen dieses kostbaren Eigentums der Courage noch mehr ins Ohr geht und sie aufregt?

Je realistischer das Spiel der Bouber wurde, desto mehr verlangte sie nach den verhaßten Requisiten. Sie verlangte neue und bereicherte unser Modell mit ihren Einfällen. Zu den neu eingekauften Waren, die Kattrin ihre Entstellungen einbringen, verlangte die Bouber etwa einen Panzer dazu. Diesem wollte sie einen Fußtritt geben, wenn sie über den Krieg schimpft, und zwar auf den Satz: »Eine schöne Einnahmequelle!«

Es fällt erstaunlich vielen Schauspielern schwer, beschäftigt zu sein *und* weiterzusprechen. In Bild 8 packt die Courage ihre sieben Sachen zusammen, alles kommt in den Wagen, der Krieg geht weiter. Die Repliken werden gesprochen beim Packen.

Bei der Courage sind die Beschäftigungen besonders wichtig, weil gezeigt werden muß, daß ihr Fleiß und ihre Tüchtigkeit ihr nichts helfen. Was sie fühlt, zeigt sie durch die Art, wie sie arbeitet. So zeigt ihr fröhliches Packen – wie sie sich freut, daß wieder Krieg ist: »Ein kurzer Friede wars, und schon gehts weiter.« Das Packen gibt der Szene die Eile: es warten Geschäfte. Natürlich muß das Packen technisch genau eingeteilt werden: wann nimmt sie den Sack, wann den Eimer usw. Da sträubte die Bouber sich. Sie wollte in Ruhe ihre Repliken sprechen, die Szene »voll ausspielen«. Mit allen Registern.

Da ich nicht auf den Modell-Lösungen beharre – obwohl wir versuchen, sie verführerisch zu machen –, nahm der Requisiteur schweren Herzens die schönen Sachen wieder weg. Sie waren federleicht gemacht worden, damit es keinen Atem wegnahm, sie aufzuheben und in den Wagen zu werfen.

Auf der Bühne steht aber eine kleine Bank, die in dieser Szene benötigt wird. Sie *muß* in den Wagen, weil die Bühne leer sein muß, wenn der Marketenderwagen in den Krieg rollt. Als nun die Bouber die Bank in ihren Wagen packte, bekam sie plötzlich Lust am Packen – die Fahrt, das Tempo, das Dringliche, – und sie verlangte doch noch nach dem Sack, der gerade beim Wagenrad dagestanden hatte. Bald vermißte sie auch den anderen Sack, und den Eimer wollte sie auch in den Wagen werfen.

Wie in Bild 6, wo sie dem Panzer einen Fußtritt gab, bereicherte sie auch hier unser Modell, indem sie nach dem Beil verlangte. Wenn sie nach dem Feldprediger fragt, erinnert das Beil die Courage an seinen Antrag beim Holzhacken (Bild 6). Bei ihrem Satz: »Wo ist der Feldprediger?« schwang sie spaßhaft das Beil hin und her, bevor sie es in den Wagen warf. Damit erledigte sie den Feldprediger und beschloß, den Koch mitzunehmen. Requisiten bedeuten Hilfe. Wie lustige Instrumente spielen sie mit, die Fabel erzählend.

Anna Blaman, eine der besten Schriftstellerinnen Hollands, hatte das Stück übersetzt und wohnte den Proben bei. Wenn ein Schauspieler bei der oder jener Replik Schwierigkeiten hatte, sie gestisch auszudrücken, lag es meistens an der Übersetzung, und wir änderten sie. Das Gestische in Brechts Sprache findet ein Übersetzer am besten heraus, wenn er auf den Proben mitarbeitet, das Modellbuch vor Augen.

Da ist die Knappheit der Sprache. Nach kurzer Zeit fanden die Schauspieler, daß man die kleinen Zwischenwörter streichen konnte. Für einen Brecht-Übersetzer liegt die Schwierigkeit darin, daß Knappheit und Poesie sich die Hand geben müssen. Die niedrige, grobe und die schöne, große Sprache stimmen überein mit dem Vorgang. Oft läuft das Sprachliche dem Übersetzer sozusagen vom Inhalt weg und verliert das Gestische, was den Schauspieler sofort hilflos macht.

So streiten sich Brecht-Übersetzer und Darsteller in vielerlei Sprachen. Wo der Übersetzer meint, so sei es schön zu lesen, behauptet der Darsteller, anders sei es lustig zu sprechen. Meistens haben aber die Darsteller recht, und die Übersetzungen sind am besten, die im Theater entstanden, wie zum Beispiel »Leben des Galilei« mit Charles Laughton. Für viele Schriftsteller ist ein Unterschied zwischen dem Geschriebenen und dem Gesprochenen. Bei Brecht enthält das Geschriebene schon das Gesprochene – was wir auf der Bühne das Gestische nennen. Dazu kommt dann noch das Ungewöhnliche und Widerspruchsvolle. Es schien mir bei der Arbeit an der holländischen Übersetzung, daß Schauspieler auch deshalb gute Brecht-Übersetzer sind, weil sie Spaß haben am Ungewöhnlichen und Widerspruchsvollen. Wenn die Courage den Zeugmeister fragt, warum er nicht selber das Geschäft mit dem Zeugmeister vom Vierten Regiment mache, antwortet er: »Weil ich ihm nicht trau, wir sind befreundet.« Der Gedanke kam der holländischen Übersetzerin so ungewöhnlich vor, daß sie es für nötig hielt, ihn so auszudrücken: »Omdat ik hem niet vertrouw; ik ken hem, want we zijn bevriend met elkaar.« (Weil ich ihm nicht trau, ich kenn ihn, wir sind miteinander befreundet.) Die Schauspieler begriffen den Satz sofort. Eine bestimmte Art, den kurzen Satz zu sprechen, klärte ihn ganz.

Ein anderes Beispiel: Die Courage sagt dem Zeugmeister: »Heeresgut nehm ich nicht. Nicht für den Preis.« – Die Übersetzung: »Legergoed neem ik niet. Tenminste niet voor de prijs.« Die Bouber protestierte: »Tenminste« wurde gestrichen, wie alle solch kleinen Verbindungswörter.

Alle Übersetzungen von Theaterstücken muß man kämmen, bürsten und muß sie reinigen von überflüssigen Wörtern und erklärenden Umschreibungen. Eine Geste macht den Satz klar.


Manfred Wekwerth
Zur Neueinstudierung 1951

*(Aus: Manfred Wekwerth, Schriften. Arbeit mit Brecht. Berlin 1975, S. 83–88.)*


## Modell und Veränderung

Bei der Neueinstudierung der »Mutter Courage« am Berliner Ensemble (die erste Aufführung war noch am Deutschen Theater) benutzte Brecht sein eigenes Modell. Zu unserer Überraschung studierte er die Bilder des Modellbuches wie ein Fremder, so, als habe er sie nie zuvor gesehen. Manchmal fragte er uns, was wohl der Sinn bestimmter Gruppierungen oder Gesten sei. Ganz ungehalten wurde er einmal, als er auf einem Bild bei dem Darsteller des Feldpredigers, übrigens einem hervorragenden Schauspieler, eine falsche Nase entdeckte. Als wollte er es nicht glauben, schob er seine Brille hoch und näherte sich dem Bild mit verkniffenem Gesicht bis auf Nasenlänge. »Tatsächlich«, entrüstete er sich. Und an uns junge Schüler gewendet: »Verstehen Sie das?« Wir hatten es natürlich längst verstanden, schon, weil der Regisseur der ersten Aufführung Brecht hieß. Wie sollte bei Brecht etwas nicht zu verstehen sein? Wir erklärten Brecht, daß Brecht wohl wichtige politische Gründe gehabt haben mochte, kommend aus einer tiefen Religionskritik, die ihn auf den Einfall gebracht hätten, dem Darsteller des Feldpredigers eine falsche Nase anzukleben: »Wegen der kritischen Haltung«, ergänzten wir wichtig. »Aber doch nicht so groß«, wunderte sich Brecht immer noch, »bei einem Pfaffen meinetwegen, aber der da ist doch gleichzeitig Schankbursche und Begleiter der Courage, dessen Verkommenheit etwas nachläßt, je weiter er sich von der Kanzel entfernt.« Das seien doch bemerkenswerte Züge! Er hacke zwar Holz mit Widerwillen, aber er hacke es schließlich; wo gäbe es das bei Pfaffen? Geschonneck, Darsteller des Feldpredigers bei der Neueinstudierung, hatte sich natürlich längst bei den Maskenbildnern eine falsche Nase bestellt. Auch er hatte das Modell studiert. Wie bestürzt war er, als Brecht auf der Generalprobe die falsche Nase strich. Geschonneck hatte tausend politische Gründe. Als er damit nicht durchkam, griff er zum Äußersten: »Aber Brecht, das ist doch Ihr eigener Einfall.« Brecht: »Eben. Sonst würde ich ihm ja nicht so mißtrauen.« – Das war sicher als Witz gemeint, schon, weil Brecht gern hatte, wenn man über seine Witze lachte. Trotzdem enthält ci etwas von der Brechtschen Modellauffassung und Gedankenarbeit.

## Einige Änderungen in der Neueinstudierung der »Mutter Courage«

Nachstehend möchte ich an praktischen Beispielen einiges über den Gebrauch von Modellen im Berliner Ensemble zeigen.

1949 wurde nach der Inszenierung »Mutter Courage« in Berlin

ein Modell angefertigt, das wir zu unserer Neueinstudierung im Berliner Ensemble 1951 benutzten. In kollektiver Arbeit konnten wir an einigen Szenen Verbesserungen vornehmen, die dann als Änderungen auf das Modell übergingen. Wenn ich nun etwas schematisch die Gründe anführe, die uns zu den Änderungen bewogen, soll man sich dadurch über das wirkliche Zustandekommen auf der Probe nicht täuschen lassen. Hier werden es stets eine Reihe von Gründen sein, wobei nur der eine oder andere dominiert.

### 1. Änderungen aus vorwiegend politischen Gründen

Man wird zu verschiedenen Zeiten verschiedene Punkte dialektisch hervorheben müssen. Hierin ist das Modell nicht starr.

Bisher wurde der einzige Vertreter der am Kriege verdienenden Klasse, der Feldhauptmann, als bärbeißiger Rüpel dargestellt. Die heutigen Kriegemacher sind aber viel gefährlicher. Man erkennt sie nicht gleich am Messer zwischen den Zähnen. Sie tragen oft eine sehr soziale Maske.

Wir änderten die Figur in einen vornehmen Aristokraten um. Seinen Unteroffizier, den Eilif, der ihm unter Lebensgefahr eine Herde Rinder beschafft hat, läßt er unter väterlichen Betätschelungen aus seiner Kanne trinken, aus seiner Pfeife rauchen, er gibt ihm Fleisch; und das alles mit einer deutlich gezeigten Routine.

### 2. Änderungen aus vorwiegend solchen Gründen, die sich aus der Individualität des Schauspielers ergeben

Ernst Busch spielte in der Neueinstudierung den Koch. Er zeigte schon bei den ersten Proben ein ungeheuer charmantes Spiel. Das benutzten wir zu einer Änderung im Handel um einen Kapaun mit der Courage:

Nachdem die Courage trotz aller Schwatzereien nicht mit dem Preis runtergehen will, wendet der Koch einen erprobten Trick an: Er singt ein kleines, sehr schönes holländisches Volkslied (Busch lebte einige Zeit in Holland als Emigrant). Während der 2. Strophe zieht er die Courage auf die Knie und spielt den Betörten. Nach dem Lied flüstert er ihr ein lyrisches »dreißig« ins Ohr.

### 3. Änderungen aus vorwiegend ästhetischen Gründen

So soll in einem Gespräch zwischen Courage, Koch und Feldprediger durch den Gesang des Liedes »Ein feste Burg« als Trinklied die Stellung der drei zu dem ›Großen Glaubenskrieg‹ gezeigt werden. Es wurde bisher mit viel Komik dargeboten. Wir stellten fest, daß dieses Lied dadurch seine Schönheit verliert. Es muß einfach gesungen werden.

### 4. Änderungen vorwiegend aus Gründen der Deutlichkeit

Auch hier ist das Modell nicht starr. Denn schon Verschiedenheiten in der technischen Anlage können Änderungen notwendig machen. Zum Beispiel mußte im 9. Bild (Wintermorgendämmerung) bisher gefärbtes Licht benutzt werden, was auf Kosten der Deutlichkeit ging. Wir ließen (nach einer Münchener Vorlage) die Dämmerung auf das Haus aufmalen.

### Zu Bild 2: Der Krieg und die Ideologen

Der Feldhauptmann zeigt in der Neueinstudierung eine echte Verachtung des Feldpredigers. Er ist nicht dumm. Bisher wurde der Feldhauptmann nur als Rüpel gezeigt, der wahllos jeden schikaniert. Bisher verachtet er den Feldprediger aus folgendem Grund: Die ideologische Abteilung des Schwedenheeres hat versagt. Würde der Feldprediger nicht soviel vom Glauben reden, äßen die Soldaten auch schimmliges Brot. Der Krieg hätte sich viel schneller normalisieren können, wäre schon längst ein normaler Raubkrieg, wenn den Soldaten nicht immerfort verantwortungslos eingeredet würde, sie stritten für Gott. Ideologen sind am Anfang ganz nützlich, um die Leute in Gang zu setzen, und am Ende, um sie die Niederlage zahlen zu lassen, zwischendurch muß man sie leider dulden.

### Zu Bild 2: Der Tanz des Landsknechts vor der Obrigkeit

Eilifs Song: Die tänzerische Figur war bisher zu formlos. Sie muß genügend wild, aber auch genügend lässig sein. Auch nicht zu vornehm. Der Landsknecht muß bleiben. Anfangs möglichst dünn singen. Aber natürlich. Deswegen muß es nicht schmal gesungen werden. Es muß auf alle Fälle Reiz haben. »So sagte das Weib . . .« nur erzählen. Säbel dabei neutral. Durch die (neueingeführten) kleinen Sprünge wird es tumultöser. Die Schwertbewegungen nicht abstrakt. Das Schwert nicht als ›Schwert an sich‹. Je lockerer der Tanz ist, umso schöner. Das bisher benutzte Schwert hatte eine ungünstige Lage des Schwerpunktes. Die Bewegungen mußten dadurch im Tempo formlos werden. Ausgewechselt gegen eine Art chinesischen Säbels (Verbreiterung des Blattes nach unten). Diesen Tanz hat er sicher irgendwo gesehen. Jetzt ahmt er ihn nach.

Eilif hält anfangs den Säbel wie einen Säugling (Parodie). Die Schritte sind schmaler geworden (wie man es bei Betrunkenen beobachten kann). Er wird am Ende des Tanzes leichtsinnig: Er wagt einen Sprung, fällt hin.

Gang zur Mutter: schmal, tänzelnd. Vorher Gebrüll.

Das ganze muß etwas über die Art der Kriegsbegeisterung zeigen; sie ist angelernt.

*Zu Bild 3: Eine Kanone wird gerettet oder über das Ausführen von Befehlen beim katholischen Überfall*

Der Zeugmeister rührt nichts an. Er wippt lässig und gibt unverständliche, aber sehr bestimmte Zeichen. Zwei Soldaten machen mit der Kanone alles, was man wohl in den letzten dreihundert Jahren mit Kanonen gemacht hat. Alles jedenfalls so, daß die Kanone auch um nicht einen Schritt voran kommt. Wozu auch? Sie entledigen sich eines unangenehmen Auftrages. Aber sie tun es sehr gut. Oder genauer: Man kann ihnen nicht nachweisen, daß sie es schlecht tun.

*Zu Bild 6: Sitten und Gebräuche im Schankzelt*

Der erste Soldat und der singende Soldat sind zusammengezogen: ein falscher Reiter mit Bärtchen. Ihm wird der Eintritt verwehrt. Beleidigt dreht er sich um. Draußen regnet es. Mit der Zeit wirds langweilig. So versucht er, wenigstens etwas von den Gesprächen im Zelt aufzuschnappen. Dazu muß er sich umdrehn. Das Gespräch wird ihm aber zu intellektuell. Jetzt geht es mit dem Gesang los. Wenn diese Darbietung ihren Höhepunkt erreicht hat, greift er, haltsuchend, in die Zeltseile. Zelt wankt. Alle haben sich inzwischen zu ihm gedreht, warten ab, was da noch passiert. Gottseidank wird auch dieses ihm bald langweilig. Er zahlt und geht.

Nach dem Brettspiel empfindet der Feldprediger ehrlichen Schmerz über das verlorene Geld. In einem günstigen Augenblick (Mutter Courage ist mit Kattrin beschäftigt) macht er sich an die Tafel heran und löscht einen Saufstrich ab. Danach überkommt ihn Reue. Er sieht die Unwürdigkeit ein. Der Krieg hat ihn in eine Lage gebracht, wo solche kleinen Beschisse notwendig sind. Er verrichtet schnell ein Stoßgebet. Diese Pantomime begründet auch die nächste Szene mit. Solche lästigen Erscheinungen würden bei engeren Beziehungen zwischen ihm und Mutter Courage wegfallen.

Sehr schön ist jetzt der Gang des Feldpredigers, die Axt zu holen, um Holz zu hacken. Hier demonstriert er deutlich seine Meinung über den Mißbrauch seiner Talente zu körperlicher Arbeit: Er nimmt die Axt nicht auf, sondern schleift sie am Boden. Alles dies nimmt er auch in sein Holzhacken hinein. (Wobei er stets – um überflüssigen Kräfteaufwand zu vermeiden – gebückt bleibt. Die meiste Zeit nimmt das Aufstellen der Scheite in Anspruch.) So durch Arbeit rehabilitiert, beginnt er seine Werbung.

### Zu Bild 8: Der Frieden bricht aus

Die Hauptsache an dieser Szene ist, daß es einem Menschen bei dem Wort ›Frieden‹ schlecht wird. Nichts weiter. Der alten Frau, die der Courage eben ihr letztes Federbett verkaufen wollte, wird schlecht, weil sie nicht mehr an den Frieden geglaubt hatte.

Auf den Feldprediger wirkt ›Frieden‹ so, daß in ihm hier schon eine Verwandlung vor sich geht. Mit dem Gestus: Vom Schankknecht wieder zur Kanzel!

Der Eilif muß in dieser Szene so gezeigt werden, als ob er eine panische Angst vor der Hinrichtung bekommt. Dann, als die Mutter, seine letzte Hoffnung, nicht da ist, Beginn seines Verfalls. Er stirbt, weil er im Frieden tat, wofür er im Krieg belobigt wurde. Das ist die Gefährlichkeit von Tugenden.

*Zu Bild 11: Kattrin schafft einen Offizier und rettet die Stadt Halle*

Ein wichtiger Punkt dieser Szene: Kattrin verwandelt den Fähnrich aus einem aufrechten Offizier in ein völlig verzweifelndes Kind, indem sie die schlafende Stadt wachtrommelt.

Ein anderer wichtiger Punkt: der Kampf innerhalb des Heeres. Die Soldaten nehmen am Unglück des Fähnrichs wenig Anteil. Im Gegenteil. Nachdem sie einander erforscht haben, lächeln sie schadenfroh: Der kommt vors Kriegsgericht. Der Fähnrich geht auf sie los: Tut schon etwas. Soldaten aber tun nichts.

Fähnrich: »Der is nix heilig« ins Publikum.

Wenn am Ende die Sturmglocken der Stadt läuten, setzt sich der Fähnrich auf den Arsch, beginnt wie ein Kind mit den Fäusten zu trommeln.

Manfred Wekwerth
Der Zeichencharakter des Theaters
Ein Experiment

*(Aus: Manfred Wekwerth, Schriften. Arbeit mit Brecht. Berlin 1975, S. 462 f.)*

Einer der großen Eindrücke der Aufführung von »Mutter Courage und ihre Kinder« war der Schluß. Mutter Courage hat durch den Krieg alles verloren und zieht, immer noch unbelehrbar, den zerlumpten Heerhaufen nach, um im fünfundzwanzigsten Jahr des mörderischen Krieges doch noch ihren Schnitt zu machen. Unter dem gröhlenden, müden Gesang der aufbrechenden Truppen spannt sie sich, umständlich die Traggurte über die Schulter ordnend, vor ihren leeren Planwagen und zieht ihn mit zäher Anstrengung den abrückenden Soldaten nach. Brecht wollte zeigen, daß sie sich in der Unendlichkeit des überfälligen Krieges verliert. Er gab der Szene den Titel MUTTER COURAGE ALS ZULETZT GESEHEN. Naheliegend war es, den Wagen mit der Courage nach hinten fahren zu lassen. Er hätte dann auf der Hinterbühne verschwinden können, so daß sich die Courage auf der Bühne wirklich verliert. Die Wirkung war minimal: Es war ein normaler Abgang. Die Lösung kam durch einen Zufall: Nach einem Versuch, den Wagen hinten verschwinden zu lassen, kam die Weigel mitsamt dem Wagen wieder nach vorn, um zu hören, was die Regisseure sagten. Die Wirkung war enorm. Denn sie kam nicht wirklich nach vorn, sondern es wirkte, als setzte sie ihren Weg ins Unendliche fort, da das Rund der Drehscheibe während der ganzen Aufführung als der »lange Weg« durch den Krieg etabliert war. Während der ganzen Aufführung fuhr der Wagen der Courage, wenn er »kreuz und quer durch Europa« streifte, immer im Kreis herum, am Rand der Drehscheibe entlang. Der Zuschauer war diese Verabredung durch das ganze Stück eingegangen. Er kannte die Struktur, durch welche die Zeichen eine Bedeutung erlangten. Selbst wenn nun der Wagen (das Zeichen für die Courage und ihre Familie) auf ihn zurollte, nahm er dies für ein Wegfahren des Wagens, solange er auf dem Rand der Drehscheibe fuhr. Wir begriffen, daß wir bei der Darstellung des VERLIERENS DES WAGENS IN DIE UNENDLICHKEIT nicht den Wagen in Wirklichkeit verlieren durften, sondern wir mußten uns an die während des Stückes verabredeten Zeichen halten: Brecht ließ den Wagen, gezogen von der zerlumpten Courage, nun wieder auf dem Rand der Drehscheibe fahren: zunächst nach hinten, dann den zwölf Meter breiten Rundhorizont entlang wieder nach vorn, direkt auf den Zuschauer zu. Schwenkte er dann wiederum nach hinten ein, schloß sich der Vorhang. – Selten ist der Unterschied zwischen der Realität des Theaters und seiner Bedeutung deutlicher geworden als hier! Obwohl die Realität der Bühne dem Wegfahren des Wagens widersprach (denn er kam schließlich wieder nach vorn), nahm der Zuschauer dies als Zeichen des Wegfahrens.

Den umgekehrten Prozeß konnten wir verfolgen, als wir 1960 die Aufführung »Mutter Courage und ihre Kinder« verfilmten. Natürlich wollten wir den Schluß, der inzwischen berühmt geworden war, auch im Film erhalten. Ja, wir versprachen uns durch einige Großaufnahmen der Courage, die sich einspannt, zusätzliche Wirkungen.

Doch bald konnten wir mit dem wesentlichen Unterschied zwischen Theater und Film unmittelbar Bekanntschaft machen. Denn das Filmbild, das die Kamera von der Fahrt der Courage ins Nichts lieferte, war niederschmetternd. Von einem Nichts konnte gar keine Rede sein. Vor einer weißen Pappwand in etwa zwölf

Meter Entfernung kurvte unentschlossen ein Planwagen umher, um zum Schluß wieder auf die Kamera zuzufahren, was den Eindruck erweckte, die Mutter Courage habe es sich anders überlegt und kehre um. Trotz aller Tricks und Kunst unseres Kameramannes behauptete hier der Film sein Wesen: Er dokumentierte die *Realität*.

Der *Film* also nahm das *Zeichen* als Realität: Der Wagen kehrte um und kam wieder zurück. Im Theater *bedeutete* das Zeichen etwas Reales: Fuhr der Wagen rund um die Bühne am Rand der Drehscheibe auf den Zuschauer zu, entfernte er sich für den Zuschauer.

2. Die Zeichen des Theaters sind von der Grundstruktur des Theaters bestimmt: Sie müssen eine *doppelte* Daseinsweise haben. Bestimmt vom Instrument des Theaters, sind sie zweimal vorhanden. Sie *sind* Realität und *bedeuten* zugleich etwas Reales.

Im Gegensatz aber zu anderen Zeichensystemen kann sich das Theater seine Zeichen nicht aus einem beliebigen Material organisieren, wie es zum Beispiel die künstlichen Sprachen der Wissenschaft tun. Zur Darstellung logischer Algorithmen erfinden sie Zeichen (Gebilde aus Strichen und Punkten), die möglichst noch nicht vorhanden sind, damit wissenschaftliche Verwechslungen ausgeschlossen werden.

## Aus dem ›Arbeitsjournal‹

8. 11. 48 (montag)
engel trifft aus münchen ein, an der courage-regie teilzunehmen.
er ist sehr gealtert, die augen sind aber noch kenntlich. der schicke
hut mit band läßt den kopf wie einen totenkopf erscheinen.

(AJ 858)

11. 11. 48
es steigt eine merkwürdige aura von harmlosigkeit von der bühne
auf bei allen proben, als hätte hitler auch die bösartigkeit der
deutschen verbraucht. freilich hatte er viele und lohnende ämter
für sie, so daß die bühne sie nicht besonders anziehen konnte, und
vielleicht wollte er sie auf der bühne gar nicht mehr vertreten
sehen. auch die doppelten böden sind verschleudert, und das
hintergründige ist ins versatzamt gewandert. der gute schauspieler
hinz legt den atheistischen feldprediger so an, als hätte der seinen
glauben verloren wie ein andrer armer teufel sein bein verliert.

(AJ 859)

25. 11. 48
wir haben die erste szene der COURAGE zu ändern, da hier schon
angelegt ist, was bei der züricher aufführung den zuschauern
erlaubt hat, sich hauptsächlich von der dauerhaftigkeit und trag-
fähigkeit der gequälten kreatur (des ewigen muttertiers) erschüt-
tern zu lassen – wo es doch damit nicht eben weit her ist. jetzt
verliert die courage den ersten sohn, weil sie sich in ein kleines
geschäft verstricken läßt und nur hinzukommt ihr mitleid mit
dem abergläubischen feldwebel, das eine weichheit darstellt, die
vom geschäft kommt und die sie sich nicht leisten kann. das ist
eine deutliche verbesserung. sie ist vom jungen kuckhahn vorgeschlagen.

(AJ 862)

erst in der elften szene schalte ich für 10 minuten episches
probieren ein. gerda müller und dunskus als bauersleute beschlie-
ßen, daß sie gegen die katholischen nichts tun können. ich lasse sie
jeweils hinzufügen ›sagte der mann‹, ›sagte die frau‹. plötzlich
wurde die szene klar, und die müller entdeckte eine realistische
haltung. tags darauf streikte die müller, als ich einfach das jammern der bauersleute haben wollte, diese ›walze‹ des einfachen
manns, eine fast theatralische haltung, hinter (nicht in) der furcht
steckt. sie wünscht den jammer zu fühlen – was ihr allerdings
schon lange nicht mehr gelingt, von einem exzeß an ausbrüchen
erloschener krater, der sie ist.

(AJ 866)

12. 12. 48
beginnen in den proben vorsichtig mit der episierung. sofort
gliedern sich die szenen, indem die drehpunkte sichtbar werden.
BILDT begreift sofort, daß es darauf ankommt, die restlose verwandlung zu verhindern. KUCKHAHN verbessert den jeweiligen
zusatz ›sagte die courage‹ durch ›soll die courage gesagt haben‹.

(AJ 872)

13. 12. 48
es ist das ständige streben der schauspieler, ins laute zu kommen,
als ob die bloße tonstärke eben stärke wäre, und dann bleibt von
allem möglichen gestischen nur der gestus des zurufens. holt man
sie zurück ins normale, geben sie ihm sogleich etwas verhaltenes
und präservieren so die anspannung.

(AJ 873)

20. 12. 48
beim ersten durchspielen von 8 szenen stellt JHERING fest, daß
eine variabilität der weigelschen couragefigur zutage tritt, die er
bei der betrachtung der einzelnen szenen vermißt hatte. die
unterschiedlichkeit ist also von der richtigen art, sie tritt erst bei
genügend großen abläufen auf. BILDT, der heute unzweifelhaft
größte schauspieler deutschlands, bemerkt selbst neue schwierig-

keiten; er arbeitete nicht induktiv genug, dh versuchte, zu früh zu
einer figur zu kommen, statt zunächst einfach den situationen
genüge zu tun, und hat nun eine figur ohne entwicklung.

(AJ 879)

21. 12. 48
nötig wären vier monate proben. wirkliche episierung so nicht
möglich. man kann in der kurzen zeit den schauspielern die
erleichterung nicht aufbürden.

(AJ 880)

11. 1. 49
die couragefigur hellis jetzt herrlich, von großer kühnheit.

(AJ 890)

17. 1. 49
in der eigentlichen premiere der courage, die am 9. in geschlossener vorstellung durch die gewerkschaften stattfand, waren schüler
einer funktionärschule gewesen. es war ein wagnis, den schauspielern ein solches publikum als erstes vorzusetzen, aber die arbeiter
aus den hennigsdorfer stahlwerken zeigten sich als wunderbare
zuschauer. sie saßen freilich lange wie zaungäste, von denen
weder zustimmung noch ablehnung erwartet wird, aber nach der
szene mit dem lied von der kapitulation klatschten sie, und die
szene mit dem tod der stummen kattrin unterbrachen sie mit
großem beifall da, wo sie das ehrenwort des offiziers ablehnt. und
am ende vergaßen sie aufzustehen und in die garderobe zu
stürzen, obwohl das stück lang ist und die bahnen spät nicht
fahren. nun gingen engel und ich zu einer diskussion in die schule
hinaus und hatten die gelegenheit, uns weiter zu wundern. welche
bestimmtheit und welche höflichkeit! außer einigen technischen
fehlern wie dem, daß die musik die worte übertönte, rügten
einige, daß der obrist der yvette zu stark karikiert war. meine
entgegnung, die lagerhure werde später als eine der wenigen
personen gezeigt, die am krieg verdienten, und dem stückschreiber müsse also daran liegen, den preis, den sie zahlte, nicht zu
nieder anzusetzen, wurde mit verständnis und grazie angenommen. besonders hoben sie die trommelszene hervor, und einer

lobte, daß gerade ›der hilfloseste mensch am ehesten bereit war zu helfen, dieselbe person, die wenige szenen zuvor vom eigenen bruder als ›du armes tier‹ tituliert werde‹. welch ein zuschauer! er muß in der dritten szene diesen satz vermerkt (und ärgerlich!) haben – in der elften fand er die antwort! und daß die courage nichts lernt im äußersten elend, erregte diesen zuschauern nur mitleid!

(AJ 891)

28. 1. 49

aus schriftlichen äußerungen WOLFS und erpenbecks, die der ›linie‹ folgen wollen, ergeht, daß die wendung gegen die einfühlung gerade durch ihren erfolg beim arbeiterpublikum einige panik verursacht hat. wie sehr hätte die ›wirkung‹ erhöht werden kön- nen, wenn die courage auf der bühne am ende zur einsicht gelangt wäre! aber die schüler der funktionärschule sind weiter. sie kön-

»Ich muß wieder in'n Handel kommen.«
Berlin 1949 (Helene Weigel)

nen die kleinbürgerin objektiv anschauen (und doch bemitleiden) und erkennen sich selber in der stummen kattrin wieder.

(AJ 895)

18. 6. 49

es werden nationalpreise verteilt, unglücklicherweise erste, zweite und ich glaube auch dritte. man hat offiziell kandidaten dafür ernannt und keinen von ihnen gefragt, ob sie kandidieren wollen. ich höre, man hat nur zwei erste preise für literatur und beabsichtigt, heinrich mann und j[ohannes] r becher diese zu geben und, unglücklicherweise, mir einen zweiten für die COURAGE. so richtet helli dort aus, man möge doch von mir absehen, da ich eine solche klassifizierung als schädigend betrachten würde und den preis wohl zurückweisen müßte. derlei dinge muß man ganz unpersönlich betrachten und scharf auf nutzen und schaden achten und den geringeren dem geringen vorziehen. warum sollen leute entwerten, was sie haben, indem sie der sache einen geringen wert zumessen, nur weil sie den höheren preis nicht bezahlen können?

(AJ 907)

23. 4. 50

abends bei einem mitglied der neuen akademie, dazu der maler HOFER. man spricht über alte französische teppiche, wovon ich nichts verstehe, aber gern etwas verstünde wie von so vielem. dann lobt hofer die inszenierung der COURAGE und bestreitet, daß ein fotograf gute fotos davon machen könnte. ich erzähle, daß ich für den schwarzweißfilm einen chemiker havemann gebeten habe, eine emulsion zu mischen, durch welche man dem film daguerreotypiecharakter geben könnte, und hofer gibt zu, durch eine abschwächung der mittleren farbtöne könne man künstlerische bilder erhalten. der farbfilm hingegen sei vorläufig hoffnungslos, da nur die transluziden farben, nicht aber die opakenen (ocker, weiß, erdfarben) hergestellt werden können.

(AJ 920)

1. 5. 50

strahlender tag. von der tribüne im lustgarten aus sehe ich die demonstration. voraus die FREIE DEUTSCHE JUGEND mit blauen hemden und fahnen und die volkspolizei in kompanien. dann ein

stundenlanger zug mit maschinen, waggons, kleiderausstellungen
usw auf lastwägen, bildern und transparenten. die demontranten
gehen schlendernd, wie spazierend, und halten ein wenig vor der
tribüne. während der rede des chinesischen teilnehmers werden
tauben losgelassen. (nebenan kreist in der luft über der gegen-
demonstration hinter dem brandenburger tor ein amerikanischer
schraubenflieger.) erstaunlich viele bezirke aus westberlin sind
dabei, trotzend dem druck dort. das BE fährt auf seinem lastwa-
gen, barbara sitzt auf dem couragewagen und schwenkt eine rote
fahne. helli wird durch alle straßen hindurch begrüßt, frauen
halten tatsächlich die kinder hoch: ›die mutter courage!‹

(AJ 924)

Bertolt Brecht an Helene Weigel zum 1. Mai 1950

8. 10. 50

sonntag. abends premiere der COURAGE. die arrangements des modells triumphieren. giehse, domin, blech, wilhelmi, lühr, lieffen, ganz verschieden von berlin und ausgezeichnet. während der ganzen proben nicht ein disput. die giehse baut bewunderungswürdig das ganze arrangement um, das sie mit solchem erfolg in zürich und wien benutzt hatte.

(AJ 938)

4. 6. 51

neueinstudierung COURAGE (mit busch und geschonneck und lutz). immer besonders auf die dialektischen momente scharf. der koch und der prediger in 8, wenn der friede beide an den rand des abgrunds stößt, kämpfen um den unterschlupf; abwechselnd treibt die niederlage sie ins menschlich bessere. die feinde treffen sich freundlich in der wehmütigen erinnerung an den krieg.

  die arbeit an ruths modellbuch ist fleißarbeit; sie muß aber gemacht werden und wenn, nur, damit man sieht, wieviel betrachtungen nötig sind für eine inszenierung.

(AJ 951)

26. 6. 51

erste probeaufführung der COURAGE-neueinstudierung mit WEIGEL, HURWICZ, LUTZ, BUSCH, GESCHONNECK. das stück mußte auf dem repertoire bleiben, schon weil es die eine der beiden klassischen rollen der WEIGEL enthält. vom DEUTSCHEN THEATER waren 2 hauptdarsteller nach dem westen abgegangen, der feldkoch und der feldprediger. wir vermögen immerhin, sie zu ersetzen, dazu alle andern rollen.

(AJ 952)

29. 6. 51

burri hat das drehbuch eines COURAGEFILMS abgeschlossen und reist nach münchen zurück. gute zusammenarbeit. jammervoll, was für talente in deutschland brachliegen.

(AJ 953)

30. 6. 51

beschäftigt mit dem courage-modellbuch ruths. diese modelle und die neueinstudierungen, die sie erweitern und säubern, sind so nötig, weil die künste auf grund des kulturellen ausverkaufs des spätkapitalismus und trotz der emphatischen aufnahme der künste durch die neue klasse, zumindest zeitweise, von schnellem verfall bedroht scheinen. einige wenige haben sich noch unter dem kapitalismus bemüht, das erbe von der ansteckenden fäulnis des niedergehenden bürgertums zu bewahren, indem sie die künste für die neue klasse vorbereiteten, aber die neue klasse tritt die herrschaft zwar mit neuen guten impulsen, aber auch mit künstlich verbildetem geschmack an. der politische auftrag ist dringend und wichtig, und den künsten, geschwächt vom mißbrauch durch den merkantilismus usw, wird nicht viel zeit gelassen, sich zu regenerieren. sie sind gewöhnt daran, sich mehr den möglichkeiten als den notwendigkeiten zu erschließen.

(AJ 954)

12. 1. 53
auch in polnischen diskussionen wurde MUTTER COURAGE UND IHRE KINDER immer wieder als pazifistisch bezeichnet. historisch betrachtet zeigt das stück die erlebnisse einer kleinen händlerin, die im krieg geschäfte machen will und alles verliert. der krieg trifft sie keineswegs als blindes schicksal, sondern sie erkennt ihn als die profitablen machenschaften der großen; an ihnen will sie sich beteiligen. über das einzelne hinaus gewinnt ihr schicksal symbolische bedeutung. das bild deutschlands taucht auf, raubkriege führend, andre und sich selber vernichtend, unbelehrt durch alle katastrophen. die aktion gegen den krieg dieser art ist nicht vernachlässigt. (die stumme kattrin.) aber die völlig aufs tätige gerichtete ungeduld unserer neuen sozialistischen gesellschaft ist damit nicht befriedigt.

(AJ 1004)

# Aus Briefen

## An Paul Dessau

1. 1. 49
ich schreibe Ihnen dies, unter anderm, um mir selbst über ein bestimmtes Item klar zu werden. Es scheint, daß unser »Horenlied« bei dem gegenwärtigen Stand des Ruinentheaters nicht

gemacht werden kann. Sie selbst zweifelten ja, bevor ich zweifelte. Der Text ist schön, und Ihre Vertonung scheint mir bedeutend, es ist in der Tat eines der besten Stücke, aber selbst wenn dem Darsteller die Härte und Feinheit nicht fehlte, der allgemeine artistische Standard der Darstellung des Stücks höher, die neue Technik der Verfremdung anwendbar wäre, müßte man noch an der Aufnahmefähigkeit des Publikums zweifeln, wie Jherings und Engels Bedenken zeigt – wenn auch Kuckhahn, der jüngere, dafür ist. Sie haben in einigen der Stücke durch schnelle Anpassung an die vorhandenen Mittel nicht nur allerhand »gerettet«, sondern sogar neue Schönheiten geschaffen – ich bewunderte das mehr, als es vielleicht den Anschein hatte –, aber hier würde auch dies nicht helfen. Wir werden das Lied wahrscheinlich zurückstellen müssen, aber bei jeder Wiederaufnahme des Stücks wird die Diskussion, ob das »Horenlied« gespielt werden kann, deutlich anzeigen, wie hoch oder niedrig der Standard des Theaters eben ist.

(B 578 f.)

### An Caspar Neher

25. Januar 1949
[ . . . ] Die Dekoration zur »Courage« war nicht gut. Wir warteten ja bis zuletzt auf Dich und mußten dann einfach improvisieren. Für andere Aufführungen im Reich sollten wir unbedingt neue Entwürfe ausarbeiten. Helli hat einen Riesenerfolg. Überhaupt war die Presse in den Westsektoren im ganzen ebensogut wie im Ostsektor. Was Theater anlangt, kann man immer noch im Ostsektor *und* in den Westsektoren zugleich arbeiten. [ . . . ]

(B 581)

### An Erwin Piscator

März 49
ich bin zurück in Zürich von Berlin, wo ich (zusammen mit Erich Engel) die »Courage« inszenierte. Glücklicherweise wurde es ein ziemlicher Erfolg, pressemäßig in Ost- und Westsektor und Ost- und Westzone; das Deutsche Theater ist damit ständig ausverkauft (besonders die Weigel hatte Erfolg), und beir Premiere waren zum ersten Mal wieder die Kulturoffiziere aller Besat-

zungsmächte. Innerhalb Berlins gibt es keine Verkehrsbeschrän-
kungen, und alles ist friedlich. [ . . .]

(B 592)

### An die Städtischen Bühnen Wuppertal

26. 8. 49

da die Wirkung von »Mutter Courage und ihre Kinder« ganz
davon abhängt, daß das Stück episch aufgeführt wird, rate ich
Ihnen, sich diesen Stil einfach vorführen zu lassen.

Es ist nötig, die Fabel des Stücks durch Gruppierung und
Gruppenführung zu *erzählen;* so empfiehlt es sich, Frau Ruth
Berlau, meine langjährige Mitarbeiterin und ausgezeichnete Re-
gissörin, zu gestatten, das Grundarrangement mit den Schauspielern vornehmen zu lassen. Dabei kann sie auch die Schauspieler
mit einigen, bisher auf unsern Bühnen nicht praktizierten technischen Dingen bekannt machen. Es hat sich herausgestellt, daß auf
diese Weise die Theater sich am schnellsten in die Kenntnis dieser
Spielweise setzen, um sie dann frei anwenden zu können. (D. h.,
das Eigene sollte erst nach den Arrangierproben entwickelt werden.)

(B 617 f.)

### An Stefan S. Brecht

Mitte Februar 50

[ . . .] Helli, seit sie auf dem Planwagen der Courage auf die
deutsche Bühne rollte, hat enorm gearbeitet, aber nicht unbemerkt. [ . . .]

(B 634)

### An Peter Suhrkamp

Februar 1950

was das Buch über das »Courage«-Modell angeht, habe ich jetzt,
wie ich denke, eine Form gefunden, die nicht zu pedantisch ist. Es
werden nicht Erklärungen der Bilder sein, sondern Text wie
Bilder sollen getrennt die Aufführung reportieren und kommen-
tieren. Der Text [soll] mehr das Prinzipielle der Regie geben, nicht
das »geht nach links vorn« usw. Zugleich machen wir neue
Detailaufnahmen, wie Sie vorgeschlagen haben. Die Drucke, die

der Verlag hat machen lassen, sind ausgezeichnet, von wirklicher Schönheit, gar nicht zu vergleichen mit den »Antigone«-Clichés. [. . .]

Das Gastspiel in Braunschweig und Köln war ein erstaunlicher Erfolg (selbst in den katholischen und sozialdemokratischen Zeitungen)!

(B 634 f.)

## An die DEFA

6. 9. 50

ich habe hier mit Engel und Burri gesprochen und den Eindruck gewonnen, daß wir die Weiterarbeit am »Courage«-Film so organisieren könnten: Engel wird ab Ende Dezember wieder in Berlin sein, vorausgesetzt, daß die DEFA mit ihm wieder Vertrag macht und die Arbeit beginnen kann. Schon Ende November könnte Burri in Berlin sein und die Arbeit aufnehmen, so daß wir schon eine rohe Niederschrift hätten, wenn Engel mit hineinsteigt. Ich denke, daß Burri die Herstellung des Manuskripts sehr beschleunigen könnte, er kennt den Stil noch von früher und hat große technische Erfahrung. Dazu hätten wir dann auch noch Neher, auf den auch Engel großen Wert legt, schon beim Drehbuchschreiben. Engel würde in Burris Mitarbeit einen entscheidenden Faktor sehen, sagt er mir. So könnte man vermutlich Februar, März ins Atelier gehen. Freilich müßtet Ihr mir sogleich mitteilen, was Burri angeboten werden könnte.

Seit ich hier bin, sehe ich noch klarer, wie wichtig ein großer, poetischer Friedensfilm wie der »Courage«-Film wäre! Ihr braucht keine Sorge zu haben, er könnte zu passiv werden! Er muß eine aufwühlende Warnung werden, und die Figur der stummen Kattrin kann in dichterischer Weise zum Kampf gegen den Krieg begeistern, wenn wir das Drehbuch auch nur halbwegs gut machen. So nötig Filme mit halber Reportage sind und so gut sie sein können, wir brauchen doch auch dichterische Filme, welche die breiten Massen von einer andern Seite her packen.

Gebt mir also schnell Nachricht!

(B 644 f.)

*An Elisabeth Hauptmann*

München, September 1950

danke für den Brief. Proben gehen ganz gut. Giehse wird großartig, ein derbes Handelsweib. Bentley ist gekommen zu assistie-
ren, auch ein Österreicher. Dann kommen Holländer und ein
Italiener zu den letzten Proben. Alle jammern um Lehrmaterial. –
[ . . . ]

(B 645 f.)


*An Ruth Berlau*

August 1953

[ . . . ] Ich bin froh, daß es gut geht mit »Courage« und daß Du gut
aufgenommen worden bist. Jetzt wird Skandinavien sehr wichtig.

(B 706)


*An Ruth Berlau*

September 1953

[ . . . ] Die Geschichte von der »Courage« ist schlimm, und all das
sinkt schon wieder in Vergessenheit. Gut, daß Du eine Schauspielerin hast, die Operette gespielt hat, da muß man deutlich sein.
Vergiß nicht die Härte der Courage. Und mach ansonsten Änderungen, wo immer Du meinst. [ . . . ]
  Wenn ich mit T[urandot] fertig bin – niemand hat sie übrigens
noch, die Kopie brauche ich bis dahin, um die Änderungen
einzutragen –, versuche ich, etwas zu schreiben für das Programm. [ . . . ]

(B 707 f.)


*An Ruth Berlau*

September 1953

[ . . . ] – Ich habe ein paar Seiten einer kleinen Chronik über die
»Courage« geschrieben und stelle das noch fertig, vielleicht kann
man es in D[änemark] drucken. [ . . . ]

(B 708)

## An Ruth Berlau

September 1953

[ . . . ] Die kleine Chronik ist eigentlich nicht fürs Programm, sie stünde gut in »Politiken«, aber die nehmen sie wohl nicht? Ich wäre auch mit Strichen einverstanden, im Notfall. Etwas bleibt doch immer.

(B 709)

## An Joan Littlewood

22. 6. 55

daß Sie selbst die *Courage* spielten, war die Bedingung für unseren Aufführungsvertrag, und ich kann davon unter keinen Umständen abgehen. Ich bedaure sehr, daß die Anwesenheit meines Mitarbeiters bei den Proben Sie irritiert. Ich respektiere durchaus strikt individuelle Arbeitsmethoden, aber ich warne vor solchen, die eine *technische Beratung* bei neuartigen Stücken ausschließen. Damit die Kunst mit der Zeit Schritt halten kann, müssen die Künstler die neuen Kunstmittel zur Kenntnis nehmen und sie dann souverän und nach ihrer Art anwenden. Entschuldigen Sie diese Belehrung, die im Interesse meines Stücks notwendig geworden zu sein scheint und die mich nicht weniger langweilt, als sie Sie langweilen mag. [ . . . ]

(B 750)

## An Ekkehard Schall

5. 2. 1956

Lieber Schall,

ich höre, die Zeltszene in der »Courage« leide etwas darunter, daß Sie die Betrunkenheit des Filif übertreiben. Es ist in dieser Szene nicht gut, wenn der junge Mensch irgendwie verlumpt erscheint. Der Trunk kann ihm die Zunge für die Erzählung lösen; das ist alles.

Beim Betrachten der Landkarte muß er ganz besonders interessiert erscheinen. Mit einem Wort: Es scheint eine glänzende Karriere vor ihm zu liegen.

Hoffentlich lassen Sie die Natürlichkeit, die Sie in anderen Rollen jetzt erstreben, auch der Rolle des Eilif zugute kommen. Bitte, korrigieren Sie den Eilif ohne mich. Ich kann die Vorstellung erst wieder studieren, wenn sie auf Tournee geht.

(B 773)

# X. Materialien aus der Praxis und Theorie des Theaters

*Zur Trommelszene (Szene 11) wurde eine verfremdende Parallel-*
*szene entworfen. Parallelszenen sind nach dem ›Messingkauf‹*
*»Übungsstücke für Schauspieler«. Der Gestus der Szene wird*
*durch die anschließenden Hinweise zur Fabel bestimmt.*

## Die Schlacht am Charpass

DER BAUER schiess nicht! wenn hier gewehre abgefeuert werden, wissen sie bescheid.

DER SOHN DES BAUERN dann müssen wir ein feuer anlegen und sie ausräuchern.

DER BAUER nein. wenn sie hier feuer sehen, wissen sie auch bescheid.

*Die Magd hat während sie trommelte zugehört. Jetzt lacht sie.*

DER SOHN DES BAUERN sie lacht uns aus. ich kann es nicht ertragen. ich schiesse und wenn alles hingeht.

*Er nimmt rasend das Gewehr auf und will schiessen. Aber sein Vater ringt es ihm aus der Hand.*

DER BAUER wenn du dich nicht zusammennimmst, schlage ich dich mit der axt nieder. lieber schlage ich mein eigen fleisch und blut nieder als dass ich diese roten hierher lasse. und es ist dumm, wenn wir mehr lärm machen als sie und gefährlicheren lärm dazu. vielleicht verstehen sie dieses gehämmer nicht. ja das ist eine grosse aussicht. es ist keine trommel. es ist nur ge-hämmer. sie denken vielleicht, es ist eine schmiede. sie sagen sich: dort werden gäule beschlagen oder pflugscheite repariert. sie ziehen in grosser entfernung vorbei und das geräusch ist nur sehr leis für sie. es ist ganz und gar kein kriegerisches geräusch. wir haben eine grosse aussicht, dass sie gar keinen verdacht schöpfen, sich gar nicht um dieses dünne gehämmer aus weiter ferne, das nicht kriegerisch klingt, kümmern.

DER SOHN das ist eine möglichkeit.

*Die Magd hat wieder zugehoert. Sie ist erschrocken. Unruhig herumspähend hämmert sie weiter.*

DER SOHN *wirft Steine nach der Magd, die sich aber hinter den Kamin versteckt:* willst du aufhören, du vettel! willst du sofort aufhören.

DER SOHN ich weiss, was ich mache. ich werde die ochsen prügeln. sie werden brüllen und man wird ihr gehämmer nicht mehr hören.

DER BAUER wenn sie die ochsen brüllen hören, kommen sie und holen die ochsen. sie holen alles.

*Fabel 1*                    *Die Freunde kommen*

1) da kämpfe bevorstehen, werden die kulaken freundlicher. an der freundlichkeit der kulaken merken die dienstleute, dass ihr[e] freunde auf dem anmarsch sind.

der kulak verkleinert sein gut. er hat auch schlachten lassen.

2) mit dem schlachten wird plötzlich aufgehört. der ton verschärft sich. von der einladung an die roten (so wurde die schlachtung begründet) ist nicht mehr die rede. also soll widerstand geleistet werden.

die botschaft, die der kulak erhält.

3) die magd läd ein. sie hat (in 2) die schlachtschüssel der herrschaft auf den tisch gesetzt. ist beschimpft worden. auf der schüssel, als trommel benutzt, läd die magd die roten ein.

4) der kulak bändigt seinen sohn. sie verhalten sich still.

5) sie versuchen zu erpressen. der offene klassenkampf bricht aus.

2a) beratung in der küche. angst. beschluss, zu schweigen.

(BBA 459/25–30)

## Courage-Lied

*Zum ›Courage-Lied‹ (›Ihr Hauptleut, laßt die Trommel rühren‹) gibt es eine spätere Strophe:*

> Es kommt ein Tag, da wird sich wenden
> Das Blatt für uns, er ist nicht fern.
> Da werden wir, das Volk, beenden
> Den grossen Krieg der grossen Herrn.

Die Händler all, mit ihren Bütteln
Und ihrem Kriegs- und Totentanz
Sie wird für ewig von sich schütteln
Die neue Welt des g'meinen Manns.
Es wird der Tag, doch wann er wird
Hängt ab von mein- und deinem Tun:
Drum wer mit uns noch nicht marschiert
Der mach sich auf die Socken nun!

(BBA 674/04)

## Deutschland 1952

*Für den geplanten Courage-Film schrieb Brecht das folgende Gedicht, das später unter dem Titel ›Deutschland 1952‹ veröffentlicht wurde.*

*Ein alter Landsknecht am Lagerfeuer singt*

Oh Deutschland, wie bist du zerrissen
Und nit mit dir allein
In Kält und Finsternissen
Schlägt eins aufs andre ein.
Und hättst so schöne Auen
Und stolzer Städte viel:
Tätst du dir selbst vertrauen
Wär alles Kinderspiel.

(BBA 383/10)

## Pfeifenpieterlied

*Bei der Neueinstudierung 1951 fügte Ernst Busch als Darsteller des Kochs in der 2. Szene »ein altes holländisches Liedlein« ein (Couragemodell S. 142). Es wurde von Paul Dessau vertont und hat folgenden Wortlaut:*

Nix bess'res als die Pfeif – als die Pfeif
ist meine Politik
Nimm du die Frau, au, au
Nimm du das Geld,
Wenn ich den Tabak krieg.

Denn Freundschaft ist ein Kindertraum
Und Liebe Lug und Trug,
drum lasst mir meine Tabakspfeif,
die hält mich jung und klug.

In Brabant wollt vor Jahren
ein Weib mit arger List,
o grausam arger List,
Ich sollt am Tabak, am Tabak sparen
als guter Ehemann und Christ.
Ich biss in meine Pfeif und sprach:
Madam, nun ist's genug.
ich brauche meine Stummelpfeif,
die hält mich jung und klug.

*Im Zusammenhang mit dem ›Couragemodell‹ reflektierte Brecht über grundlegende Fragen des epischen Theaters. Die folgenden Texte halten wichtige Einsichten fest.*

## Nachtrag zum Kleinen Organon

Einige Literaturhistoriker sahen in den Titeln vor den Courage-szenen und den Gesängen des Kreidekreises nichts als Eselsbrük-ken, deren das Publikum bald überdrüssig werden würde. Sie sind so wenig Eselsbrücken wie die Chöre der antiken Stücke. Insofern sie Ankündigungen enthalten.

(BBA 23/40)

## Grundarrangement

Viele Schauspieler meinen, ein Arrangement sei umso lebens-treuer und unterhaltsamer, je öfter die Stellungen wechseln. Sie machen unausgesetzt kleine Schritte, setzen sich, stehen auf usw. In Wahrheit bewegen sich die Leute ziemlich wenig, bleiben lange stehen oder sitzen und behalten ihren Platz in einer Gruppe, bis die Situation sich ändert. Auf dem Theater muss man nun nicht mehr, sondern eher weniger Stellungswechsel haben als im Leben. Es muss mehr Plan und Logik in allem sein, denn die theatralische

Darstellung muss die Vorgänge vom Zufälligen, Nichtssagenden reinigen. Sonst entsteht eine wahre Inflation von kleinem oder grösserem Hin und Her, in der nichts mehr etwas bedeutet. Der Schauspieler muss da eine gewisse Nervosität, die er oft mit Temperament verwechselt, in sich bekämpfen und dem natürlichen Drang widerstehen, nach der Mitte der Bühne zu streben und durch Bewegungen die Aufmerksamkeit des Publikums auf sich zu richten, wenn seine Figur gerade nicht durch den Gang der Handlung Aufmerksamkeit bekommt.

(BBA 1970/61)

## Bewegte Vorgänge

Die sogenannten vulgären Missverständnisse müssen besonders sorgsam aufgedeckt werden, da sie die am meisten verbreiteten sind. Ein vulgäres Missverständnis ist es, dass das epische Theater die ›dramatischen‹ (d. h. bewegten, krisenhaften, mit Spannung geladenen, die Konflikte schildernden) Vorgänge ihrer Wildheit entkleide (sie formal beruhige). In Wirklichkeit beschreibt das Epische Theater das Stürmische natürlich als stürmisch, das Wilde als wild. Es verbietet nur dem professionalen Temperament der Theaterleute, von Anfang an die Windstärke 5 einzustellen und als Erzähler stürmisch und wild sich zu gebärden. Die dramatischen Schauspieler begnügen sich nicht damit, die natürlichen Spannungen des Spiels zur Wirkung zu bringen, welche vielfältiger Art sind (›Was wird der Gesprächspartner antworten?‹ – ›Wird man den Betrug entdecken?‹ – ›Wird der Gute siegen?‹ – ›Wie wird der Schauspieler den Tod spielen?‹ usw); sie spannen den Zuschauer ständig, mit allen, selbst den billigsten und törichtsten Mitteln und versuchen ständig, ihn mit ihrer routinierten Leidenschaftlichkeit anzustecken, so dass er in dem lauten und leisen Tumult ebensowenig zur Übersicht gelangen kann wie er es einem echten Tumult es könnte, wenn er selber in ihm wäre. Schon durch eine gewisse Schönheit der Tonfälle, Gruppierungen, Gänge und Läufe, welche teilweise von der Klarheit über die sich auswirkenden Kräfte kommt, bewahrt das epische Theater den Zuschauer von dieser Ansteckung und macht ihn verstandesmässig und gefühlsmässig den Vorgängen gegenüber souverän.

(BBA 1380/13-14)

Aus: Gedichte aus dem Messingkauf

## Die Gesänge

Trennt die Gesänge vom übrigen!
Durch ein Emblem der Musik, durch Wechsel der Be-
    leuchtung
Durch Titel, durch Bilder zeigt an
Daß die Schwesterkunst nun
Die Bühne betritt. Die Schauspieler
Verwandeln sich in Sänger. In anderer Haltung
Wenden sie sich an das Publikum, immer noch
Die Figuren des Stücks, aber nun auch offen
Die Mitwisser des Stückeschreibers.
Nanna Callas, die rundköpfige Pächterstochter
Auf den Markt gebracht wie eine Henne
Singt das Lied vom bloßen
Wechsel der Herren, unverständlich ohne Hüftedrehen
Maßnahme des Gewerbes, das
Ihre Scham zur Narbe gemacht hat. Und unverständlich
Das Lied der Marketenderin von der Großen Kapitulation,
    ohne
Daß der Zorn des Stückeschreibers
Zum Zorn der Marketenderin geschlagen wird.
Aber der trockene Iwan Wessowtschikow, der
    bolschewistische Arbeiter, singt
Mit der metallenen Stimme der unschlagbaren Klasse
Und die freundliche Wlassowa, die Mutter
Berichtet im Lied mit der eigenen, der behutsamen Stimme
Daß die Fahne der Vernunft rot ist.


## Die Requisiten der Weigel

Wie der Hirsepflanzer für sein Versuchsfeld
Die schwersten Körner auswählt und fürs Gedicht
Der Dichter die treffenden Wörter, so
Sucht sie die Dinge aus, die ihre Gestalten

Über die Bühne begleiten. Den Zinnlöffel
Den die Courage ins Knopfloch
Der mongolischen Jacke steckt, das Parteibuch
Der freundlichen Wlassowa und das Fischnetz
Der anderen, der spanischen Mutter oder das Erzbecken
Der staubsammelnden Antigone. Unverwechselbar
Die schon rissige Handtasche der Arbeiterin
Für die Flugblätter des Sohns und die Geldtasche
Der hitzigen Marketenderin! Jedwedes Stück
Ihrer Waren ist ausgesucht, Schnalle und Riemen,
Zinnbüchse und Kugelsack, und ausgesucht ist
Der Kapaun und der Stecken, den am Ende
Die Greisin in den Zugstrick zwirlt
Das Brett der Baskin, auf dem sie das Brot bäckt
Und der Griechin Schandbrett, das auf dem Rücken
    getragene
Mit den Löchern, in denen die Hände stecken, der
    Schmalztopf
Der Russin, winzig in der Polizistenhand, alles
Ausgesucht nach Alter, Zweck und Schönheit
Mit den Augen der Wissenden
Und den Händen der brotbackenden, netzestrickenden,
Suppenkochenden Kennerin
Der Wirklichkeit.


Anna Seghers
Die Sprache der Weigel

*(Zuerst in: Theaterarbeit. 1952)*

Helene Weigel hat in Berlin gespielt, bevor Hitler zur Macht kam. Wir sehnten uns nach ihrem Spiel und nach ihrer Stimme, wie man sich nach einem teuren Menschen, nach seinen Bewegungen, nach seiner Sprache sehnt. Denn die faschistische, zerhackte oder vermanschte Sprache, die damals aus pompösen Erklärungen gröhlte oder sich in gewundenen Phrasen zierte, das war unsere Sprache nicht. Das war nicht die wirkliche deutsche Sprache.

Sie gab einmal in Paris zwei Gastvorführungen, zur Zeit des spanischen Bürgerkrieges. Da war es auf einmal wieder da, das wirkliche Deutsch. Der Mensch, der es spricht, war wieder da. Und seine Bewegungen, die das ausdrückten, was er sagte, einfach und klar. Das Klare und Einfache, das, daheim korrumpiert und entstellt, hier in der Fremde durch die einzelne Frau zu uns sprach.

Der Schutt war noch nicht aus den Straßen von Berlin wegge-kehrt, und noch viel mehr Menschen als heute waren vom Krieg und Faschismus innen und außen genau so zertrümmert wie ihre Stadt, da sprach die Frau wieder deutlich und laut zu dem Volk, das die Sprache geschaffen hat. Es zuckte zusammen und sah und horchte betroffen auf etwas, das man ihm entwendet und verun-staltet hatte, so daß es sein Eigentum zuerst nicht wiedererkannte. Denn sogar um seine Sprache war es betrogen worden. Es hatte so oft und so lange gespreizte Phrasen, Hetzreden und Mordbefehle angehört, daß seiner Sprache Sanftheit und Witz und echte Härte abhanden gekommen waren. Jetzt sah es und hörte es wieder, wie sich ein Mensch ausdrückt und bewegt, im eigenen und im sozialen Raum, den die Bühne darstellt.

Man könnte sagen, die Weigel spielt, als hätte sie keine Zu-schauer. So spielt sie, weil sie das wirkliche Publikum kennt, das nicht das Publikum eines Theaterabends bildet, sondern das Publikum aller denkbaren Abende auf dem Boden der Heimat. Da konnte das Deutsch denn wieder langsam, unmerkbar, in seine eigene Quelle zurückströmen und wieder Gefühle und Gedanken erwecken, die nur diese klaren Bewegungen dulden. Die Schau-spielkunst half dem Menschen, sich wieder neu aufzubauen.

Ich weiß nicht, wie es Helene Weigel fertigbrachte, durch Krieg und Faschismus, durch Länder und Ozeane, ihre Kunst zu retten. Ein Stück beschriebenes Papier, auch wenn sein Deutsch kühn ist, auch wenn unterwegs die Spitzel nach ihm suchen, ist leichter zu retten. Die Kunst des Schriftstellers kommt einem viel substan-tieller und auch viel robuster vor und dadurch weniger leicht zerstörbar. Doch diese Kunst, die sich auf einer Bühne, durch das gesprochene Wort und durch Bewegungen ausdrückt, ist gar nicht vorzustellen ohne das Volk, aus dem die Sprache gekommen ist, in das sie sofort zurückkehren muß, um nicht verloren zu sein. Vielleicht erweckt darum ein großer Schauspieler das Gefühl, daß er nicht »spielt«, weil er wirklich nicht für die paar Zuschauer spielt, sondern für Menschenmassen, die sie gleichsam vertreten.

Jetzt spielt Helene Weigel wieder, als sei sie keine Minute einsam gewesen in all den schweren Jahren. Als sei ihr unhörbares Spiel von unsichtbaren Zuschauern beobachtet worden, die alles verstanden, was sie ausdrücken wollte. Von Menschen im Widerstand, in Gefängnissen, die aus dem Dunkel ihr Spiel verfolgten.

Sie zieht ihren Karren als »Mutter Courage« über das öde Feld. Sie spielt nicht nur, sie ist völlig allein. Die Zuschauer packt das Entsetzen vor dem Krieg, als erlebten sie ihn zum ersten Male.

Als Wlassowa (»Mutter«) steht sie zuerst unwissend und verzagt da, und viele Frauen hören ihr zu und begreifen ganz gut, wovor sie Angst hat. Es wäre ihnen genau so zuwider, wenn Fremde sich bei ihnen breitmachen würden. Zuerst verzagen sie mit der Wlassowa, verlieren dann mit ihr Bedenken und Sorgen. Schließlich, beim Tod des Sohnes, erklingt das Gedicht von der »Dritten Sache«, als hätten es alle Mütter ihr zum Trost gesprochen und nicht diese eine Mutter, die Weigel, für alle übrigen Mütter.

Sie ist jetzt Leiterin ihrer Truppe »Berliner Ensemble«. Man liebt sie, wie man den liebt, der die besten Fähigkeiten in einem findet und ausbildet. Wenn jetzt diese Truppe spielt, dann ist ihr Deutsch bereits zugleich ein Quell und ein Echo. Jeder einzelne prägt sich den Zuschauern ein, und eben damit und dadurch sind sie zu einer festen Einheit verschmolzen. Aus ihnen kann eine Truppe werden wie in der Zeit der klassischen deutschen Kunst. (Das Spiel einer solchen Theatertruppe und ihre Entwicklung in der Entwicklung des Landes, in dem sie auftritt, das könnte ein Wilhelm-Meister-Roman für die Schriftsteller unserer Zeit werden.)

Es ist kein Zufall, daß die Theatertruppe gerade hier, in der Deutschen Demokratischen Republik, entstehen konnte und spielt. Sie kennt ihre Waffe, die Sprache, »die schärfste Waffe im nationalen Kampf«. Es ist eine Tat für den Frieden, mit soviel Geduld und Arbeit und großer Kunst darüber zu wachen, daß sie scharf bleibt.

# Eine Anekdote

*(Mitgeteilt von Hans Bunge, in: Fragen Sie mehr über Brecht. Hanns Eisler im Gespräch. München 1971, S. 62.)*

Therese Giehse, die sowohl mit Brecht als auch mit Thomas Mann befreundet war, brachte Thomas Mann das Stück »Mutter Courage und ihre Kinder«. Sie sagte, das müsse er lesen. Nach der Lektüre erklärte Thomas Mann: »Das Scheusal hat Talent!« Die Giehse, gelegentlich in Berlin, erzählte Brecht davon. Brecht lächelte geschmeichelt und gab die Anerkennung zurück: »Seine Kurzgeschichten fand ich eigentlich immer ganz gut.«

# XI. Stellungnahmen Brechts
## zu Aufführungen 1953 bis 1956

*Für die Kopenhagener Aufführung 1953 schrieb Brecht den folgenden Aufsatz. Im ›Arbeitsjournal‹ notiert er am 12. 9. 1953: »skizziere chronik für courageaufführung kopenhagen« (AJ 1010, vgl. auch die Auszüge aus den Briefen an Ruth Berlau vom September 1953 in diesem Band). Der Beitrag erschien unter dem Titel ›Mutter Courage laerer intet af krigen‹ in der Zeitung ›Politiken‹ am 7. 10. 1953. Der Text ist dort um Ausführungen zum epischen Theater erweitert, die teilweise in Anlehnung an das ›Kleine Organon für das Theater‹ formuliert wurden. Eine Rückübersetzung des gesamten Artikels hat Klaus Bohnen in der ›Neuen Zürcher Zeitung‹ Nr. 187 vom 15./16. 8. 1981 veröffentlicht (›Mutter Courage lernt nichts aus dem Krieg‹). – Der zweite Teil des folgenden Aufsatzes wurde unter dem Titel ›Das Unglück ist ein schlechter Lehrer‹ (auf 1955 datiert) in den verschiedenen Werkausgaben wiederholt gedruckt.*

## Die Courage lernt nichts

Das Stück ›Mutter Courage und ihre Kinder‹ schrieb ich im dänischen Exil, vor ein und einhalb Jahrzehnten. Über das grüne und freundliche Fünen fiel schon ein grosser Schatten. Vom Sund her gab es Geschützdonner zu hören. Im Radio kündeten Geräusche, die menschlichen Stimmen entfernt ähnelten, dass die Vorbereitungen zu einem grossen Raubzug in Deutschland vor dem Abschluss standen. Zwischen Koffern schrieb ich noch ein Stück.

Im Exil schreibt man in besonderer Weise. Man ruft sozusagen in den Wind. Aber man ruft doch in eine bestimmte Richtung. Zu niemandem gehörend spricht man noch nicht zu allen. Von denen, die nicht herhören, spricht man zu ganz bestimmten. Und im Grunde, uneingestanden, spricht man weiter zu denen zuhause, die gar nicht mehr hören können. Das Handwerk des Exilierten ist das Hoffen.

Ich schrieb mein Stück, soweit mir bekannt war, für Skandinavien und deshalb schreibe ich jetzt diesen kleinen Traktat für Skandinavien.

Es mag heute schwierig sein, sich daran zu erinnern, dass es damals in Skandinavien Leute gab, die nicht abgeneigt waren, sich an den Unternehmungen jenseits der Grenze ein wenig zu beteiligen. Sie werden kaum davon reden. Nicht so sehr, weil es sich um einen Raubzug handelte, sondern weil dieser Raubzug missglückte. Es gibt sogar in Deutschland eine Menge Räuber, die den damaligen Raubzug heute ablehnen.

Im Gegensatz zu den meisten andern europäischen Ländern spielte das Theater in Skandinavien eine Rolle. Ich stellte mir, schreibend, vor, dass von den Bühnen einiger grossen Städte herab, die Warnung des Stückschreibers zu hören sein würde, die Warnung, dass der einen langen Löffel haben muss, der mit dem Teufel frühstücken will. Ich mag darin naiv gewesen sein, aber ich halte es nicht für eine Schande, naiv zu sein.

Es kam nicht zu solchen Aufführungen. Die Schriftsteller können nicht so schnell schreiben, als die Regierungen Kriege machen können; denn das Schreiben verlangt Denkarbeit. Die Bühnen waren viel zu früh in den Händen des grossen Räubers.

›Mutter Courage‹ und ihre Kinder‹ kam also zu spät.

[Das Stück kam zu spät und kam nicht zu spät. Wenn die Warnung vor dem Krieg durch den Krieg überholt wird, kann sie stehen bleiben für den nächsten Krieg. Denn Kriege drohen immerfort.]

Als der Wagen der Courage 1949 auf die deutsche Bühne rollte, erklärte das Stück die immensen Verwüstungen, die der Hitlerkrieg angerichtet hatte. Die zerlumpten Kleider auf der Bühne glichen den zerlumpten Kleidern im Zuschauerraum.

Der säuerliche Geruch schlecht gesäuberter Kleider im Zuschauerraum tat der Feierlichkeit der Stimmung keinen Abbruch. Wer gekommen war, war aus Ruinen gekommen und ging zurück in Ruinen. So viel Licht wie auf der Bühne gab es auf keinem Platz und in keinem Haus.

Der alte, weise Bühnenmeister aus der Reinhardtzeit hatte mich wie einen König empfangen, aber es war eine bittere Erfahrung, allen hier gemeinsam, die der Aufführung zu harter Realistik verhalf. Die Schneiderinnen der Werkstätten verstanden, dass die Kostüme zu Beginn des Spiels reicher sein mussten als am Ende.

Die Bühnenarbeiter wussten, wie die Plache über dem Courage-wagen sein musste: Weiss und neu zu Beginn, dann schmutzig und geflickt, d[a]nn wieder einmal etwas sauberer, aber nie mehr wirklich weiss und am Ende ein Lumpen.

Die Weigel spielte die Courage hart und zornig; d. h. nicht ihre Courage war zornig, sondern sie, die Darstellerin. Sie zeigte eine Händlerin, kräftig und verschlagen, die eins ums andere ihrer Kinder an den Krieg verliert und doch immer weiter an den Gewinn aus dem Krieg glaubt.

Davon, dass die Courage nichts lernt aus ihrem Elend, dass sie nicht wenigstens am Schluss begreift, war viel die Rede. Wenige begriffen, dass gerade dies die bitterste und verhängnisvollste Lehre des Stücks war.

Der Erfolg des Stücks, d. h. der Eindruck, den das Stück machte, war zweifellos gross. Leute zeigten auf der Strasse auf die Weigel und sagten: Die Courage. Aber ich glaube nicht und glaubte damals nicht, dass Berlin – und alle andern Städte, die das Stück sahen – das Stück begriffen. Sie waren alle überzeugt, sie hätten gelernt aus dem Krieg; sie verstanden nicht, dass die Courage aus ihrem Krieg nichts gelernt haben sollte, nach der Meinung des Stückeschreibers. Sie sahen nicht, was der Stückeschreiber meinte: dass die Menschen aus dem Krieg nichts lernen.

Das Unglück allein ist ein schlechter Lehrer. Seine Schüler lernen Hunger und Durst, aber nicht eben häufig Wahrheitshunger und Wissensdurst. Die Leiden machen den Kranken nicht zum Heilkundigen. Weder der Blick aus der Ferne noch der aus der Nähe machen den Augenzeugen schon zum Experten.

Die Zuschauer des Jahres 49 und der folgenden Jahre sahen nicht die Verbrechen der Courage, ihr Mitmachen, ihr am Kriegsgeschäft mitverdienen wollen; sie sahen nur ihren Misserfolg, ihre Leiden. Und so sahen sie den Hitlerkrieg an, an dem sie mitgemacht hatten: Es war ein schlechter Krieg gewesen, und jetzt litten sie. Kurz, es war so, wie der Stückschreiber ihnen profezeit hatte. Der Krieg würde ihnen nicht nur Leiden bringen, sondern auch die Unfähigkeit, daraus zu lernen.

›Mutter Courage und ihre Kinder‹ läuft jetzt im sechsten Jahr. Es ist bestimmt eine glänzende Aufführung, grosse Künstler spielen darin. Etwas hat sich geändert, kein Zweifel. Das Stück ist heute kein Stück mehr, das zu spät gekommen ist, nämlich *nach* einem Krieg. Schrecklicherweise droht ein neuer Krieg. Niemand spricht davon, jeder weiss davon. Die grosse Menge ist nicht für Krieg. Aber es gibt so viele Mühsale. Könnten sie nicht durch einen Krieg beseitigt werden? Hat man nicht doch ganz gut verdient im letzten, jedenfalls bis knapp vor dem Ende? Gibt es nicht doch auch glückliche Kriege?

Der Stückschreiber fragt sich, wie viele der Zuschauer von ›Mutter Courage und ihre Kinder‹ die Warnung des Stücks *heut* verstehen.

Bertolt Brecht

(BBA 2050/07-09, mit Varianten aus BBA 674/06-07)


## [Zur Aufführung in Kopenhagen 1953]

*(Gedruckt im Programmheft der Kopenhagener Aufführung)*

Als ›Mutter Courage und ihre Kinder‹ drei Jahre nach dem Zusammenbruch Hitlerdeutschlands in dem zerstörten Berlin über die Bühne ging, gaben Viele ihrem Staunen Ausdruck, wie genau die entsetzliche Vernichtung der Menschen und Städte in diesem Stück vorausgesagt worden war. In Wahrheit bedurfte es nicht besonderer Fantasie, dies zu tun, sondern besonderer Stumpfheit, dies nicht zu tun. Gerade dieses Staunen sagte dem Stückschreiber, *wie* weit die Menschen in dieser Stadt davon entfernt gewesen waren, die Folgen ihres Tuns oder Nichttuns vorauszusehen.

Schrecklicherweise ist die Warnung des Stücks heute nicht überholt, denn nur der spezielle Krieg, vor dem es einst warnte, ist vorbei, aber neue scheinen heraufzuziehen.

Das Stück wurde vor Ausbruch des zweiten Weltkriegs unter dem fünischen Strohdach geschrieben. Es würde mich freuen, wenn es als kleine Gegengabe des so freundlich aufgenommenen Gastes von damals betrachtet würde.

Bertolt Brecht

(BBA 674/05)

[Für die Aufführung in Göttingen 1956]
M[utter] C[ourage]

Es wird jetzt, wo das deutsche Wirtschaftswunder und die Politik der Stärke in so drohender Weise Arm in Arm auftreten, besonders wichtig, die Courage als Händlerin zu spielen, die im Krieg ihren Schnitt machen möchte. Ihr Händlertum hält sie für Muttertum, aber es zerstört ihre Kinder, eines nach dem anderen.

30. 7. 56                                                              Brecht

(BBA 12/03)

# XII. Zum Courage-Film

*Schon 1947 äußerte Brecht in einem Brief an Emil Hesse-Burri, den Mitarbeiter an ›Mann ist Mann‹, ›Die Heilige Johanna der Schlachthöfe‹ und ›Die Ausnahme und die Regel‹, den Wunsch nach einer Verfilmung von ›Mutter Courage und ihre Kinder‹. Nach dem Erfolg der Berliner Aufführung ging die DEFA auf das Projekt ein. Das Drehbuch wurde, unter maßgeblicher Mitwirkung Brechts, von Emil Burri und dem Regisseur Wolfgang Staudte geschrieben: von 1951 bis 1955 entstanden vier Fassungen, die den Stoff mediengerecht umzusetzen versuchten und in denen der Geschäftssinn der Courage gegenüber ihrer Mütterlichkeit stärker akzentuiert wurde. Diese Änderungen werden in den folgenden Überlegungen Brechts begründet (die 4. Fassung ist abgedruckt in: Bertolt Brecht. Texte für Filme I. Frankfurt/M. 1969).*

*Der Film kam nicht zustande, weil die filmästhetischen Auffassungen Brechts und Staudtes sich als unvereinbar erwiesen und weil die DEFA Bedingungen des Stückeschreibers nicht akzeptierte: die Dreharbeiten wurden 1955 abgebrochen. 1960 wurde dann die Modellaufführung des Berliner Ensembles von Peter Palitzsch und Manfred Wekwerth verfilmt.*

## Wie muß die »Mutter Courage« verfilmt werden?

Das Stück »Mutter Courage und ihre Kinder« zeigt einen Krieg (den Dreißigjährigen Krieg), der offiziell als großer Glaubenskrieg aufgezogen ist, in Wirklichkeit aber für materielle Gewinne, Vorrechte und Machtzuwachs geführt wird. Im Stück wird dies immerfort ausgesprochen, im Film kann es *gezeigt* werden. Schon das Stück zeigt die Courage keineswegs als Repräsentantin der kleinen Leute, die »unschuldig und hilflos in einen Krieg verstrickt sind«, sondern als Geschäftsfrau, die im Krieg mitmacht, um ihren Schnitt zu machen. (Sie wird kaum je ohne ihr Geschäft, den Wagen, gesehen!) Diesem Geschäft opfert sie ihre drei Kinder. Den einen Sohn verliert sie, weil sie, vertieft in den Verkauf

Arrangementskizzen von Caspar Neher für den 1949 geplanten
Couragefilm

einer Gürtelschnalle, nicht bemerkt, daß ein Werber ihn wegzieht, den anderen, weil sie sich nicht entschließen kann, ihren Wagen zu verkaufen, wenn sie dadurch den Sohn retten könnte. Die Tochter verliert sie, weil sie sie allein läßt, um die Not einer gefährdeten Stadt geschäftlich auszunutzen. So zeigt das Stück, daß die großen Geschäfte in den Kriegen nicht von den kleinen Leuten gemacht werden. Der Film müßte das noch deutlicher machen. Es ist geplant, zu zeigen, wie die Courage sich in den Krieg geradezu drängt; sie fährt einen weiten Weg her, in den Krieg zu kommen, und einmal zieht sie sich sogar aus ihm beinahe zurück und will eine Schankwirtschaft kaufen, jedoch gibt sie diese Absicht auf, als ein ganz besonderes Geschäft lockt. Der Schluß des Stückes, der im Film verstärkt werden soll, zeigt, wie eines ihrer Kinder, die stumme Kattrin, gegen den Krieg rebellisch wird und die bedrohte Stadt Halle rettet. Im Film wird man sehen, wie ihr Beispiel die verelendeten Bauern dazu bringt, die plündernde Soldateska niederzukämpfen. Die Bauern begraben sie feierlich, jedoch die Händlerin Courage, die gebrochen hinter der Leiche geht, hat immer noch nichts gelernt, und die Bauern sehen sie kopfschüttelnd mit ihrem leeren Wagen weiterziehen, hinter dem Heer her, immer noch hoffend auf Gewinne.

Der Film muß noch eindrücklich[er] als das Stück zeigen, [wie] die Wirklichkeit die Unbelehrbare bestraft.

*Oktober 1950*

Einstweilige Vorschläge für Änderungen des Drehbuchs »Mutter Courage und ihre Kinder« nach der Diskussion vom 3. 10. 1951

### 1 *Die Deutschen als Söldner*

Eilif, der ältere Sohn der Courage, ist nicht mehr Halbfinne, sondern Deutscher. Er wird in einem der einfallenden Heere, im schwedischen, angeworben. Im Zelt des Feldhauptmanns muß ihm das Lob des Feldhauptmanns ins Deutsche übertragen werden. Seine Hinrichtung erfolgt dann, weil er als Deutscher Deutsche überfallen, beraubt und getötet hat. Sie wird vollzogen von Bauern, die in dem kurzen Frieden wieder begonnen haben, die Gerichtsbarkeit auszuüben.

## 2 Zerrissenheit Deutschlands

Allenthalben sperren Schlagbäume die Landstraßen ab, und an jedem werden Papiere verlangt. Auch hier wird die Kontrolle in fremder Sprachen vollzogen. Einen Gewinn aus der künstlichen Zerrissenheit Deutschlands zieht die Courage als kleine Mitmacherin nur indirekt, nämlich dadurch, daß der Krieg eben weitergeht, in den sie alles investiert hat.

## 3 Die Hauptmacher

Während des kurzen Friedens nach Lützen empfängt der Kurfürst eines deutschen Landes eine französische Gesandtschaft, die ihm mitteilt, daß der König von Frankreich eine Vergrößerung seines Territoriums garantieren würde, wenn er mit frischen Truppen an der Seite Frankreichs dem Krieg neue Impulse gäbe. Der Kurfürst weist düster auf die Kriegsschäden und die Leiden der Bevölkerung hin, aber wir gewinnen doch den Eindruck, daß er damit nur den Preis für den Eintritt in den Krieg erhöhen will. Mit der Courage zusammen erfahren wir, wie er entschieden hat: Kurfürstliche Reiter heben zwangsweise Bauern für den Heeresdienst aus. Auch der Müller, Kattrins Freund, wird ein Opfer der Zwangsrekrutierung.

## 4 Widerstand

Der Müller wehrt sich verzweifelt. Bevor er weggeschleppt wird, ruft er den Bauern, die mit ihrem Korn gekommen sind, noch zu, sie sollten sich alle wehren. Die Figur des jungen Müllers wird von Anfang an ausgebaut. Wenn der Schweizerkas seine Schwester Kattrin bei ihm überrascht, kommt es zu einem Streit. Nach seiner Religion gefragt, erklärt der aus dem Krieg Heimgekehrte, daß es in diesem ohnmächtigen Deutschland längst nichts mehr ausmache, ob einer Katholik oder Lutherischer sei. Das könne erst in einem selbständigen Deutschland eine Rolle spielen. Der Müller weiß auch, warum Deutschland jetzt ohnmächtig ist. Die nationale Chance ist in den Bauernkriegen verlorengegangen. Er zeigt Kattrin einen Spruch, den sein Vorfahre in einen Balken der Mühle eingeschnitzt hat: GIBT DER BAUER DEN BAUERN HER / GIBTS KEIN DEUTSCHLAND NIE MEHR.

Er erklärt ihr ernst: Bevor wir nicht aufs Mühldach steigen und alle zusammenrufen, gibts keinen Frieden in Deutschland. So wird später Kattrins Trommeln auf dem Stalldach vor Halle eine Folge dieser Belehrung und verliert das allzu Dumpfe, Individualistische.

### 5 Parallele zur Jetztzeit am Filmende

In der dritten Phase des Films kann sich die Courage schon keine Gewinne mehr erhoffen. Sie vegetiert rein automatisch weiter. In den Vordergrund tritt groß die stumme Kattrin. Sie rebelliert gegen die Mutter und sie handelt gegen den Krieg. Die Szene »Courage in der Stadt Halle« muß zeigen, wie die Alte, mechanisch versuchend, ihren elenden Handel weiter zu betreiben, den Widerstand der Halleschen Bürger für völlig aussichtslos hält: ihr Fatalismus wird sichtbar widerlegt. Von ihrer Tochter sagt sie, wenn der Kampf beginnt: »Meine Tochter ist ganz hilflos. Sie ist noch dazu stumm.« Wir aber sehen, wie die »Hilflose« hilft! Am Ende zieht die Courage weiter, ein Gespenst des Gestrigen, ein Anachronismus.

*Burri. Brecht.*

## Neuerungen im Couragefilm

### 1

Deutschland wird dargestellt als Kriegsschauplatz fremder Mächte. Über den ganzen Film weg herrscht ein babylonisches Sprachengewirr von Schweden, Franzosen, Ungarn. Immer neue ausländische Heere fallen ein. Der Courage ältester Sohn, der Söldner bei den Schweden wird, ist Deutscher von Geburt und versteht nicht die Sprache seines Feldhauptmanns.

### 2

Auch die Töchter des Landes dienen den fremden Eroberern. Yvette ist Deutsche, muß aber dem Deutschen Eilif den schwedischen Fähnrich vorziehen, solange Eilif nicht ebenfalls in schwedische Dienste getreten ist. Zu Beginn des kurzen Scheinfriedens verläßt sie der österreichische Obrist, der heimkehrt. Sie bleibt dem Elend und der Verachtung ihrer Landsleute preisgegeben.

### 3

Aus einer Erzählung des Müllers von Ingolfing erfahren wir, woher die Ohnmacht der Deutschen kommt: von ihrer Uneinigkeit. Die Niederschlagung der Bauern in den Bauernkriegen hat die Begründung einer einigen deutschen Nation vereitelt.

### 4

Der Aufruhr der stummen Kattrin am Ende des Films geht zurück auf die Belehrung durch den Müller; er wird dadurch bedeutsamer.

### 5

Wo immer möglich, wird angedeutet, welch ungeheure Gefahr ein neuer Krieg für uns bedeutet. (Beispiel: Wenn der Koch aus der Misere in Deutschland nach Holland zurückgeht, wird es klar, daß die Courage als Deutsche eben kein solches offenes Türchen mehr hat: andere können gehen, sie muß bleiben.)

### 6

Eine der wichtigsten Neuerungen ist das immer erneute Auftauchen von Kriegswerbern in dem ausgemergelten Land. Dies aktualisiert den Film in bedeutendem Maß, um so mehr als der Aufruhr der stummen Kattrin nunmehr als der große Ausweg dagegen gesetzt ist.

### 7

Daß die Courage im Grund nur die Mitmacherin ist, geht nunmehr aus der Szene am kurfürstlichen Hofe hervor, in der die Hauptmacher gezeigt werden.

*Februar 1952*

# Manfred Wekwerth/Peter Palitzsch
## Über die Verfilmung von ›Mutter Courage und ihre Kinder‹

Brecht schrieb das Stück »Mutter Courage und ihre Kinder« am Vorabend des zweiten Weltkrieges. Es war als Warnung gedacht. Es wurde durch die Geschichte eine Voraussage. Der Wagen der Courage, die unbelehrbar den Spuren des Krieges folgt bis zu ihrem Untergang, rollte auf der Bühne des zerstörten Berlin. Inmitten der Trümmer, die es vermeiden helfen wollte, wurde das Stück eine Abrechnung mit der Vergangenheit. Und wieder war es die Geschichte, die das Stück zu einer neuen Warnung machte.

Der Gedanke, das große Anti-Kriegsstück mit den Mitteln des Films vielen Menschen zu vermitteln, ist naheliegend. Noch zu Lebzeiten Brechts wurden verschiedene Versuche unternommen. Die meisten scheiterten daran, daß die Direktheit, Kargheit, Einfachheit und Vielfältigkeit der Bühneninszenierung sich nicht in die Spielhandlung des Films auflösen ließ, der eigene Gesetze hat. Deshalb beschlossen Brecht und Mitarbeiter der DEFA, eine Dokumentarverfilmung nach der Aufführung des Berliner Ensembles herzustellen.

Ein einfacher Abklatsch der Bühneninszenierung zum Beispiel mit fester Kamera und einer Totalbildeinstellung von der Bühne aber würde dem Stück die Lebendigkeit genommen haben. Es wäre lediglich eine archivarische Konserve. Bei der Verfilmung der »Courage« wurde der Versuch unternommen, die Wirkungen, die von der Bühne ausgehen, durch Kamera, Schnitt, Dekoration und Format zu unterstützen, eventuell zu vergrößern. So läßt Helene Weigel in verschiedenen Szenen des Stückes, wenn die Courage um ihren Sohn Schweizerkas feilscht, oder bei der Beerdigung der stummen Kattrin die Geldtasche zuschnappen, womit sie den Widerspruch Mutter – Händlerin deutlich macht. Hier ist – dramaturgisch richtig – die Großeinstellung angebracht, die im Spielfilm nur zu oft der Psychologie des Gesichts vorbehalten bleibt. Das Stück beginnt mit dem langen Weg des Wagens in den Krieg. Es verfolgt den Wagen. Es zeigt ihn prall von Waren, leerer, zerfetzt, wieder renoviert, je nach Stand und Gang der unseligen Geschäfte. Zum Schluß zeigt es die

Courage, jetzt allein, und den Wagen als Wrack. Hier kann der Film erweitern. Wo im Theater der Vorhang zugeht, läßt er unaufhörlich und unermüdlich und unbelehrbar den Wagen rollen, dessen Anhängsel die Menschen werden, die ihn ziehen. Der Film setzt den Wagen in die großen Geschehnisse und Schrecken des Krieges und zeigt die Geschichte der Courage als eine von vielen. So wurde der Wagen konfrontiert mit Kupferstichen des Franzosen Jacques Callot, die im 17. Jahrhundert die großen Kriegsübel zeigten. Panorama und schließlich Leere, Ordnung und völlige Destruktion legten das Totalvisionsformat nahe. Der Wagen konnte am Ende in eine unübersehbare Weite verschwinden, so die Unbelehrbarkeit der Courage ins Unermeßliche steigernd. Die Schlachten innerhalb der Familie der Courage, die während der großen Schlachten geschlagen werden, legten dem Film nahe, sich wieder eines verschollenen Mittels zu besinnen, des Kasch. Aus einer totalen kann durch Einengung des Formats das wesentliche Detail herausgelöst werden, ohne die Totale selbst aufzulösen.

Die Fotografie zeigt anfangs noch Idylle, später zerstört sie diese und verhärtet sich mit den Vorgängen. Die Kontraste verschwinden, Gesichter, Wagen, Waren verlumpen gleichermaßen. Die dokumentarische Härte der Schlußeinstellung enthüllt die historische Chronik auch als Zeitstück. Unsere Schnittmeisterin weigerte sich zu schneiden, »daß man es gar nicht merkt«, sie faßte Schnitt wieder als Einschnitt auf und verlangte ihn als einschneidende dramaturgische Maßnahme.

# XIII. Literaturwissenschaftliche
Untersuchungen

## Harald Engberg
›Mutter Courage‹ und Dänemark

*(Aus: H. Engberg, Brecht auf Fünen. Exil in Dänemark
1933-1939. Wuppertal 1974, S. 225-239. Zuerst dänisch: Odense
1966. Orthographie nach der Quelle.)*

Mehr als wahrscheinlich hat gerade der aufenthalt in Dänemark
den blick des deutschen Brecht für den krieg *als etwas, wovon
man leben kann,* geschärft. In kapitel XI der »Flüchtlingsgesprä-
che«, überschrieben »Dänemark oder der Humor / Über die
Hegelsche Dialektik«, verhöhnt er die dänische spezialität »humor«: »Besonders stark hat sich ihr Humor im ersten Weltkrieg
entwickelt. Sie sind neutral geblieben und haben gut verkauft.
Alles, was so weit gekommen ist wie bis nach England, haben sie
dorthin als Schiff verkauft, d. h. sie habens nicht eigentlich als
Schiff, sondern nur als Schiffsraum bezeichnet, was besser ge-
stimmt hat. Dadurch haben sies zu einem großen nationalen
Wohlstand gebracht. Ihre Verluste an Seeleuten waren die höchsten von allen kriegsführenden Mächten.«

So redet Kalle, und Ziffel – der andere der beiden emigranten,
die die gespräche als das gespaltene ich Brechts führen – fügt
hinzu: »Ja, sie haben dem Krieg eine heitere Seite abgewonnen.
Sie haben auch Gulasch verkauft und in die Büchsen alles hinein-
gesteckt, was ihnen zu stark gestunken hat, als daß sies hätten bei
sich herumliegen lassen wollen.« Hier spricht der deutsche, dessen bewußtsein in den hungerjahren geprägt wurde, als die
dänischen gulaschbarone ihre segensreiche tätigkeit ausübten.
Tief in Brecht ruhte also eine so verbissene verachtung für diese
nation der schweine-exporteure, daß er – der pazifist und ma-
terialist – sogar (wie wir gesehen haben) den fehlenden heroismus
und kampfesmut der dänen verhöhnt, indem er der ganzen nation
folgende antwort auf die drohung aus dem süden auferlegt: »wir

(dänen) sind zu schwach, um uns zu verteidigen, wir müssen Schweine verkaufen.«

Brechts grundanschauung vom krieg als »eine Fortführung der Geschäfte mit anderen Mitteln« kann so bei seiner begegnung mit dem schweineproduzierenden bauernland frühzeitig nahrung gefunden haben. Hans Bunge schreibt [. . .]: »Zu beginn desselben jahres (1934) wurde vermutlich die idee zu ›Mutter Courage und ihre Kinder‹ geboren, abgesehen davon, daß sie erst 1939 verwirklicht wurde.« Aber Brecht fand es zu lebzeiten nicht opportun, die bittere meinung über seine skandinavischen wirtsleute – besonders Dänemark und Schweden – zu äußern. Ebenso war er auch zu schlau, um mit einer aktuellen version gegen die dänischen handelsleute und ihre alten kriegsgewinnler-neigungen: »vom Krieg zu leben«, oder ihre jungen hoffnungen, als neutrale lieferanten der kriegsführenden parteien des zweiten weltkrieges zu profitieren, vorzugehen. Wie die übrigen deutschen emigranten war er stark an einer »historisierung« der aktuellen situation interessiert, d. h. daran, den aktuellen angriff in jahrhunderte zurückliegende ereignisse zu kleiden. So wie seine aktuellen stücke »Furcht und Elend des Dritten Reiches«, »Rundköpfe und Spitzköpfe« und »Die sieben Todsünden der Kleinbürger« aufgenommen wurden, konnte es ihn nur darin bestärken, sich im historischen aufzug zu bewegen.

Den prototyp des durchschnittsmenschen, der mit dem krieg schachert und fleddert, fand er früh im dänischen exil bei der erneuten lektüre der »Simplicianischen Schriften«, bd. III von Hans Jakob Christoffel von Grimmelshausen. Hier erzählt die »Erzbetrügerin und Landstörzerin Courasche« ihr widerwärtiges leben zu furcht und und erbauung des moralischen und lüsternen lesers.

Aus Brechts obenzitiertem aufsatz über die realistische schreibweise, wo er Grimmelshausen einen der *seinen* unter den großen erzählern nennt, geht deutlich hervor, daß Brecht an der dramatischen beschreibung der »Erzbetrügerin und Landstörzerin Courasche« und ihrer erlebnisse als söldnerin, kurtisane und marketenderin gerade die moralische absicht interessiert. Weniger aber die betrachtungen über den weiblichen raufbold und die soldatenhure als die schacherin, die marketenderin, für die der krieg wie für die großen – wenn auch im kleineren maßstab und auf die dauer weniger einträglich – eine fortführung der geschäfte mit anderen mitteln ist. Ein szenisches modell der mutter Courage hatte er in groben zügen schon selbst in seinem frühen satirischen stück »Mann ist Mann« gezeichnet, nämlich die »Witwe Begbick«, deren bier-waggon von Haidurabad bis Rangoon bekannt ist.

1934 befand Brecht sich noch im lehrstück-stadium, und mit seiner feinen nase für temen hatte er in der hurengeschichte Grimmelshausens sofort den stoff für ein lehrstück gesehen. In idee und grundform ist sein kronik-spiel über »Mutter Courage und ihre Kinder« ein ausgeprägtes lehrstück. Es soll zeigen, »daß die kleinen Leute vom Krieg nichts erhoffen können (im gegensatz zu den mächtigen). Die kleinen Leute bezahlen die Niederlagen und die Siege.«

Aber die idee zu einem historisierenden drama über Grimmelshausens erfahrungen aus dem dreißigjährigen krieg blieb – glücklicherweise, muß man sagen – lange genug im hintergrund, um dann im großen poetischen ausbruch 1938 hervorzutreten, als Brechts dichterischer ehrgeiz größer war als seine berufung zum schulmeister des proletariats. Er fühlte selbst, daß das stück zu spät kam, die schlummernden zu wecken, ehe Hitler sie im schlaf überraschte. Aber dafür hatte der dichter Brecht zeit, den keim zu einem pädagogischen lehrstück zu legen. Und der keim wurde so zur hochreifen frucht der szenischen fabulierkunst Brechts, das meisterstück seines epischen teaters und war reicher und in der fantasie freier als sein zentrales ideendrama »Galilei« und zwar durch die prächtige und fürchterliche stoffülle, üppige figurenzeichnung, den glänzenden galgenhumor der repliken, die erschütternde tragik der ereignisse und Brechts eigenes tiefes und echtes engagement für das grundtema seines bewußtseins: das wesen des krieges. Gleichzeitig lädt der dramatiker hier die höhepunkte des epischen verlaufs gefühlsmäßig so stark auf, als ob die eigene inspiration alle vorbehalte seiner grauen teorie über das »Theater für das wissenschaftliche Zeitalter« hinwegfegte, zumindest alle mißverständnisse, zu denen sein deutsches teoretisieren anlaß gegeben hatte. In den materialien zu »Mutter Courage« sagt er selbst über sein teater: »Es verzichtet in keiner Weise auf Emotionen.« Angesichts der wirkung, die z. b. die selbstaufopfernde und heroische tat der stummen Kattrin vor Halle auf ein jedes publikum ausübt, wäre es eine lüge, wollte man etwas anderes behaupten. Das ist einfühlungsteater, bei dem selbst dem reflektierendsten zuschauer das herz bis zum halse schlägt. Und das stück gipfelt mit ausgeklügelten zwischenräumen in solch emotionalen höhepunkten. Man braucht nur an die gutvorbereitete szene denken, in der die schacherin Courage den eigenen sohn verleugnen muß, den sie gerade durch ihr ewiges handeln und feilschen dem exekutionspeloton und damit dem tode überantwortet hat. Hier weinen selbst die steine.

Das heißt nicht, Brecht gäbe mit »Mutter Courage« seinen traum von einem teater auf, das zugleich an gefühl und verstand appelliert. Es bedeutet vielmehr die erfüllung dieses traums. Brechts »Chronik aus dem Dreißigjährigen Krieg«, wie er »Mutter Courage und ihre Kinder« nennt, kann sich, wenn auch nicht als einziges, so doch als eins der wenigen epischen kronikspiele, mit der shakespearschen »history« messen, die der gattung als vorbild diente. Es ist ein triumf für Brecht, daß sein ehrgeiz als moderner dichter: eine einfache frau aus dem volke – sogar eine von zweifelhafter extration und hantierung – auf das format einer Medea, eines Richard II. und einer königin Elisabeth vergrößern und verfremden zu können – hier befriedigt wurde. Solange teater gespielt wird, wird mutter Courage marschieren, die zeit überragend wie der schwedenkönig Gustav Adolf, in dessen troß sie operiert. Gegen ihr ewiges leben ist der heerführer Tilly nur eine nebenperson im buch der geschichte.

Wann Brecht die geschichte von der jungfer Lebuschka, genannt Courage, ernsthaft aufgegriffen hat, ist kaum mit absoluter sicherheit zu entscheiden. Eine notiz in »Berlingske Aftenavis« vom 24. 9. 1953 teilt anläßlich der aufführung im Königl. Teater mit: »Sie (Ruth Berlau) kennt die ›Mutter Courage‹ gründlich. Sie war dabei, als das stück 1936 in einem idyllischen ort auf Fünen geschrieben wurde.« Die auskunft muß von Ruth Berlau stammen, kann aber auch falsch aufgefaßt sein. Andrzej Wirth datiert das stück in seinem aufsatz über die funktion der eingeschobenen songs in »Mutter Courage« auf 1937 (»Materialien«, s. 151). Siegfried Unseld sagt in der »Brechtschen Chronik des Krieges«, es stamme aus dem jahr 1938.

Die wahrscheinlichkeit spricht dafür, daß es in den jahren auf Fünen immer noch in seinem kopf herumspukt, sich aber ernsthaft erst materialisierte, als die dänen mit ihrem legendären humor »nicht einmal erschrocken sind, wie ihnen die Deutschen einen Nichtangriffspakt vorgeschlagen haben«, sondern ganz im gegenteil bei der aussicht auf einen neuen profitablen weltkrieg »erwartungsvoll herumgestanden« sind.

Eine analyse des stückes zeigt viele berührungspunkte mit den werken, an denen Brecht auf Fünen arbeitete. Jungfer Lebuschka, die bald ihre jungfernschaft verliert, erwirbt ihren spitznamen »Courasche« allerdings im bett und nicht im feld. Um die wahrheit zu sagen, ist »Courasche« ein soldatischer eufemismus für das weibliche geschlechtsorgan. Aber die fähigkeit des leichtfertigen weibes, auch im felde männer zu fangen und niederzukämpfen, ist so groß, daß ihre courage in jeder hinsicht anerkannt wird und ihrem spitznamen eine weniger spezifische auslegung gibt.

Wie eine Jeanne d'Arc des schlachtfeldes – wenn auch amazone und auf anderm kurs als dem, der die heilige Johanna auf den scheiterhaufen und in den himmel führte – mag jungfer Courasche zuerst an den widerspruchsgeist Brechts appelliert haben, der es liebte, antilegenden zu schaffen. Er umkreist die figur ja bereits in der »Heiligen Johanna der Schlachthöfe«. Man kann aber auch von einem antistück zur »Mutter« sprechen. Anders als die von der revolution lernende Pelagea Wlassowa lernt mutter Courage vom krieg nichts. Und es ist Brecht gerade daran gelegen, zu demonstrieren, daß die menschen aus dem krieg nichts lernen. Er unterstreicht es immer wieder, zuletzt in einem anläßlich der dänischen premiere der »Mutter Courage« zusammengestellten essay in »Politiken« vom 7. 10. 1953.

Zehn jahre nach entstehung des stückes fragt Friedrich Wolf Brecht in einem gespräch, ob mutter Courage nicht etwas vom krieg lernen *müßte,* da Brecht doch an das gesetz der veränderung glaube? Brecht antwortet, die pointe, daß sie *nichts* lerne, sei gerade der pessimistischen situation im jahre 1938 entsprungen, als die skandinavischen länder die schrift an der wand *nicht* sehen wollten, obwohl »der Stückeschreiber einen großen Krieg voraussah . . .« Und er fügt hinzu, das stück sei, als es 1948/49 wieder aufgenommen wurde, schon nicht mehr zu spät gekommen, sondern könne leider aus furcht vor einem neuen krieg wieder gespielt werden. Daher hält Brecht aus gutem grund an seinem pessimismus fest. Was er früher geschrieben hatte, konnte er 1953 in dem dänischen essay wiederholen: »Das Unglück allein ist ein schlechter Lehrer. Seine Schüler lernen Hunger und Durst, aber nicht eben häufig Wahrheitshunger und Wissensdurst. Die Leiden machen den Kranken nicht zu Heilkundigen . . . Die Zuschauer des Jahres 1949 und der folgenden Jahre sahen nicht die Verbrechen der Courage, ihr Mitmachen, ihr Am-Kriegsgeschäft-mitverdienen-Wollen; sie sahen nur ihren Mißerfolg, ihre Leiden. Und so sahen sie den Hitlerkrieg an, an dem sie mitgemacht hatten: Es war ein schlechter Krieg gewesen, und jetzt litten sie. Kurz, es war so, wie der Stückeschreiber ihnen prophezeit hatte. Der Krieg würde ihnen nicht nur Leiden bringen, sondern auch die Unfähigkeit, daraus zu lernen.«

Die Dänen haben, um die wahrheit zu sagen, Brecht nicht zum optimismus inspiriert. Aber hätte er dann nicht die lehre, die sie aus dem lehrstück ziehen sollten, etwas deutlicher demonstrieren können? So wie er es laut Wolf und anderen kommunistischen kritikern hätte tun müssen? Es ist der dichter des aus einem stück gegossenen und gnadenlos konsequenten bühnenwerks, der in einem nachwort zu seinem schauspiel antwortet: »Die Zuschauer bei Katastrophen erwarten ja zu Unrecht, daß die Betroffenen daraus lernen werden. Solang die Masse das *Objekt* der Politik ist, kann sie, was mit ihr geschieht, nicht als einen Versuch, sondern nur als ein Schicksal ansehen; sie lernt so wenig aus der Katastrophe wie das Versuchskarnickel über Biologie lernt. Dem Stückschreiber obliegt es nicht, die Courage am Ende sehend zu machen (. . .), ihm kommt es darauf an, daß der Zuschauer sieht.«

Wie aber sollen wir sehend werden, wenn der dichter eine figur so erhaben macht, daß wir ihr unser mitgefühl und somit unsere sympatie nicht verweigern können? Die antwort auf die frage, warum er es uns so schwer machte, die unbezwingbare Courage zu verdammen, ließ Brecht offen. Es gibt kaum eine andere, als daß der mitlebende und mitfühlende dichter in Brecht den pädagogen besiegte. Und wer will das bedauern?

Indem Brecht den akzent der vorlage von der jungen kurtisane auf die alternde marketenderin, die letzte fase im lebenslauf der regimentshure, verschiebt, schafft er nicht nur ein gegenstück zu seiner idealen proletariermutter nach Gorki. Wie wir sehen werden, erschafft er auch eine frau Carrar von größerem format und »kontroverserem« karakter. Grimmelshausens erzbetrügerin ist kinderlos, obwohl ihre ehen legion sind. Sie versteht die kunst, sich statt kinder geld zuzulegen. Daß in ihr zigeunerblut steckt, deutet der taschenspielertrick am anfang der »Mutter Courage« nur leicht an, weil die zigeunernatur ihrem ruhelosen landstreicherleben den anschein des instinktiven, schicksalsbestimmten gäbe, was Brecht ganz und gar nicht gebrauchen kann. Grimmelshausen enthüllt, daß die schöne zigeunerin väterlicherseits von adliger geburt ist. Das ist ganz im geiste des abenteuerromans (aber nicht im sinne Brechts). Ihre karriere mag an »Frau Marie Grubbe« von Jens Peter Jacobsen erinnern. Die ehen beginnen standesgemäß, und sie verfügt über eine beträchtliche dienerschaft und ist später lange eine schöne und teure kurtisane, bis sie im laufe des endlosen krieges ihre beträchtlichen, zusammengerafften mittel und ihre schönheit drangibt. Zuletzt sind ihre partner und kunden unteroffiziere und gemeine.

Genausowenig wie ihr zigeunerblut kann Brecht ihre glorreiche vergangenheit gebrauchen. Auch ihre rachsucht nicht, ein hervortretender zug dieser stürmischen frau. Erst als der adlige bastard auf das niveau des gemeinen mannes gesunken ist, marketenderin ist und allen gesellschaft leistet, die sonst ganz und gar vor die hunde gegangen wären, ist sie die, die Brecht braucht: *eine frau aus dem volke.* Brecht deutet die besseren tage der Courage nicht an; sie war immer, was sie jetzt ist, wenn ihr leben auch mit dem kriegsglück ein bißchen aufwärts und ein bißchen abwärts geht – auf die dauer aber abwärts.

Brecht kann besonders die unersättliche begierde der grimmelshausenschen figur gebrauchen, weniger die animalische gier auf männer, von der jungfrau Lebuschkas unbändige natur regiert wird, als die unersättliche geldgier, die ihre erotik regiert. Obwohl die resultate auch der brechtschen Courage eine leichtsinnige jugend nachweisen, wird die durch Brecht unsterblich gemachte marketenderin von geldgier und hökerinstinkt beherrscht. Amouren sind etwas flüchtiges, konstant und unersättlich ist nur die geldgier; das meinte Brecht von der schweinezüchternation, die ihm asyl gewährte, bestätigt zu sehen.

Wie die krämermoral die »Rundköpfe und Spitzköpfe« durchdrang, wird sie auch auf »Mutter Courage« übertragen. Der glaubenskrieg des 17. jahrhunderts ist ebenso wie die rassenverfolgung dreihundert jahre später »die Fortführung der Geschäfte mit anderen Mitteln.« Der name Courage selbst wird durch die frechheit und den desperaten mut erklärt, die notwendig sind, um geschäfte zu machen. Damit niemand im zweifel ist, daß es an die neutralen skandinavischen länder adressiert ist, vor allem an die schweinezüchter-nation, lautet die entgegnung des wachtmeisters an die Courage gleich zu anfang des stückes wie folgt: »Du willst von Krieg leben, aber dich und die Deinen willst du draußen halten, wie?«

Die großen – heldenkönige und heerführer samt ihren großen merkantilen hintermännern – haben natürlich andere und schönere motive zur rechtfertigung des krieges als mutter Courage und die kleinen skandinavischen krämerseelen. 1938/39 trifft Brechts satire sehr viele mit ihren dialogen über die Polen, die sich in ihre eigenen angelegenheiten einmischen und den schwedenkönig angreifen, als er gerade in aller ruhe in ihr land einrückt. Wie immer haben die soldatenkaiser und -könige nur den einen gedanken, jemanden zu befreien; aber ».. . wenn einer nicht hat frei werden wolln, hat der König keinen Spaß gekannt.« Den räsonnements über den tod des großen feldherrn Tilly merkt man Brechts arbeit am »Lukullus«, dem späteren hörspiel an. Und die ganze ausmalung von »furcht und elend« des krieges erinnert an die atmosfäre der sketsche über das dritte reich. Als mutter Courage ihr recht beim rittmeister suchen will, sich aber eines besseren besinnt, wird man an die rechtsordnung im dritten reich erinnert.

Nach dem gedankengang im odenser, im augsburger und im endgültigen kaukasischen kreidekreis prägt Brecht seine widerspruchs-jura für die ewigkeit in die sentenz: »Bestechlichkeit ist unsre einzige Aussicht. Solangs die gibt, gibts milde Urteilssprüch, und sogar der Unschuldige kann durchkommen vor Gericht.«

Das gleiche sagt er auch kürzer, mit blasfemischem unterton: »Die Bestechlichkeit ist bei den Menschen dasselbe wie beim lieben Gott die Barmherzigkeit.« Die blasfemie, derentwegen bei der hetze gegen »Rundköpfe und Spitzköpfe« soviel wesens gemacht wurde, um das antikapitalistische in Brechts rassensatire zu treffen, erblüht in der atmosfäre des glaubenskrieges stärker, aber auch festlicher, und wirkt in dem verruchten dialog zwischen der Courage und dem feldgeistlichen geradezu fröhlich. Wenn sie zu ihm sagt: »Stehn Sie auch nicht herum wie Jesus am Ölberg«, so mag es platter klingen als beabsichtigt, aber noch ehe der auftritt vorbei ist, hat sie ihren sohn verleugnet, nachdem sie sich an seinem tod mitschuldig gemacht hat, weil ihre krämerseele qualen erleidet, wenn sie geld hergeben soll.

Einen kurzen augenblick scheint mutter Courage das wegen des krieges zu erkennen. Als nämlich am ende des sechsten bildes soldaten ihre stumme tochter Kattrin zuschanden geschlagen haben, weil sie die waren nicht losließ, die sie holen sollte. Da erhebt mutter Courage auf die patetische replik des feldgeistlichen: »Jetzt begraben sie den Feldhauptmann. Das ist ein historischer Augenblick« ihre stimme: »Mir ist ein historischer Augenblick, daß sie meiner Tochter übers Aug geschlagen haben.« Sie sagt dem krieg ab, indem sie ausruft: »Der Krieg soll verflucht sein.«

Aber es ist eher ein zornesausbruch als erkenntnis. Der nächste auftritt beginnt mit einer art entschuldigung: »Ich laß mir den Krieg nicht von euch madig machen.« Während Galilei am ende einsieht, daß der einzelne intellektuelle die verantwortung an der katastrofe mitträgt, demonstriert mutter Courage bis zum bitteren ende das unverantwortliche und den naiven optimismus des gewöhnlichen feilschenden und schachernden menschen: »Aber der Krieg läßt sich nicht schlecht an . . . Ein bissel Weitblick und keine Unvorsichtigkeit, und ich mach gute Geschäft.« Was sie unter unvorsichtigkeit versteht, zeigt deutlich die szene, als sie Gustav Adolfs fall bei Lützen erfährt und unruhig wird: »Sagen Sie mir nicht, daß Friede ausgebrochen ist . . .« Im vertrauen auf einen lang dauernden krieg hat sie große einkäufe getätigt. Sie hat mit dem sehr zuversichtlichen feldgeistlichen über die solidität und dauerhaftigkeit des krieges filosofiert: ». . . daß der Krieg einmal aufhört, ist nicht gesagt.« Und er hat den schreiber abgefertigt, der nach dem frieden fragt und was aus ihm werde: »Ja, der Frieden! Was wird aus dem Loch, wenn der Käs gefressen ist?« – Der emigrant hat die diskussionen der dänischen geschäftsleute verfolgt. Soll man einkaufen? Lager anlegen – und wenn aus dem krieg nun trotzdem nichts rechtes wird?

Der haß auf die hökermentalität macht ihn aber nicht blind für die courage, die es zu einem leben braucht wie gewöhnliche menschen es leben müssen: auf befehl arbeiten, pflügen und einander niedermähen, ohne etwas besonderes erwarten zu dürfen. Eben wegen dieser unverwüstlichen emsigkeit und unermüdlichen geschäftstüchtigkeit der mutter Courage können wir sie nicht verurteilen, wie Brecht es von uns verlangt. Sie besitzt eine tapferkeit, wie sie offensichtlich in jedem sozialen system vonnöten ist – auch im sozialistischen, auf das Brecht alle hoffnung setzte.

Geldgier und krämergeist hat Brecht von Grimmelshausen übernommen und durch die eignen erfahrungen im dänischen exil ergänzt; aber die unsentimentale mütterlichkeit seiner Courage ist in der welt Grimmelshausens ohne vorbild. Die mütterlichkeit ist vollkommen nach seinen eigenen vorstellungen vom besten der frau geformt, dem er in der »Mutter« und den »Gewehren der Frau Carrar« gehuldigt hatte. Die liebhaberin, die Grimmelshausen reizt, interessiert Brecht nur als unterhaltung und nicht als tema der dichtung. Sich selbst hat Brecht als weiberheld in dem etwas heruntergekommenen, aber unwiderstehlichen koch karikiert, Pfeifenpieter genannt, »weil er die Pfeif nicht aus dem Maul genommen hat dabei, so beiläufig wars bei ihm.« Brecht kannte eins der geheimnisse Don Juans.

Es ist unschwer einzusehen, daß er in einer heroischen gelegenheitsarbeit wie »Die Gewehre der Frau Carrar« mit der typischen mutter nicht fertig werden konnte, die sich und die ihren aus der katastrofe herauszuhalten sucht. Gerade der patetische schluß des spanienstücks, als frau Carrar die waffe ergreift und mit ihrem sohn in einen hoffnungslosen krieg zieht, ist überhaupt nicht nach Brechts muster. Dies war etwas für bürgerliche idealisten wie Grieg und Abell. Dies war schillerscher patos, nicht der realismus Brechts.

Als er 1937 gerade mit der figur fertig ist, übernimmt er sie zur weiteren bearbeitung direkt in sein großes meisterwerk. In den einleitenden bildern der »Mutter Courage« begegnen wir keineswegs der krassen schönheit Grimmelshausens, sondern der Carrar mit ihren beiden söhnen, zu denen noch eine tochter gekommen ist, stumm, ein mit fabelhaft dramatischer wirkung ausgenutztes gebrechen. Die einführung dieses neuen mitglieds der familie Carrar war jedoch von einer ganz praktischen, persönlichen rücksichtnahme diktiert. Dem wunsch, für seine frau Helene Weigel eine rolle einzubauen, die sie in jedem ensemble von fremdsprachigen schauspielern, z. b. schweden, spielen konnte. Aber da es sich um seine lieblingsschauspielerin handelt, ist es keine beliebige nebenrolle, sondern die figur, die das stück auf die emotionale spitze treibt und den letzten dramatischen höhepunkt und die zugnummer des spiels bestimmt.

Mutter Courage spricht gleich in der einleitenden szene des stückes zu dem werber einen satz, der fast wortgetreu von frau Carrar übernommen ist: »Nichts zu machen, Feldwebel. Meine

Kinder sind nicht für das Kriegshandwerk.« Auch die antwort enthält reminiszenen an die geschichte der familie Carrar. Frau Carrars mann ist im freiheitskampf gefallen. Deshalb meint sie, dem krieg schon gegeben zu haben, was des krieges ist. Die stelle in »Mutter Courage« lautet: »Was hast du gegen den Heeresdienst? War sein Vater nicht Soldat? Und ist anständig gefallen?« Den dialog setzt eine typische äußerung der Carrar fort: »Ihr wollt ihn mir zur Schlachtbank führen . . .« Als es brenzlig wird, beginnt mutter Courage, ebenso wie die Carrar, teater zu spielen. Sie stellt sich nicht gichtbrüchig und hinkend, sondern gebraucht einen zigeunertrick mit gefälschten unglückverheißenden zetteln. Brecht liebt die schläue, das komödienspielen des muttertiers und betont sie ebenso wie die schläue der von Gorki ausgeliehenen heroischen proletariermutter Pelagea Wlassowa.

Gleichzeitig hat die Carrar des dreißigjährigen krieges neue simplicianische züge bekommen, wenn mit ihr als spanischer fischersfrau auch nicht gut kirschen essen war, sobald ihr jemand zu nahe kam. Typisch für den legendären raufbruder jungfer Courasche ist die schnelligkeit, mit der sie blank zieht. Wenn es darauf ankommt, hat die Courage auch das messer zur verteidigung gezogen. So ist jene Anna Fierling, die Brecht aus der jungfer Courasche schafft und in Bamberg und ganz Bayern ansiedelt, ganz das kind seiner eigenen muttervorstellungen. Sie ist eine löwin, wenn es um die ihren und sie selbst geht, pazifistin und hüterin des lebens aus tiefstem mutterinstinkt. Aber der instinkt ist von den verhältnissen korrumpiert. Der krämergeist ist ihr zur zweiten natur geworden. Ihre unersättliche geldgier, ihr idiotischer schacher-optimismus wurzeln in dem ewigen kampf des einfachen menschen um die nackte existenz, in der angst, plötzlich mittellos dazustehen, und sind so entschuldbar, weil es wirklich courage erfordert, arm zu sein, ohne etwas erwarten zu können, und trotzdem morgens aufzustehen, geschäftstüchtig zu sein, weiterzuleben.

Dennoch verlangt der stückeschreiber, daß wir sie verdammen? Warum? Weil sie ihren guten verstand nur mobilisiert, um das lebensnotwendige heranzuschaffen; weil sie wie die millionen, die sich damit abfinden, masse zu sein, die verhältnisse akzeptiert; weil sie den krieg als etwas unvermeidliches hinnimmt und meint, sie könne – obwohl sie allein operiert, nur mit ihrem bißchen bauernschläue versehen – doch einen vorteilhaften handel mit der katastrofe machen und mit dem tod huren; weil sie ihre vernunft nicht gebraucht, um die große mechanik zu sehen, in der sie ein rädchen ist, und ihren lauf zu ändern. Uns, die wir selbst in der mühle stecken und sehen, wie sie mit uns arbeitet, fällt es nicht schwer, mit ihr zu fühlen. Im jahr 1938 verlangt Brecht von den skandinaviern, daß sie einen augenblick lang geschäft geschäft sein lassen und ihren verstand politisch gebrauchen. In dieser absicht hat er »Mutter Courage« geschrieben. Das stück wurde nicht aufgeführt. Wäre es aufgeführt worden, dann hätten sich die handelnden, produzierenden, hoffnungsvollen dänen aller wahrscheinlichkeit nach in der Courage so gesehen, wie sie sich selbst am liebsten sehen wollten: tapfer dem business as usual nachgehend, bis zum bittren ende.

Soviel über die hauptfigur. Aber nicht umsonst nennt er sein schauspiel »Mutter Courage und ihre Kinder«. Die beiden großen söhne sind nicht zufällig den »Gewehren der Frau Carrar« entlehnt. Sie illustrieren, genau wie die stumme Kattrin, die irrtümer und den bankrott der Courage. Zu beginn des stückes heißt es von dem mutigen und dummdreisten Eilif: »In dir steckt ein junger Cäsar.« Die äußerung fällt nicht zufällig. Gegen ende, als die Courage und der koch zu bettlern reduziert sind, die vor der tür des bauern singen, legt er ihnen das »Salomo-Lied« aus der »Dreigroschenoper« in den mund. Man wird an die strofe von dem mutigen Cäsar erinnert, der ein so trauriges ende nahm. Tugenden sind in dieser welt tödlich, und die drei kinder fallen wie der mutige Cäsar, der rechtschaffene Sokrates und der heilige Martin ihren tugenden zum opfer: Eilif seiner tapferkeit, Schweizerkas seiner ehrlichkeit und Kattrin ihrem guten herzen. »Die leidet an Mitleid«, sagt ihre mutter. An diesen kindern zeigt Brecht, daß große tugenden für kleine leute, die opfer des krieges, ebenso verhängnisvoll sind wie für die großen historischen gestalten. Man könnte auch sagen, Brecht macht diese alltagsmenschen zu großen historischen gestalten.

Eine weitere figur gehört unbedingt dazu, die regimentshure Yvette. Sie ist bar aller tugenden und hat deswegen als einzige frau wirklich etwas vom krieg. Kattrin ist nicht nur die unterdrückte seite der Courage, im entscheidenden augenblick eine stumme Johanna der schlachtfelder, märtyrerin des friedens und der menschlichkeit im großen schlachthof krieg. Sie stellt auch das gegenstück zu Yvette dar – und gleichzeitig ihre schwester, so wie die beiden Annas in den »Sieben Todsünden« gegenbilder und schwestern zugleich sind. So zeigt sich das zerrbild der todsünden, wie es in dem verketzerten ballett dargestellt wurde, der bearbeitung der gefährlichen tugenden in »Mutter Courage« verwandt.

Aber Yvette ist gleichzeitig eine simplicianische figur. Brecht spaltet sie von seiner mutter Courage ab, faktisch ist sie nach dem bilde der babylonischen hure entstanden, um die die fantasie des Simplicissimus kreist, Brecht aber kann sie als hauptfigur nicht gebrauchen. Hier haben wir das allerweltsmädel jungfer Courasche, nur in demonstrativer absicht gebraucht, um Grimmelshausens fromme moral zu dementieren. Brecht zufolge trägt die untugend ihren lohn in sich selbst. Die hure geht nicht zugrunde, sondern zubett und steigt auf. Aus einer figur formt der dichter drei, die dennoch eine sind.

So sorgfältig alles in diesem stück ausgetüftelt ist, verrät es eine lange entstehungszeit. Siegfried Unseld meint, Brecht hätte bei kaum einem andern stück so umfassend die quellen studiert.

Daß den skandinaviern im guten wie im bösen die ehre zugeschrieben werden muß, die »Mutter Courage« inspiriert zu haben, steht fest. Eine direkte anregung bekam der stückeschreiber 1938, als die hervorragende schwedische schauspielerin Naima Wifstrand in einer schwedischen aufführung der »Dreigroschenoper« auftrat. Sie ließ danach, laut »Socialdemokraten«, in Stockholm anfragen, ob er ein neues stück für sie habe. Da Hans Bunge aus dem material des Brechtarchivs mitteilen kann, Naima Wifstrand habe Brecht wichtige ideen für die »Mutter Courage« gegeben, ist es klar, daß der dramatiker dieses Stück als eine mögliche einführung für den schwedischen schauplatz betrachtete. Während er noch am Svendborgsund schreibt, ist er in gedanken bereits jenseits vom Øresund.

Zu diesem zweck beginnt das stück mit einer anwerbung für den schwedischen polenfeldzug in Dalarna, Schweden. Die marketenderin aus Bamberg benutzt metafern aus Schweden, wenn sie an ihrer tochter die eitelkeit tadelt, putzsucht und die lust, die aufmerksamkeit der burschen auf sich zu ziehen. Sie ist nur zufrieden: »Wenn sie (Kattrin) ist wie ein Stein in Dalarne, wos nix andres gibt . . .« Treu folgt mutter Courage dem schwedischen troß und handelt im schwedischen lager. Ihr fester aufenthalt ist beim zweiten finnischen regiment, und ihren lieblingssohn tituliert sie »du finnischer Teufel.« Über das publikum, auf das Brecht jetzt setzt, gibt es keinen zweifel.

In dem zitierten einführungsessay in »Politiken« schreibt Brecht am 7. 10. 1953: »Ich habe mein stück ganz bewußt für Skandinavien geschrieben ... Im gegensatz zu den meisten anderen ländern, spielte das teater in Skandinavien eine rolle. Beim schreiben stellte ich mir vor, daß die warnung des stückeschreibers von den bühnen einiger großer städte gehört werden könnte, die warnung, daß einen langen löffel haben muß, wer mit dem teufel frühstücken will. (Man erkennt das sprichwort als replik des feldgeistlichen im 8. bild wieder, als er mutter Courage »eine Hyäne des Schlachtfelds« nennt.) Ich bin in dieser hinsicht vielleicht naiv gewesen, aber ich betrachte es nicht als eine schande, naiv zu sein. – Aus den vorgestellten aufführungen wurde nichts. Die schriftsteller können nicht so schnell schreiben, wie die regierungen einen krieg vom zaume brechen. Schreiben erfordert nämlich denkvermögen. Allzufrüh fielen die teater in die hand des großen räubers. ›Mutter Courage und ihre Kinder‹ kam also zu spät.«

Aber seine gedanken gingen auch zu jenem Dänemark zurück, wo er gelebt hatte, bis ihm der boden unter den füßen zu heiß wurde. Natürlich kann man darüber diskutieren, wieviel persönliches aus der berühmten, sehr offenherzig beginnenden weise über »Die große Kapitulation« gelesen werden darf: »Einst im Lenze meiner jungen Jahre / Dacht auch ich, daß ich was ganz Besondres bin.« Aber über den sinn der zeilen: ». . . wart ein paar Jahr!/Und du marschierst in der Kapell/Im Gleichschritt, langsam oder schnell«, und auf wen diese strofen in der aktuellen situation gemünzt waren, gibt es kaum zweifel. In dem sonst freundlichen essay schreibt Brecht: »Heutzutage fällt einem möglicherweise die erinnerung schwer, daß es in Skandinavien damals leute gab, die nicht abgeneigt waren, an den unternehmungen jenseits der grenze ein bißchen teilzuhaben. (Das »jenseits« verrät, an welches skandinavische land er dachte.) Sie werden kaum mehr darüber reden. Nicht so sehr, weil es sich um einen raubzug handelte, sondern weil er fehlschlug.«

Die heiseren stimmen der dänischen hexenjagd fanden in mehreren dialogen des stücks ein echo, so wenn mutter Courage nach der langen satirischen replik des koches über Gustav Adolf und seine bestrebung, nicht nur Polen, sondern auch ganz Deutschland »zu beschützen«, sagt: »Man merkt, Sie sind kein Schwed, sonst würden Sie anders vom Heldenkönig reden«; dies ergänzt der feldgeistliche mit einem satz, der in den ohren des emigranten geklungen hat: »Schließlich essen Sie sein Brot« und sagt dann: »Und Sie täten gut als Holländer, sich die Flagg anzusehen, die hier aufgezogen ist, bevor Sie eine Meinung äußern in Polen.«

Interessant ist in diesem zusammenhang Brechts kommentar zu einer gesungenen version des stimmungsvollen volksliedes »Es ist ein Ros entsprungen« der münchener inszenierung. Er billigt es, diese selbstzufriedene bauernweise von der warmen häuslichen geborgenheit bei sturm und kälte hart und herausfordernd zu singen, so daß sie alle verdammt, die draußen stehen, auf das unwetter lauschen und vogelfrei sind. Man ahnt, daß der emigrant, der selbst wieder aufbrechen muß, heimatlos und staatenlos, an die dänen denkt, die es sich auf den fünischen bauernhöfen gemütlich machen. An sie denkt er, wenn er Mutter Courage vor die beiden möglichkeiten stellt: »Mitmachen oder nicht mitmachen.« Aber er läßt den gedanken offen, daß letzteres – »Nichtmitmachen« – flucht bedeutet oder heldentum. Dagegen entschuldigt er als guter deutscher den in Polen und anderswo wütenden gemeinen landsknecht; zu hause, sagt er, seien sie nicht gewalttätig, die schuldigen seien die kriegstreiber, die kehrten im menschen das unterste zuoberst. Wie sehr sein stück über Skandinavien in Dänemark form angenommen hat, ist schwer zu entscheiden.


## Helmut Jendreiek
## Die Struktur von ›Mutter Courage und ihre Kinder‹

*(Aus: H. Jendreiek, Bertolt Brecht. Drama der Veränderung. Düsseldorf 1969, S. 198-208.)*

Epische Montagetechniken prägen die Struktur der »Courage«. Das bipolare oder »stereometrische« Strukturprinzip ist konsequent durchgehalten und schafft eine Zeitschichtung und Raumausweitung, durch die Brecht die Möglichkeit gewinnt, den Krieg als historisch-soziales Phänomen in den Dimensionen des Dramas abzubilden. Die Wirklichkeit wird nicht allein gestisch-personal auf der Bühne vertreten, sie wird in ihren geschichtlichen und gesellschaftlichen Zusammenhängen durch epische Mittel dramaturgisch erfaßt und als Bühnenwirklichkeit vergegenwärtigt. Der »Stückeschreiber« ist allgegenwärtig als Episches Ich, das zu jeder Zeit in das Handlungsgefüge eingreifen und es umstellen kann.

Durchgängig sind drei Gestaltungsprinzipien angewandt: 1. Einleitung der einzelnen Szenen durch Projizierte Titel: sie greifen als knappe Ankündigungen des Inhalts auf das szenisch folgende Geschehen voraus, heben die Spannung auf und entspannen dadurch den Zuschauer, schaffen zwischen ihm und dem Vorgang die Distanz, die eine kritische Beobachtung des Geschehens ermöglicht, verbinden die Bühnenwirklichkeit mit ihrem geschichtlichen Hintergrund und ordnen die Ereignisse in die großen geschichtlichen Zusammenhänge ein; 2. szenische Entfaltung des dramatischen Vorgangs; 3. Songs, die kommentarisch das Stückgeschehen auf seinen historisch-gesellschaftlichen Gehalt hin interpretieren und durch Unterbrechung der Handlung desillusionierend wirken, um die kritisch-revolutionäre Bewußtseinsbildung des Zuschauers einzuleiten.

In den Projizierten Titeln und Songs wird die Wirksamkeit des Epischen Ich vernehmbar. Sie setzen ein geschichtliches und philosophisches Wissen voraus, über das die personae dramatis innerhalb des Stückgeschehens nicht verfügen können. Sie formen sich aus der Überschau des Epischen Ich über das Stückganze und aus dem Wissen um seinen Ort innerhalb der historischen und gesellschaftlichen Welt, errichten über der Ebene des dramatischen Vorgangs die Ebene der Reflexion und sichern dem Drama durch epische Montage die Darstellungsfülle und -weite des eigentlich Epischen.

Die Geschichte der Courage erstreckt sich über einen Zeitraum von zwölf Jahren: »Frühjahr 1624« bis »Januar 1636«. Aus diesem die Dimensionen des Dramas übersteigenden Zeitraum werden die Abschnitte ausgewählt und zu einzelnen Szenen gestaltet, in denen die Courage als Vertreterin kapitalistischer Lebensgesetze erscheint und an ihr der Krieg als eine besondere Form des Geschäfts begreifbar wird. Die Einengung der historischen Wirklichkeitsfülle auf 12 Szenen und die Verkürzung der 12 Jahre realer Zeit auf 89 Seiten Darstellungszeit fordern erhebliche Auslassungen, so daß bei der stofflichen Zeitfülle zwischen den einzelnen Szenen Leerräume entstehen und die jeweils nächste Szene nur durch große Zeitsprünge erreicht werden kann. Die Leerräume werden episch durch die Projizierten Titel überbrückt, die, mit Ausnahme der 4. und 7. Szene, den Zeitpunkt des Geschehens historisch genau festlegen: 1. Szene »Frühjahr 1624«; 2. Szene »In den Jahren 1625 und 26 . . .«; 3. Szene »Weitere drei Jahre später . . .«; 5. Szene »Zwei Jahre sind vergangen . . . 1631«; 6. Szene »Man schreibt das Jahr 1632«; 8. Szene »Im selben Jahr . . .«; 9. Szene »Schon sechzehn Jahre dauert nun der große Glaubenskrieg . . . Im Herbst 1634 . . .«; 10. Szene ». . . 1635 . . .«; 11. Szene »Januar 1636«; 12. Szene »Nacht gegen Morgen« (Anschluß an die 11. Szene).

Die Zeitangaben werden mit knappen Situationsskizzen verbunden, die das Entwicklungsstadium des Krieges und die Position der Courage innerhalb des Kriegsgeschehens bestimmen. Brecht wendet noch nicht wie später im »Kaukasischen Kreidekreis« die epische Technik des Raffens an, um Ereignisse der zwischenszenischen Zeiten szenisch zu vergegenwärtigen. Skizziert wird lediglich das Resultat dieser Ereignisse, das eigentlich Geschehene ist in dem historisch herrschenden Zustand aufgehoben. Die Entfaltung des szenischen Geschehens hat durch die Eingangsprojektionen seinen historischen Rahmen, wird durch diese Verflechtung als historisches Geschehen verständlich und historisiert die dramatischen Gestalten, so daß sie nach Brechts Theorie der Historisierung als Gestalten des historischen Gesamtprozesses und dadurch als nicht fixiert, sondern veränderlich erscheinen.

Die szenischen Vorgänge auf der Ebene des dramatischen Geschehens werden, mit Ausnahme der 5. und 11. Szene, unterbrochen durch Songs, die in den Vorgang eingreifen, ihn reflektorisch verallgemeinernd überhöhen, Widersprüche aufdekken, den Zuschauer zum Widerspruch provozieren und den erkenntnistheoretischen Kern des Geschehens überzeitlich freilegen. Vorgetragen werden die Songs von personae dramatis, so daß sie an die historisch-gestische Relativität dieser Personen gebunden sind und sich selbst szenisch relativieren.

Die Songs sind mit der Handlung verflochten, entwickeln sich aus ihr und wirken auf den Fortgang der Handlung ein, so daß sie Meinungen vortragen können, die den Absichten des Stückes zuwiderlaufen und das kritisch-korrigierende Eingreifen des Zuschauers herausfordern. Erst durch diese kritische Aktivität kann die von Brecht mit den Songs bezweckte Wirkung erzielt werden. Durch Beobachtung und Analyse der Beziehungen zwischen Song, dramatischer Person und Vorgang wird der Erkenntniswert von Song, Person und Vorgang ermittelt: das eine kann Korrektiv des anderen sein; das eine kann jedes andere kontrastierend verfremden oder belegen. Die Songs erweisen sich innerhalb des Stückganzen funktional als eine besondere Form zur Erzeugung »eingreifenden Denkens«.

Der Song der ersten Szene »Ihr Hauptleut, laßt die Trommel ruhen . . .«, mit seinem Refrain: »Das Frühjahr kommt. Wach auf, du Christ! / Der Schnee schmilzt weg. Die Toten ruhn. / Und was noch nicht gestorben ist / Das macht sich auf die Socken nun«, hat für die Courage die Bedeutung eines Auftrittsliedes: es dient der Bestimmung ihres Gestus. Der Song ergibt sich aus dem Handlungsverlauf und ist mit ihm eng verbunden. Auf die Frage des Feldwebels: ». . . Wer seid ihr?«, antwortet die Courage: »Geschäftsleut«, und legt in ihrem sich unvermittelt anschließenden Lied aus, was sie mit dieser Selbstbezeichnung meint und wie sie sich selbst und ihren Status versteht: »Geschäftsleut« wollen am Krieg verdienen. Die Aufgliederung der Menschheit in Tote und Lebende, die als »noch nicht« Gestorbene definiert werden, zeugt von einer realistischen Einschätzung des Krieges, die Methode ihres Warenangebots von einem skrupellos merkantilen Zynismus: der Krieg interessiert sie nur als Möglichkeit zu geschäftlichem Profit. Der Handlungsfortgang belegt diesen Gestus ihres Liedes und ergänzt ihn: ihr Interesse am Krieg führt zur Bejahung und Begrüßung des Krieges, zugleich aber will sie ihre Kinder vor dem Krieg bewahren. Der Ausgang der Szene, die Werbung Eilifs durch den Feldwebel, wirkt kontrastierend auf das Lied zurück: die merkantile Ideologie des Songs wird dramatisch widerlegt, die Interpretation des Krieges durch die Courage als irrig überführt. Die Courage hat dem Krieg ihren ersten Tribut gezollt, ohne die Situation zu begreifen. Die Kontrastierung von Song und dramatischem Geschehen soll dem Zuschauer bewußt machen, was Krieg ist, und ihn kritisch ausrüsten zum Abbau der kapitalistisch-traditionellen Theorie vom Krieg.

In die zweite Szene ist das »Lied vom Weib und dem Soldaten« eingefügt. Eilif wird als Held gefeiert und bekennt sich in seinem Lied vom Soldaten, der sich über alle Ängste und Warnungen des

Weibes heldisch hinwegsetzt, zu einem todesmutigen kriegerischen Heroismus. Die Courage übernimmt den zweiten Teil des Liedes: gegen Eilifs heldisches Pathos setzt sie ihre Erfahrung kriegerischer Wirklichkeit und greift in die Zukunft des Geschehens voraus. Die Ankündigung des Soldatentodes nimmt Eilifs Ende (8. Szene) vorweg. Die Kontrastierung von Heldenpathos und Soldatentod, die innerhalb des Liedes Eilifs Phrasen zerstört, wird in dem sich anschließenden Geschehen fortgesetzt. Die Übernahme der Gegenstrophe durch die Courage wirkt auf den Fortgang der Handlung ein: Eilif entdeckt seine Mutter, die ganz im Geiste ihres Liedteils den Helden Eilif ohrfeigt, weil er heldisch war, wo er sich hätte ergeben sollen.

Yvettes »Lied vom Fraternisieren« folgt aus dem Dialog der 3. Szene über Liebe im Krieg und Yvettes Erfahrungen mit der Liebe und gestaltet dieses Gesprächsthema lyrisch aus. Der zuvor erwähnte Koch, der »Pfeifenpieter«, der Yvettes Geliebter war und sie verlassen hat, wird vor dem Lied und in der 2. Strophe des Liedes genannt und tritt nach dem Ende des Liedes mit dem Feldprediger auf. In Beziehung gesetzt ist das »Lied vom Fraternisieren« zur Sorge der Courage um Kattrin. Kattrin schmückt sich im weiteren Verlauf der Szene mit Yvettes Hut, die Courage will verhindern, daß sie wie Yvette zur »Hur« wird. Aufgabe des Liedes ist es, den Gestus Yvettes und der Courage zu ermitteln. Yvette reagiert wie die Courage merkantil auf die Verhältnisse: sie verdient am Krieg, indem sie die Gelegenheit nutzt, sich an Soldaten zu verkaufen. Die Courage, die den Krieg um ihres Profits willen bejaht, versucht zugleich, ihre Tochter Kattrin vor dem »Fraternisieren« zu bewahren: sie sieht, was die Verhältnisse aus Yvette gemacht haben, und willigt ein in diese Verhältnisse, glaubt aber, die eigene Tochter aus dem Krieg heraushalten zu können. Yvette und ihr Lied verweisen auf die Mentalität der Courage und zeigen ihre kommerziale Bedenkenlosigkeit.

Im dritten Teil der 3. Szene – unter der Zeitangabe »Am selben Abend« – singt der Feldprediger das Horenlied von der »Passion von unserm Herrn und Heiland«. Veranlaßt wird es durch das szenische Geschehen: Schweizerkas ist festgenommen worden. Der Feldprediger führt sein Lied szenisch als Kommentar ein: »Solche Fäll, wos einen erwischt, sind in der Religionsgeschicht nicht unbekannt. Ich erinner an die Passion von unserm Herrn und Heiland. Da gibt's ein altes Lied darüber.« Das Lied wirkt historisierend: Schweizerkas' Geschick wird auf das Geschick Jesu bezogen, so daß sein Leiden einen überindividuellen göttlichen Sinn erhält. Das Lied steht im Widerspruch zu dem folgenden Vorgang und wird durch ihn verfremdet: Schweizerkas' Tod ist nicht das Ergebnis einer höheren, in Jesu Leiden sanktionierten Notwendigkeit, sondern die Folge der Geschäftstüchtigkeit seiner Mutter. Das Stück liefert mit dem Song und dem Vorgang antithetische Prämissen, die der Zuschauer auszuwerten hat: die religiöse Interpretation verfälscht die historische Wirklichkeit, Schweizerkas' Tod hat keine Heilsbedeutung, sondern ist durch menschliches Fehlverhalten verschuldet. Jesus wird im Lied des Feldpredigers als Mittel mißbraucht, das Unglück der Welt zu heiligen und von seinen tatsächlichen Ursachen abzulenken. Das Lied soll durch seine historisierende Wirkung ideologische Praktiken und die gesellschaftliche Funktion der Religion aufdecken.

Auch das »Lied von der Großen Kapitulation« ist eng mit dem szenischen Vorgang verflochten und führt selber die Handlung fort. Ein junger Soldat will gegen seinen Vorgesetzten rebellieren, die Courage schaltet sich ein, klärt den Soldaten auf und stimmt ihn um. Die Courage wirkt auf den jungen Soldaten durch das Lied ein. Ihre Rede löst sich aus der Bindung an die einmalig-zufällige Situation, gewinnt auf der reflektorischen Ebene den Charakter des Überzeitlichen und Grundsätzlichen und erreicht dadurch allgemeingültige Wirksamkeit: sie baut den rebellischen Zorn des Soldaten ab und lehrt ihn die Taktik opportunistischer Anpassung. Wiederum ist der Song in Widerspruch zum Demonstrationszweck des dramatischen Vorgangs gesetzt. Entdecken muß diesen Widerspruch der Zuschauer durch kritisch-distanzierte Beobachtung, um die Lösung zu finden. Opportunistische Anpassung führt zur Einstimmung in die zum Krieg führenden Gesellschaftsverhältnisse, ermöglicht und stützt sie. Die Aufdeckung dieses Widerspruchs wird für den Zuschauer von der Courage selber eingeleitet durch ihre an das Lied angeschlossene Bemerkung: »Darum denk ich, du solltest dableiben mitn offnen Schwert, wenns dir wirklich danach ist und dein Zorn ist groß genug, denn du hast einen guten Grund, das geb ich zu, aber wenn dein Zorn ein kurzer ist, geh lieber gleich weg!« Die Ironisierung der Situation stellt, mehr an den Zuschauer als an den Soldaten gerichtet, gegen die »Große Kapitulation« als andere Möglichkeit die Rebellion. Ihre Abwehr im Lied wird relativiert und untergründig zurückgenommen: Rebellion wird zur sinnvollen Verhaltensform, sofern die rebellische Entschlossenheit groß genug ist. Die dem Zuschauer aufgetragene Lösung des zwischen Lied und Vorgangswirklichkeit erkennbaren Widerspruchs ist eingeleitet und über die Stückgrenzen hinaus in die von Brecht beabsichtigten sozialkritischen Bahnen dirigiert.

In der 6. Szene wird das Reden des Feldpredigers über den Krieg durch das kontrastierend wirkende Lied eines Soldaten »vor der Schenke« entlarvt. Der Feldprediger tröstet die Courage in ihrer Angst, der Krieg könne zu Ende gehen. Das Lied ist in den Dialog zwischen Feldprediger, Courage und Schreiber eingefügt. Es handelt vom Reiter, der in den Krieg muß, und endet in der 4. Strophe mit einem Vers, der den Tod als Wahrheit und Ziel des Krieges begreift: ». . . Er muß fürn Kaiser sterben.« Soldatsein wird in dem Lied verstanden als Unterwegssein in den Tod, aber weder die Courage noch der Feldprediger hören den singenden Soldaten. Er ist als Opfer des Krieges nicht von Interesse, sie diskutieren über die geschäftlichen Möglichkeiten des Krieges und die merkantil gestimmten Hoffnungen auf einen langen Krieg. Das Lied bestimmt den Gestus der Courage und des Feldpredigers: aus geschäftlichen Interessen wollen sie den Krieg.

Die 7. Szene, »Mutter Courage auf der Höhe ihrer geschäftlichen Laufbahn«, ist nach drei kurzen Einleitungssätzen ganz von dem Lied über den Krieg ausgefüllt. Es wird durch zwei Sätze unterbrochen, die der Kommentierung des Liedtextes dienen. In dem Lied bekennt sich die Courage unmißverständlich und unbeirrbar zum Krieg: »Der Krieg ist nix als die Geschäfte / und statt mit Käse ists mit Blei.« Die trotzige Entschlossenheit des Liedes hat ihre geschehnishafte Ursache in dem Courage-Wort am Schluß der 6. Szene: »Der Krieg soll verflucht sein.« Der Song der 7. Szene, die sich ohne eigene zeitliche Bestimmung an die 6. anschließt, hebt diesen Fluch auf; die Courage ist trotz persönlichen Unglücks die Kriegswillige aus Geschäftsgründen. Der Song beweist, daß sie zu ihrer eigentlichen Grundhaltung zurückgefunden hat.

Der Song am Ende der 8. Szene, »Von Ulm nach Metz, von Metz nach Mähren!«, hat die gleiche Funktion wie der Song der 7. Szene: er soll ebenfalls den Gestus der Courage verdeutlichen.

Der Widerspruch zwischen Songinhalt und Stückvorgang belastet die Courage in den Augen des Publikums immer stärker: sie ist die Blinde, die mit dem Blick aufs Geschäft die Wirklichkeit des Krieges nicht sehen will; sie erhofft sich Gewinn und hat doch immer mehr an den Krieg zu zahlen.

Kompliziert ist die Verflechtung des Salomon-Songs in der 9. Szene mit dem dramatischen Geschehen. Im »Herbst 1634«, im deutschen Fichtelgebirge, »abseits der Heerstraße, auf der die schwedischen Heere ziehen«, betteln die Courage und der Koch mit Kattrin vor »einem halbzerfallenen Pfarrhaus«. Der Vortrag des Songs, dessen weitgehend gleichlautende Vorform in der »Dreigroschenoper« zu finden ist, wird vom Koch innerhalb des dramatischen Vorgangs motiviert: ». . . Damit ihr seht, auch wir sind ordentliche Leut und habens drum schwer, durchzukommen, besonders im Winter.« Jeweils eine Strophe behandelt eine besondere Tugend: Weisheit (I.), Kühnheit (II.), Redlichkeit und Wahrhaftigkeit (III.), Selbstlosigkeit (IV.). Es ist die szenische Tendenz des Songs, konkret zu erklären, weshalb der Koch und die Courage betteln, die Bettelnden zu entschuldigen und die Weltverhältnisse für die Situation verantwortlich zu machen. Zu diesem Zweck setzt Brecht seine Technik der Historisierung ein. Das Unglück der Tugenden wird geschichtlich an großen Beispielen dargestellt: Salomon (I.), Cäsar (II.), Sokrates (III.), der heilige Martin (IV.), so daß die individuell-konkrete Situation der Courage und des Kochs als Wiederholung historischer Modellsituationen begriffen werden muß. Nach der IV. Strophe aktualisiert der Koch die geschichtlichen Exempla seines Beweises, daß Tugenden den Tugendhaften ruinieren, und stellt die Beziehung zu seiner eigenen Lage und Verfassung her: »Und so ists mit uns! Wir sind ordentliche Leut, halten zusammen, stehln nicht, morden nicht, legen kein Feuer! Und so kann man sagen, wir sinken immer tiefer, und das Lied bewahrheitet sich an uns, und die Suppen sind rar, und wenn wir anders wären und Dieb und Mörder, möchten wir vielleicht satt sein! Denn die Tugenden zahln sich nicht aus, nur die Schlechtigkeiten, so ist die Welt und müßt nicht so sein!« Die Aktualisierung wird in lyrischer Form in einer V. Strophe fortgesetzt mit der Schlußwendung aller Strophen »Beneidenswert, wer frei davon!« Die dramaturgische Wirkung des Songs ist vielschichtig. Szenisch erreicht der Koch, daß sie als »kreuzbrav« (V.) erscheinen und ins Pfarrhaus zu einer

»Brennsupp« eingeladen werden. Die V. Strophe nennt als fünfte Tugend die »Gottesfurcht«, sie habe, nach dem Song des Kochs, die Bettelnden »so weit gebracht!« Diese Erwähnung der fünften Tugend hat zunächst den konkreten taktischen Grund, die Bewohner des Pfarrhauses mildtätig zu stimmen. Auch die zweite Wirkungsschicht liegt innerhalb der Grenzen der Vorgangswirklichkeit. Der Koch hat gerade zuvor der Courage angeboten, sie solle Kattrin zurücklassen und mit ihm nach Holland gehen, um in seiner Wirtschaft ein gesichertes Leben zu führen. In seiner Beziehung zu diesem szenischen Vorgang hat der Song vordergründig die Funktion, das Verhalten des Kochs durch den Hinweis auf die Beschaffenheit der Welt zu rechtfertigen: die Verhältnisse erlauben es ihm nicht, tugendhaft zu sein, wenn er sich nicht selbst ruinieren will. Im Zusammenhang mit dem Stückganzen aber muß der Versuch des Kochs, sich und die Courage als Opfer der Tugend auszuweisen, befremdlich wirken: sie sind nicht Opfer eines unabänderlichen Weltgesetzes, sondern des Krieges, in den sie um des eigenen Vorteils willen einstimmen und der durch solche Einstimmung überhaupt erst ermöglicht wird. Das Publikum soll sie nicht als Opfer, sondern als Mitschuldige erkennen. Diese Provokation des kritischen Zuschauerwiderspruchs verfremdet die Selbstdarstellung der personae dramatis und deckt ihre gestische Wahrheit auf. Zugleich wirkt der Song als Beleg für das Geschick Eilifs, der an seiner Kühnheit, Schweizerkas', der an seiner Redlichkeit, Kattrins, die an ihrer Selbstlosigkeit zugrundegeht, und im weiteren Verlauf für das Geschick der Courage; sie leistet sich die Tugend, um Kattrins willen das Angebot auszuschlagen, verzichtet dadurch auf die vom Koch angebotene Sicherheit und wird selbst zum Opfer dieser Tugend. Dennoch ist die Bedeutung des Leitverses »Beneidenswert, wer frei davon« ambivalent: er belegt und verfremdet, fungiert als Bestätigung des Geschehens und zugleich als Aufdeckung eines prinzipiellen sozialhistorischen Widerspruchs, die innerhalb der dramatischen Dimension vorbereitet wird und jenseits dieser Dimension im Bereich der Reflexion vom Publikum vollzogen werden muß. Die Vorbereitung besorgt der Koch mit zwei Wendungen: ». . . so ist die Welt und müßt nicht so sein!« und: »Die Gottesfurcht hat uns so weit gebracht!« Der zweite Satz ist doppelsinnig. Vordergründig tarnt und entschuldigt er die auf Einstimmung beruhende Schuld am Krieg. Hintergründig verweist er unter Brechtschen Prämissen auf eine empirische Wahrheit: wo der Mensch auf den Lauf der Welt mit »Gottesfurcht« reagiert und Kriege als göttliche Fügung annimmt, setzt er sich selbst seinem Ruin aus. Diese Erkenntnis ist für den Zuschauer durch das Stück vorbereitet: der Krieg ist ihm als Form des Geschäfts und als Werk des Menschen gezeigt worden. Aus diesem Kontrast zwischen dem Song und der im dramatischen Vorgang wirksamen geschichtlichen und gesellschaftlichen Wahrheit ergibt sich die Erkenntnis, zu der Brecht den Zuschauer führen will und die der Koch ausdrücklich anregt: so, wie die Welt ist, muß sie nicht sein, sie könnte verändert werden. In einer Weltordnung, zu deren Gesetzen der Krieg gehört, ist Tugend nicht möglich. Die Erkenntnis, daß das Unglück von Menschen gewollt und gemacht wird, zieht die andere Erkenntnis folgerichtig nach sich, daß das Unglück des Tugendhaften – ganz im Sinne des »Guten Menschen von Sezuan« – nicht in der Beschaffenheit der Welt begründet ist, sondern in einer von Menschen errichteten Ordnung, die verändert werden muß, wenn Tugend möglich sein soll. Der im Salomon-Song fünfmal vorkommende Vers »Beneidenswert, wer frei davon« provoziert, indem er das Gute als menschliches Verhaltensprinzip in Frage stellt, das Nachdenken über die Ermöglichung des Guten, führt zur Skepsis gegen die bestehende Weltordnung und zur Einsicht in die Notwendigkeit ihrer Veränderung.

Das Lied der 10. Szene, »Uns hat eine Ros ergetzet«, soll dem Zuschauer die Wahrheit über die Situation der Courage zeigen, die sie selbst nicht begreift. Die Courage zieht mit Kattrin ihren Planwagen, während aus einem Bauernhaus ein Lied zu hören ist, das die sichere Geborgenheit idyllisch-friedlicher Häuslichkeit besingt. Der Kontrast zwischen Liedinhalt und dramatischem Vorgang, zwischen der Befriedigung egozentrischer Interessen und ruinöser Ungeborgenheit, macht den Irrtum der Courage sichtbar: sie ist die Ausgesetzte und in Wahrheit Opfer des Krieges. Der fromme Gesang aus dem Haus entlarvt selbst sein verlogenes religiöses Pathos: angesichts der Courage wird die Selbstzufriedenheit zum Zeichen schuldhafter Asozialität. Die Einfühlung in die Courage würde an dieser Stelle zum Mitleiden an ihrem Geschick führen. Die kritisch distanzierte Analyse ihrer Situation aber muß entdecken, daß die Schuld der Befriedigung bloß egozentrischer Interessen gerade die Schuld der Courage und sie gestisch ihr eigenes Opfer ist. Das Lied wirkt zweifach verfremdend: es ermittelt durch die kontrastierende Beziehung zur Courage die gesellschaftliche Haltung der Menschen im Geborgenen und durch die Verflechtung der Courage mit dem Gesamtvorgang des Stückes die gesellschaftliche Haltung der Courage selbst.

Auch das Wiegenlied der Courage in der 12. Szene »Eiapopeia / Was raschelt im Stroh?« führt den Zuschauer in Versuchung, Mitleid zu empfinden mit der Courage, die die tote Kattrin im Arm hält. Solche Einfühlung wird aber schon durch den Liedtext erschwert und durch das sich anschließende dramatische Geschehen vollends widerlegt. Der zur Courage gesprochene Satz des Bauern. »Wenns nicht in die Stadt gangen wärn, Ihren Schnitt machen, wärs vielleicht nicht passiert«, fixiert unmißverständlich die Schuld der Courage am Tod ihrer Tochter. Freilich ist die Schuld anders begründet, als es der Bauer in seinem szenisch begrenzten Horizont erkennen kann. Kattrin wählte gerade die andere Möglichkeit, die des sozialhumanitären Opfers. Schuld ist die Courage am Tod Kattrins durch ihre Einstellung zum Krieg. Unter Brechts historisierendem Aspekt ist Kattrin jenseits ihrer Rettungstat Opfer der Asozialität der Courage. Die Courage selber verdrängt diese Wahrheit, sieht weiterhin starrsinnig an der Wirklichkeit vorbei und ist nicht bereit, Kattrins Tod zur Kenntnis zu nehmen; »Jetzt schlaft sie«, antwortet sie dem Bauern. Dieser Satz ordnet das Lied seinem tatsächlichen Sinn nach ein: nicht eine liebende Mutter singt, sondern die »Hyäne« Courage, die den Krieg wollte, weil sie sich von ihm geschäftlichen Gewinn erhoffte, und glaubte, sich und ihre Kinder heil durch den Krieg bringen zu können. Gerade das Wiegenlied enthüllt den asozial »mörderischen« Gestus der Courage. Brecht hat in seinen Anmerkungen zur 12. Szene die Funktion dieses Liedes selber umschrieben: ». . . der Gedanke, der dem Wiegenlied zugrunde liegt, ist ein mörderischer: das Kind dieser Mutter sollte es besser haben als andere Kinder anderer Mütter . . . Dem Kind, dem das Gewöhnliche versagt blieb, wurde das Außergewöhnliche versprochen.«

Der Schlußgesang der 13. Szene kommt von der übergeordneten reflektorischen Ebene als Kommentar zum Verhalten der Courage: sie will auch nach Kattrins Tod die Wahrheit des Krieges nicht sehen und spannt sich vor ihren Wagen: »Ich muß wieder in

Handel kommen.« Die Wahrheit, der sich die Courage im Interesse ihres erhofften geschäftlichen Vorteils entzieht, wird dem Publikum durch den Gesang verkündet: »Mit seinem Glück, seiner Gefahre / Der Krieg, er zieht sich etwas hin. / Der Krieg, er dauert hundert Jahre / Der g'meine Mann hat kein'n Gewinn . . .« Der Gesang klärt vor dem Publikum nicht nur den Irrtum der Courage auf, sondern legt noch einmal die Schuld der Courage am Krieg fest. Zum Schluß wird der Refrain des Auftrittsliedes der Courage wiederholt: »Das Frühjahr kommt! Wach auf, du Christ! . . .« Der Kreis schließt sich, am Ende stehen über der Courage die Worte, mit denen sie sich am Anfang als die Händlerin vorstellte, die sich vom Krieg geschäftlichen Profit versprach. Daran hat sich nichts geändert: sie zieht weiter, ohne »sehend« geworden zu sein.

Die Songs sind in der »Mutter Courage« fest in das dramatische Gefüge eingegliedert. Durch sie wird der dramatische Vorgang kommentarisch verfremdet, ohne daß sie bloße Sprachrohre des Stückeschreibers Brecht wären. Bereits Hans Mayer hat es für »völlig absurd« erklärt, in diesen Songs einfach »gesammelte Lebensweisheiten Bertolt Brechts zu erblicken«. Die Songs stehen an zentraler Stelle in den einzelnen Szenen und schaffen dem Zuschauer verfremdungstechnisch die Basis für eine kritische Analyse des szenischen Vorgangs, die zur Aufdeckung der in der Struktur des Vorgangs wirksamen sozialrevolutionären Ideen führt. Ihre Verfremdungsfunktion erfüllen die Songs durch die Technik der dialektischen Brechung: sie bieten dem Publikum nicht einfach die richtige Interpretation, sondern entwickeln sich aus der Handlung als handlungsunterbrechende Äußerungen der personae dramatis und fordern die kritische Wachsamkeit des Publikums heraus. Sie spiegeln oder schaffen durch ihre Zuordnung zum dramatischen Vorgang Widersprüche, die vom Publikum entdeckt und gelöst werden müssen. Diese Widersprüche können im Song selbst Ausdruck eines Fehlverhaltens zur dramatischen Wirklichkeit oder einer Fehlinterpretation dieser Wirklichkeit sein, in der Spannung zur szenischen Realität erkennbar werden oder aber auf Widersprüche innerhalb des Vorgangs verweisen. Sie wirken als Kommentar, indem sie durch ihre Widersprüchlichkeit den Widerspruch des Publikums wecken und zur Erkenntnis der aus ihnen resultierenden gesellschaftlichen Wahrheit führen. Diese Wirkung beruht auf der Wechselsei-

tigkeit der Beziehung zwischen Song und Szene in der
»Courage«: die Szene ist die materiale Basis, aus der sich der Song
entwickelt; der Song schafft die Verbindung zwischen Zuschauer
und Szene und engagiert durch seine mehrschichtig widersprüchliche Struktur das Publikum als kritische Kontrollinstanz, die den
sozialrevolutionären Gehalt des Vorangs in seiner Spannung zum
Song zu ermitteln hat. Durch diese Leistung fungiert der Song als
eine besondere Form der Verfremdungstechnik: er legt die Vierte
Wand nieder, macht das Publikum zum befremdeten Beobachter
und fixiert gesellschaftliche Widersprüche, die nach Lösung verlangen. Durch diese dramaturgische Triadik von Geschehen, Song
und Publikum erreicht die »Courage« das didaktische Ziel des
Epischen Theaters: es wird »eingreifendes Denken« produziert,
innerhalb des Stückes als Entdeckung gesellschaftshistorischer
Wahrheit, jenseits des Stückes als Veränderung der Welt.

# Hans Mayer
## Anmerkung zu einer Szene aus ›Mutter Courage‹

*(Zuerst in: ›Theaterarbeit‹. 1952)*

Dem Stückeschreiber obliegt es nicht, die Courage am Ende sehend zu
machen . . . ihm kommt es darauf an, daß der Zuschauer sieht. *Brecht*

Bei der Zusammenarbeit mit Studenten der neueren deutschen
Literaturgeschichte konnte folgende Erfahrung gemacht werden:
Bei der Vorbereitung einer seminaristischen Übung war ihnen
mitgeteilt worden, es würden dabei auch die »Kalendergeschichten« von Bertolt Brecht behandelt werden; es sei also zweckmä-
ßig, sie vorher zu lesen. Bei der nächsten Zusammenkunft wurde
nun gefordert, den Inhalt des Gedichts »Der Schneider von Ulm«
aus dem Stegreif nachzuerzählen. Die Bücher waren zugeklappt.
Die Teilnehmer erzählten die Geschichte des Schneiders von
Ulm: seine Mitteilung an den Bischof, die Ankündigung des
beabsichtigten Flugs, die Gleichgültigkeit des Bischofs, den Bericht der Augenzeugen über das gescheiterte Experiment und die
abschließende Deutung des Bischofs. Worauf die Studenten fort-
fuhren: die Voraussage des Schneiders von Ulm sei aber erfüllt

worden; die Menschen könnten jetzt fliegen; und es sei die Voraussage des Bischofs und nicht des Schneiders von Ulm durch die Tatsachen widerlegt.

Große Verwunderung und Heiterkeit entstand nun, als die Studenten sehen mußten, daß diese »dritte Strophe«, die sie soeben erzählt hatten, gar nicht vorhanden ist, sondern als selbständiges Erzeugnis des Lesers angesprochen werden muß. Daran knüpfte sich eine Unterhaltung über Brechts Absicht bei der Abfassung dieser poetischen »Kalendergeschichten«. Hätte der Lyriker nach Vollständigkeit der Belehrung gestrebt, so wäre es ihm wohl kaum beigefallen, auf die »Nutzanwendung« einer solchen dritten Strophe zu verzichten. Man war sich aber in der gemeinsamen Aussprache darüber klar, daß dann der Leser unterschätzt würde: es würde ihm alles mundgerecht gemacht, während sich seine eigene kritische Stellungnahme nicht entfalten könnte. Der Auftrag des Dichters an den Leser gehe dann einfach dahin, möglichst vollständig und genau den vorgetragenen Text und Sachverhalt entgegenzunehmen und sich einzuprägen.

In dem Gedicht von Brecht endet der Bericht scheinbar mit dem Triumph des Bischofs. Die kirchliche Anthropologie hat gesiegt, der Schneider liegt zerschellt, die Bibel hat es vorausgesagt, denn der Mensch ist kein Vogel. Die Glocken werden geläutet, und der Bischof geht mitsamt den Ulmern aus dem Jahre 1592 zur Tagesordnung über.

Tatsächlich aber kennen wir heute die verschiedensten Arten des Flugwesens: vom Segelflieger bis zum viermotorigen Flugzeug. Der Bischof ist also widerlegt, nicht der Schneider. Die scheinbare Narrheit von gestern erwies sich als große heroische Vorwegnahme. Der tote Schneider wird zur geschichtlichen Persönlichkeit, während der Bischof in die Rolle des Narren gedrängt wird, den man in der Nachwelt belächelt. (Es sei daran erinnert, daß wesentliche Szenen in Bertolt Brechts »Leben des Galilei« auf der gleichen Problemstellung aufgebaut sind.)

Dabei wird durch das Gedicht ganz ausdrücklich eine kritische Kommentierung der erzählten Vorgänge vom Leser gefordert. Die fehlende dritte Strophe muß von ihm, nicht vom Dichter, nachgeliefert werden. Die Studenten hatten sie sozusagen »unwillkürlich« nachgedichtet. Im Sinne des Dichters war damit offenbar der Beweis für die Richtigkeit dieser poetischen Technik erbracht. Das weitere Gespräch versuchte dann aus diesen Erfahrungen einige Einsicht in Rolle und Funktion der »Kalendergeschichten« zu gewinnen. Es wurde festgestellt, daß auch diese Lyrik den gleichen Aufgaben der Bewußtseinsentwicklung diene wie Bertolt Brechts Schauspiele.

Immer wieder wurde gegen Brecht der Einwand erhoben, die sogenannten »Songs« bildeten einen Fremdkörper im Aufbau seiner Stücke: sie seien unnötig, mit der Handlung kaum organisch verknüpft und für das Verständnis des eigentlichen dramatischen Geschehens sogar eher hinderlich. Es soll nun versucht werden, an einer einzelnen Szene aus »Mutter Courage und ihre Kinder« diese Verbindung von gedichteter Aussage und dramatischer Handlung darzustellen. Es mag sich dann zeigen, daß auch hier in der Bewußtseinsentwicklung, im Appell an eine sorgfältige Nachdenklichkeit des Zuschauers, die besondere Aufgabe dieser Dramatik erblickt wird. Auch hier wird darauf hingearbeitet, den Zuschauer – ganz wie im Gedicht über den Schneider von Ulm – gleichsam die »dritte Strophe« selbständig dichten zu lassen.

Es handelt sich um die neunte Szene in der »Mutter Courage«. Die Marketenderin Anna Fierling ist im Jahre 1634 mit dem Koch und der stummen Kattrin im Fichtelgebirge gelandet. Sie müssen vor einem halbzerfallenen Pfarrhaus betteln, um vielleicht eine warme Suppe zu erhalten. Der Koch hat aus Utrecht erfahren, daß er eine kleine Gastwirtschaft geerbt hat. Die Courage soll mit ihm ziehen, aber ihre stumme und entstellte Tochter zurücklassen: der Ertrag aus der Schenke reicht nur für zwei Personen, außerdem wollen die Gäste nicht immer ein verkrüppeltes Geschöpf vor Augen haben. Mutter Courage will sich nicht von der Tochter trennen. Während sie vor dem Pfarrhaus singen und betteln, entscheidet sich die Mutter für Ablehnung des Angebots. Sie bleibt zusammen mit der Kattrin und gibt dem Koch den Abschied. Das ist das dramatische Geschehen in dieser Szene. Mitten hineingestellt ist nun der »Salomon-Song«. Der Koch singt ihn, um im Pfarrhaus auf sich und seine Bettlergefährten aufmerksam zu machen. Von außen her gesehen ist die dramatische Funktion scheinbar darauf beschränkt, durch das Lied an das Mitleid der Hausbewohner zu appellieren. Die letzte Strophe soll der pfarrherrlichen Familie, die noch zu essen hat, klarmachen, hier ständen gottesfürchtige Leute als Bettler, denen es keineswegs einfallen könnte, durch die geöffnete Tür einzubrechen, um zu plündern. Eine notdürftige Verbindung von Handlung und Song wäre also hergestellt, aber sie wäre offenbar dürftig: jedes andere Bettellied hätte scheinbar der gleichen Absicht des Dramatikers dienen können, man hätte nicht fünf sorgfältige Strophen mit stets wechselnden geschichtlichen Beispielen und stets gleichem Refrain dafür aufbieten müssen . . .

Was soll also der »Salomon-Song« gerade an dieser Stelle? Wir kennen ihn bereits aus der »Dreigroschenoper«. Hier steht er im dritten Akt, in der siebenten Szene. Peachum hat durch Drohung beim Polizeichef Brown erreicht, daß Mackie Messer nun wirklich verhaftet wird. Die Hure Jenny gibt bereitwillig seinen Aufenthalt bekannt. Die Polizisten gehen fort, um ihn festzunehmen. Die Festnahme selbst wird nicht geschildert; wir begegnen Mackie erst wieder im Gefängnis. Inzwischen tritt Jenny vor den Vorhang und singt zur Melodie des Leierkastens den »Salomon-Song«. Er beginnt mit Anrufung des weisen Judenkönigs, der alles als Eitelkeit erkannte. Die Weisheit habe ihm zu dieser Erkenntnis verholfen. Auch die Geschichte Julius Cäsars erfahren wir bereits in der »Dreigroschenoper« zum gleichen Text, den auch der Koch unter Assistenz der Mutter Courage vorträgt. Cäsars Kühnheit wurde angeblich zur Ursache von Cäsars Sturz. Wohl denen, die nicht kühn sind wie Cäsar! Von der Königin Kleopatra weiß die Jenny der »Dreigroschenoper« noch zu berichten, die an ihrer Schönheit zugrunde ging. Wohl denen, die nicht schön sind! Die Nutzanwendung folgt schließlich für Herrn Mackie Messer, der jetzt als Opfer seiner Sinnlichkeit ins Gefängnis wandern müsse. Wohl denen, die auch davon frei seien! In der »Dreigroschenoper« ist in der Tat der »Salomon-Song« noch nicht eng genug mit der eigentlichen Handlung verknüpft. Es ist zwar kein Zufall, daß gerade Jenny die geschichtlichen Beispiele bringt, um vor starken Gefühlen und überhaupt davor zu warnen, »aus dem Rahmen zu fallen«. Sie möchte schon gut sein, anständig, auch treu, aber offenbar erlauben es ihr die »Verhältnisse« nicht. Die letzte Strophe aber vom Herrn Macheath, dem betrachtenswerten Opfer seiner Sinnlichkeit, rückt die genaue dramaturgische Rolle dieses Songs gerade dort nicht genügend hervor. Übrigens widerspricht dieser Hinweis auf Mackie der Forderung Brechts, wonach Mackie als »bürgerliche Erscheinung« darzustellen sei, dessen Besuche bei den Huren den Charakter bürgerlicher Lebensgewohnheiten aufweisen. Auch fordert Brecht bekanntlich, daß Mackie als etwa vierzigjähriger und keineswegs besonders »schöner« Mann dargestellt werde. Bekanntlich ist diese Anlage der Gestalt später wesentlich stärker und wesentlich umfassender im »Dreigroschenroman« herausgearbeitet worden. Zwischen der Fassung des »Salomon-Songs« in der »Dreigroschenoper« und seiner genauen dramaturgischen Funktion finden sich also noch einige Widersprüche.

Ganz anders aber steht es mit dem »Salomon-Song« in der neunten Szene von »Mutter Courage«. Auch der Koch stimmt sein Bibellied auf den Ton, daß man als kleiner Leute Kind sich nicht hervortun solle. Schlecht bekam dem Salomon seine Weisheit, dem Cäsar seine Kühnheit, dem Sokrates seine Redlichkeit, dem heiligen Martin seine Selbstlosigkeit. Schlecht bekam es den armen Leuten, daß sie in Gottesfurcht die Zehn Gebote hielten. Nun müssen sie dafür betteln gehen! Der Koch singt allein; nur plärrend, ohne eigene Anteilnahme, fällt Mutter Courage gelegentlich ein, ihre Gedanken weilen bei der Tochter und dem Entschluß, das Angebot des Kochs abzulehnen.

Erste unmittelbare Verbindung des Songs mit der szenischen Situation: wer sich mit moralisch wertvollen Eigenschaften und Handlungen hervortut, kommt unter die Räder. Aber ist der Koch wirklich berechtigt, seine Moralität als Ursache seines Elends geltend zu machen? Besondere moralische Vorzüge haben wir an ihm nicht kennengelernt: man braucht nur die Flüche der Yvette im Gedächtnis zu haben. Außerdem hat der Koch eben noch im Vorschlag an die Courage, sie solle einfach die Tochter hilflos im Stiche lassen, alles andere als besondere Seelengröße entwickelt. Hört man ihn also die Anklage richten gegen die hohen Tugenden, so wirkt er selbst nicht gerade überzeugend. Auch war es nicht gerade seine exemplarische »Gottesfurcht«, wie wir wissen, die ihn so herunterkommen ließ. Das alles hat der Zuschauer bereits gesehen und kann sich damit über den Koch und seine »Botschaft« einen höchst persönlichen Kommentar erlauben.

Aber vielleicht spricht hier gar nicht der Koch zum Zuschauer, sondern der Dichter selbst? Es gehört zu den geläufigsten Mißverständnissen üblicher Literaturkritik, irgendwelche hervorstechenden Sentenzen, die von einer Figur im Drama oder Roman geäußert werden, nun ohne weiteres »dem Dichter« zuzuschreiben. Geschieht das mit Berechtigung, so handelt es sich im allgemeinen um einen nicht sehr guten Dichter ... Völlig absurd wäre es aber hier, in diesem »Salomon-Song« nun gesammelte Lebensweisheiten von Bertolt Brecht zu erblicken. Das bürgerliche Publikum hat sich die Songs der »Dreigroschenoper« natürlich auf diese Weise schmackhaft gemacht. Man hörte es gern, wenn offenbar auch der »linke« Dichter zugab, angenehm sei nur das Leben im Wohlstand ...

Und hier? In einer Zusatzstrophe des »Salomon-Songs« zur »Dreigroschenoper« hatte der Dichter auch vom »wissensdurstigen Brecht« gesprochen, der so lange als Marxist nach den Ursachen der Ausbeutung fragte, bis man ihn aus dem Lande trieb. Der »Wissensdurst« hatte ihn angeblich soweit gebracht. »Beneidenswert, wer frei davon!« Der Zuschauer oder Leser aber ergänzt sogleich: es ist nicht bekannt, daß sich Brechts »Wissensdurst« durch die erzwungene Emigration beeinflussen ließ! Wenn angeblich der Dichter selbst vor dem Wissensdurst, unter Hinweis auf das eigene Schicksal, warnen will, so hat die Warnung bei ihm selbst wenig genutzt. Abermals wird der Zuschauer zur dialektischen Gedankenarbeit gezwungen. Er wird davor gewarnt, die Lehren des »Salomon-Songs« für bare Münze zu nehmen. Er soll sich gefälligst fragen, wie es denn wirklich zuging, daß Weisheit, Kühnheit und Wissensdurst zum Übel ausschlugen. Dem Koch kann der Zuschauer nicht trauen: der ist selbst seine beste Widerlegung. Dem Dichter kann er ohne weiteres auch nicht trauen: der hat sich offenbar ebensowenig an die Lehre gehalten: beneidenswert, wer frei davon.

Und Mutter Courage? Es stimmt schon, daß ihre Kinder, die ja ausdrücklich im Titel des Stückes zusammen mit der Mutter genannt werden, alle an ihren besten Eigenschaften zugrunde gehen: Eilif an seiner Kühnheit, Schweizerkas an seiner Redlichkeit, die Stumme an ihren mütterlichen Gefühlen. Warnt die Mutter Courage also vor moralischen und noblen Entscheidungen? Keineswegs, denn in der gleichen Szene, mit welcher der »Salomon-Song« kontrapunktisch verbunden ist, erleben wir eine große und noble Handlung der Marketenderin Anna Fierling. Sie verzichtet auf die Versorgung an der Seite des Kochs in Utrecht, wenn sie dabei die Tochter im Stich lassen muß. Die Mutterliebe gibt ihr ein Zeichen höchsten menschlichen Takts ein, damit die Tochter möglichst nicht merke, welch großes Opfer hier gebracht wurde.

Beim genaueren Nachdenken wird sich dem Zuschauer dieser Sinn der Szene mit Notwendigkeit erschließen. Der Song verkündet die Wertlosigkeit aller noblen Regungen im gleichen Augenblick, da sich eine wirklich noble Handlung vollzieht. Also ist es offenbar nicht die Schuld der Tugenden, wenn Menschen keinen Nutzen daraus ziehen. Also müssen es besondere gesellschaftliche Verhältnisse sein, die bei den Großen, und ganz besonders bei den kleinen Leuten, das Unheil herbeiführen. Es gibt keine »an sich« schädlichen Tugenden. Und es ist vor allen Dingen viel bemerkenswerter, die großen menschlichen Heldentaten jener unbekannten kleinen Leute zu schildern, von denen im Lied und in der Geschichte so wenig die Rede zu sein pflegt. Während von Cäsar und Sokrates gesungen wird, erleben wir bei der historischen nahezu unbekannten »Mutter Courage« bemerkenswerte Züge der Tapferkeit, Aufopferung und Herzenshöflichkeit. Diese Zusammenhänge aber muß sich der Zuschauer im eigenen Nachdenken erschließen. Dem »Stückeschreiber«, so hat es Brecht formuliert, kommt es nicht darauf an, die Mutter Courage zur höchsten Stufe gesellschaftlicher Einsicht zu führen, der Zuschauer soll diese Bewußtseinsentwicklung durchmachen, nicht irgendeine Gestalt des Schauspiels.

Der Leser des Gedichts über den Schneider von Ulm sollte die Lehre ziehen, nicht der Bischof. Und der Dichter wollte ihm dabei helfen, ohne dem Zuschauer den eigenen geistigen Klärungsprozeß bereits vorwegzunehmen. Die Funktion des »Salomon-Songs« in der »Mutter Courage« erweist sich also als dramaturgisch notwendig: als notwendig für eine Dramaturgie, die klären und gesellschaftliche Vorgänge einsehbar machen will.

# Karl-Heinz Ludwig
# Die Kontroverse über die Berliner Erstaufführung
## von ›Mutter Courage und ihre Kinder‹

*(Aus: K.-H. Ludwig, Bertolt Brecht: Tätigkeit und Rezeption von der Rückkehr aus dem Exil bis zur Gründung der DDR. Kronberg/Ts. 1976, S. 43-53.)*

Bereits wenige Tage nach seiner Rückkehr nach Berlin hatte Brecht mit den Vorarbeiten zur COURAGE-Inszenierung begonnen. Es war ein geradezu vollständiger Neuanfang.

Wolfgang Langhoff hatte den Vorschlag Brechts, die COURAGE am ›Deutschen Theater‹ einzustudieren, akzeptiert. Daß Helene Weigel die Titelrolle spielen werde, stand fest, doch die übrigen Rollen mußten erst noch besetzt werden. Zu diesem Zweck probierte Brecht zunächst junge Schauspieler auf ihre Eignung hin aus. Erich Engel, den Brecht gebeten hatte, mit ihm die Regie zu teilen, war am 8. 11. aus München kommend in Berlin eingetroffen.

Die Probenarbeit war sehr schwierig. Schon in Chur hatte ja Brecht anläßlich der Arbeit an der ANTIGONE den Verfall der Kunstmittel beklagt. In Brechts Rede auf dem gesamtdeutschen Kulturkongreß in Leipzig im Mai 1951 heißt es:

> Als wir nach der Beendigung des Hitlerkrieges wieder darangingen, Theater zu machen, Theater im Geist des Fortschritts und der Versuche, gerichtet auf die Veränderung der Gesellschaft, die so sehr dringend war, waren die Kunstmittel des Theaters, welche so lange Zeit zu ihrer Ausbildung brauchen, so gut wie zerstört durch den Geist des Rückschritts und der Abenteuer. Das Poetische war ins Deklamatorische entartet, das Artistische ins Künstliche, Trumpf war Äußerlichkeit und falsche Innigkeit. Anstatt des Beispielhaften gab es das Repräsentative, anstatt der Leidenschaft das Temperament. Eine ganze Generation von Schauspielern war ausgewählt nach falschen Gesichtspunkten, ausgebildet nach falschen Doktrinen.[1]

Die Eintragungen im Arbeitsjournal bestätigen diese spätere Darstellung Brechts. Er mußte dem ständigen Streben der Schauspieler, ins Laute zu geraten, entgegenwirken[2] und selbst an Bildt, den er den »heute unzweifelhaft größten Schauspieler Deutschlands« nannte, kritisierte er mangelndes induktives Vorgehen: anstatt die

Figur langsam aus den Situationen heraus entstehen zu lassen, versuchte Bildt »zu früh zu einer Figur zu kommen«, d. h. deduktiv die Idee einer Figur zu verkörpern.[3] Nur sehr vorsichtig und erst relativ spät (erstmals am 10. 12) hatte Brecht das einzuführen versucht, was er »episches Probieren« nannte, nämlich den Darsteller in eine gewisse Distanz zu seiner Rolle treten zu lassen.[4] Kritik der Einfühlung, Unterbrechung des Identifikationsmechanismus hatte er seit Jahrzehnten als entscheidendes Charakteristikum progressiven Theaters betrachtet. Trotz aller Fortschritte notierte er:

> nötig wären vier monate proben. wirkliche episierung so nicht möglich. man kann in der kurzen zeit den schauspielern die erleichterung nicht aufbürden.[5]

Neben der Entwicklung der Schauspielkunst ging es Brecht natürlich vor allem um die Wirkung auf das Publikum. Von Anfang an versuchte er dem zu begegnen, was die Züricher Aufführung bewirkt hatte: Erschütterung des Publikums durch die Leiden der Courage und Mitleid mit der gequälten Kreatur.[6] Stattdessen sollte deutlich werden, daß die Courage ihre Kinder aus Profitgier verliert, durch Verstrickung ins Geschäft Krieg, denn

> MUTTER COURAGE UND IHRE KINDER zeigt, daß die kleinen Leute vom Krieg nichts erhoffen können (im Gegensatz zu den Mächtigen). Die kleinen Leute bezahlen die Niederlagen und die Siege.[7]

Dieses Grundanliegen des Stücks beinhaltete seine Aktualität. Bei aller Skepsis, die der Übertragung von Aussagen einer Chronik aus dem 30jährigen Krieg auf die Gegenwart des 20. Jahrhunderts entgegengebracht werden muß, die Warnung vor Profitsucht hat an Aktualität nichts eingebüßt. Das Publikum soll sehen lernen: So wie die Courage handelt, geht es nicht. Die Aufführung der COURAGE war Brechts Beitrag zur Verhinderung neuen Unglücks, zur Veränderung der Gesellschaft. Seine geliebte Mitarbeiterin Margarethe Steffin hatte ihm 1941 zum Geburtstag geschrieben:

> ach, ihr könnt die stücke, die die grossen rollen für euch bergen, erst spielen, wenn es anders wird, aber wie, wenn es nur anders wird dadurch, dass ihr sie spielt?[8]

Nach kaum zweimonatiger Probenzeit fand am 9. Januar 1949 die eigentliche Premiere der MUTTER COURAGE in geschlossener Vorstellung vor Schülern einer Funktionärsschule statt, vor Arbeitern aus den Henningsdorfer Stahlwerken. Fast überschwenglich klingen die Äußerungen Brechts über die Reaktion dieses einfachen Publikums. Sie hatten sein Stück verstanden, wie ihm eine Diskussion in der Schule bewies.[9]

Ganz anders dagegen die professionelle Kritik: Die allgemein als Premiere gewertete Aufführung am 11. Januar 1949 – die Uraufführung hatte am 19. 4. 1941 mit Therese Giehse unter der Leitung von Leopold Lindtberg am Züricher Schauspielhaus, die deutsche Erstaufführung im Juni 1946 im Rahmen der Kunst- und Kulturwochen in Konstanz stattgefunden – entfachte eine Grundsatzdiskussion um die Frage, ob Brechts künstlerische Theorie und Praxis denn überhaupt mit den Prinzipien des Sozialistischen Realismus vereinbar sei.

Manfred Jäger hat mit Recht betont, daß eine solche Diskussion nicht als privater Streit der beteiligten Rezensenten gelten kann.[10] Es geht dabei immer um weltanschauliche Grundfragen und damit um Politik.

Der Streit um die COURAGE spaltete die Kunsttheoretiker der SBZ in zwei Lager.

Paul Rilla urteilte vorbehaltlos positiv. Er verstand die COURAGE als ausschließlich gegenwartsbezogenes Anti-Kriegsstück, wie es die Überschriften seiner Artikel zeigen: »Gegen den deutschen Kriegsmythos«[11] und »Schacht und die Mutter Courage«.[12]

Begeistert trotz – oder gar wegen? – vollkommenen Mißverstehens der Absichten Brechts äußerte sich Max Schröder im ›Neuen Deutschland‹. Offenbar war es Brecht nicht gelungen, einer kritikhemmenden Erschütterung des Publikums entgegenzuwirken:

Mutter Courage ist eine humanistische Heilige aus dem Stamm der Niobe und der Schmerzensmutter, die das ihr geschenkte und von ihr geschaffene Leben mit Klauen und Zähnen verteidigt und zusehen muß, wie es in den Sand geworfen wird.[13]

Über solches Unverständnis kann auch der Ruf nach einem eigenen ständigen Theater für Brecht nicht hinwegtäuschen.

Weder Rillas noch Schröders Rezensionen jedoch waren für die weitere Auseinandersetzung ausschlaggebend. Die entscheidende Debatte führten vielmehr der ehemalige Lukács-Mitarbeiter Erpenbeck, Chefredakteur von ›Theater der Zeit‹ und Herausgeber

des ›Theaterdienst‹, sowie Wolfgang Harich, mittlerweile Theaterkritiker bei der ›Täglichen Rundschau‹.

Ihre gegensätzlichen Standpunkte offenbart schon die Anordnung der Auszüge aus den wichtigsten Rezensionen der COURAGE
im ›Theaterdienst‹: Harich eröffnet den Reigen, Erpenbeck hat
das letzte Wort.[14]

Harichs Urteil lautete:

> Die zwölf Bilder dieser erschütternden, warnenden Chronik gehören
> zum Besten und Wichtigsten, was Brecht geschrieben hat. Da ist jede
> Szene konzentrierte Wahrheit, jede Gestalt von geradezu bedrängender
> Aktualität und Gültigkeit. [. . .] Sobald der weiße Schaubudenvorhang
> sich öffnet und den hell ausgeleuchteten Bühnenraum in seiner ganzen
> Tiefe dem Blick freigibt, kann man das Gefühl nicht mehr loswerden,
> daß hier einmal weit das Fenster geöffnet ist und ein frischer Wind den
> konventionellen Mief, die Stickluft und Mittelmäßigkeit gründlich
> hinweggefegt hat, die das ganze Berliner Theaterleben – von wenigen
> Ausnahmen abgesehen – in letzter Zeit unerträglich machten. Hier ist
> eine richtunggebende, beispielhafte Leistung entstanden, die das Berli-
> ner Repertoire der vergangenen Jahre weit überragt.[15]

Auch Erpenbeck vermochte sich nicht ganz anerkennender Bemerkungen zu enthalten, denn

> hier sprach ein deutscher Dichter. Ein großer deutscher Dichter. Wir
> wissen, was wir mit diesem Wort sagen und sagen es nachdrücklich.
> Wir fügen sogar hinzu: Uns ist kein deutscher Dramatiker bekannt, der
> so sehr Dichter wäre wie Bertolt Brecht. In seinem Werk lebt der Funke
> dessen, was man Genie nennt.[16]

Er schloß mit kaum weniger hymnischen Tönen für Regie und
Darsteller. Zwischen den Lobgesängen jedoch finden sich die
entscheidenden Angriffe. Sie lassen erkennen, daß seine Haltung
seit der Rezension von FURCHT UND ELEND[17] unverändert war.
Episches Theater erschien ihm noch immer als Irrweg, ja geradezu
als Häresie. Er verwies auf die Parallelen zwischen der Dramaturgie Brechts und

> jenen saft- und kraftlosen Bilderfolgen vornehmlich amerikanischer
> Herkunft, die uns in den beiden letzten Jahren in monotoner Langwei-
> ligkeit als Dramen-Ersatz geboten wurden.[18]

Warnend verkündete er,

> wohin die Gestaltungsmethode des »epischen Theaters« zwangsläufig
> führt und führen muß, wenn sie nicht von einer dichterischen Potenz
> wie Bertolt Brecht praktiziert wird: zum Absterben des Theaters.[19]

Dann hob er alles hervor, von dem er glaubte, daß es Brechts Prinzipien widerspräche, und erklärte damit die Qualität der Aufführung, die zu leugnen er nicht vermochte. Des Dramatischen sei nicht genug, des Epischen dagegen zuviel – und die Songs möchte man trotz ihrer eingestandenen Schönheit missen. Und wieder ist die Rede von »Geste« anstatt von »Gestus«. Auf eine kurze Formel gebracht heißt das: MUTTER COURAGE ist ein gutes Stück und die Inszenierung am ›Deutschen Theater‹ war eine hervorragende Leistung; trotz Brecht.

Wenig später sollte Erpenbeck in der ›Weltbühne‹ noch deutlicher werden. Er stellte die rhetorische Frage:

> Wo verliert sich, trotz fortschrittlichen Wollens und höchsten, formalen Könnens, der Weg in eine volksfremde Dekadenz – wo führt, bei fortschrittlichem Wollen und höchstem, formalen Können, der Weg zur Volkstümlichkeit, zur dringend notwendigen Gesundung unserer Dramatik?[20]

Ebenfalls in der ›Weltbühne‹ wies Harich diese Vorwürfe zurück.[21] Im Sinne Erpenbecks, aber wesentlich präziser und weniger emotional, äußerte sich Hans Wilfert in der ›Neuen Zeit‹. Er

– warf Brechtschem »Stil« Zurückbleiben hinter der Entwicklung vor;
– fragte, warum dieses Stück »nicht mit einem kräftigen Schuß Realismus aufgeführt werden soll«;
– beanstandete den »Mangel an farbiger Fülle« im Bühnenbild und in der Darstellung;
– bekundete seine Enttäuschung darüber, daß von dieser Aufführung keine wesentlichen und fortschrittlichen Impulse ausgingen.[22]

Diese Einwände sind Ausdruck grundsätzlicher weltanschaulicher Unterschiede, nicht bloß ästhetischer Meinungsverschiedenheiten. Brecht auf der einen Seite und die Kritiker um Erpenbeck auf der anderen vertraten unvereinbare erkenntnistheoretische Grundpositionen; verschiedene Realitätsbegriffe führten sie zu divergierenden Realismuskonzeptionen. Wilferts Sätze:

> Diesen Brechtschen »Stil« haben wir schon vor 1933 in mancherlei Variation erprobt, wir brauchen das Experiment nicht zu wiederholen. Brecht ist bei ihm stehengeblieben, wir nicht.[23]

legen nicht nur die Vermutung nahe, daß 1949 die Expressionismus-Debatte der 30er Jahre noch nicht ausgestanden war,
sondern verraten zugleich deterministisches Geschichtsverständ-
nis. Sie setzen einen vom menschlichen Bewußtsein begreifbaren
und von Marxisten begriffenen historischen Prozeß voraus, dem
auch die Literaturgeschichte folgt, denn Wahrheitskriterium für
definitive Urteile über Fortschrittlichkeit kann nur Kenntnis der
Zukunft sein. Und dies ist nur möglich in logisch geschlossenen
deterministischen Systemen, die keinen prinzipiellen Unterschied
machen zwischen Vergangenheit und Zukunft.

Daß die unmittelbar von den Direktiven der SMAD abhängige
SED auf seiten der Brecht-Gegner stand, wurde spätestens Mitte
März 1949 klar, als eine gleichsam abschließende Stellungnahme
zum Streit zwischen Harich und Erpenbeck in der sowjetamtli-
chen ›Täglichen Rundschau‹ erschien. Dieser Artikel, veröffentlicht unter dem Namen S. Altermann und unter dem Titel »Wo
beginnt die Dekadenz? – Bemerkungen zur Polemik um Brechts
›Mutter Courage‹«, begann denn auch mit dem Hinweis auf die
prinzipielle Bedeutung des Streits für die Literatur der Gegenwart. Zwar wurde zugegeben, daß Erpenbecks Argumentation
unglücklich und rechthaberisch gewesen war, so daß Harich
seinem Gegner glaubwürdig das Recht absprechen konnte, sich
für einen »marxistischen Dialektiker« zu halten, letztlich aber
wurde im Sinne Erpenbecks entschieden. Die Angriffe auf Brecht
wurden präzisiert und endgültig aus der Ästhetik in den Bereich
der Weltanschauung verwiesen:

> Brechts episches Theater ist keine rein formale Angelegenheit, es ist der
> Ausdruck eines bestimmten philosophisch-ästhetischen Systems und
> verbirgt letzten Endes in einer etwas mystifizierten Form den Charak-
> ter des Brechtschen Realismus.[24]

Die Katze war aus dem Sack. Brecht wurde falsche Weltanschauung vorgeworfen. Aus ihr folge sein falscher Realismusbegriff.
Brechts episches Theater konnte somit nicht als Sozialistischer
Realismus gelten. Seine Bemühungen seien nichts anderes als der
Versuch, im 20. Jahrhundert an den längst überholten Prinzipien
eines objektivistisch-beschaulichen Realismus eines Goethe,
Schiller und Hegel stehenzubleiben. Der Vorwurf des Zurück-
bleibens hinter der notwendigen historischen Entwicklung war
amtlich bestätigt. (Ein Vergleich dieser Thesen mit denen Alexan-

der Abuschs, mit denen er am Neujahrstag das Goethe-Jahr eingeläutet hatte, ergibt eine bezeichnende Pointe.)

Eine Kritik der Thematik der COURAGE ergänzte die Ausführungen:

> Es handelt sich darum, daß die wahrhaft demokratische Kunst unserer Zeit unbedingt eine Kunst des r e v o l u t i o n ä r e n  R e a l i s m u s sein muß, eine Kunst der umfassenden und erschöpfenden Darstellung revolutionärer Massenaktionen mit allen dem j e t z i g e n Zeitpunkt wesenseigenen Interessen, Ideen und Konflikten.[25]

Damit wurde Brecht angekreidet, daß die COURAGE kein Gegenwartsdrama war. Er, Brecht, sei der Anweisung des Sozialistischen Realismus (Shdanows), die Wirklichkeit in ihrer revolutionären Entwicklung parteilich darzustellen, nicht nachgekommen. Der Vorwurf der Dekadenz wurde daher ausdrücklich bestätigt und begründet, denn in der COURAGE schweige die empörte menschliche Vernunft und werde die Ohnmacht des Menschen vor dem geschichtlichen Schicksal bestätigt. Es handele sich um ein

> Drama der großen Kapitulation des Volkes [. . .], welches sich kampflos dem angeblich unerbittlichen historischen Schicksal unterworfen hat.[26]

Dieser Artikel unterschob Brecht also nicht nur zu Unrecht konsequenten Geschichtsdeterminismus, der doch gerade, wie oben gezeigt, zum Fundament der Parteiideologie gehörte, sondern machte ihm solchen paradoxerweise auch noch zum Vorwurf. Aufgrund seiner Ahistorizität vermochte der Parteimarxismus dem Zeitproblem nicht gerecht zu werden, obgleich sich dieser Materialismus doch dialektisch und historisch nannte. Unfähigkeit, historischen Vorgängen in ihrer zeitlichen Relativität gerecht zu werden, war die Folge.

Mangelnde Historisierung im Falle der COURAGE aber führt zu der irrigen Annahme, daß die Chronik aus dem 30jährigen Krieg nichts weiter sei als ein Symbol für den Zweiten Weltkrieg. Solche Aktualisierung produziert, die Differenz von Vergangenem und Gegenwärtigem außer acht lassend, das Mißverständnis, MUTTER COURAGE rufe zur Kapitulation vor dem Kapitalismus auf.

Ein weiterer wichtiger Aspekt der parteikonformen Ästhetik ist ihre Neigung zur Verallgemeinerung, zur Abstraktion. Sie ist ein

Bestandteil des kategorial-logischen Systemdenkens, das, um Eliminierung von Widersprüchen bemüht, solche doch am laufenden Band produziert, wodurch sie den Begriff der Dialektik schließlich zur Ausrede degradiert. In der Kunstkritik führte dies zum Verkennen des allegorischen Charakters der Bühnengestalten. Statt Individuelles, Besonderheiten und Widersprüche anzuerkennen, deren Herausarbeitung Brechts Hauptanliegen war,[27] blieb man bestrebt, einzuebnen und nach Kategorientafeln zu klassifizieren.

So wurde die Courage zur Repräsentantin einer Klasse, zum Symbol für »das Volk«. Die dem Subjekt »Volk« zugeschriebenen Prädikate wurden dann auf dem Wege deduktiven Schließens von ihr selbst wieder gefordert. Verbunden mit Ahistorizität führte dies im vorliegenden Fall dazu, daß von der Courage eben das gefordert wurde, was die Theorie der marxistischen Partei als Eigenschaften der Arbeiterklasse im 20. Jahrhundert postulierte. Andererseits folgte daraus aber auch, daß alle die Merkmale der Courage, die dieser Theorie nicht entsprachen, als Angriff auf den Marxismus gewertet wurden. Kapituliert die Courage, so wurde dies als Aufforderung Brechts an die Arbeiterklasse verstanden, ebenfalls zu kapitulieren. Hinausgehend über den logischen Satz der Identität, der lediglich die Widerspruchsfreiheit der Courage mit sich selbst fordern würde, wurde durch ihre Fehldeutung als Symbol ihre Widerspruchsfreiheit mit der Klasse gefordert, die sie zu repräsentieren schien. Die den Angriffen auf die COURAGE zugrunde liegende Denkweise orientierte sich also am Ideal deduktiver Wissenschaft, nicht jedoch an einem dieses Ideal relativierenden Dialektik-Begriff, wie ihn Brecht vertrat.

Als weiteres Charakteristikum deduktiver Ästhetik erscheint das Festhalten an Eindeutigkeit. Dies stimmt überein mit dem aus der Abbildtheorie Lenins abgeleiteten Objektivitätsbegriff. Indem der Begriff als adäquate Widerspiegelung des Seins im Bewußtsein verstanden wurde, wurde erkenntnistheoretisch eine Differenz zwischen Gesagtem und Gemeintem geleugnet. Erweckte es den Eindruck, daß die Courage im ›Lied von der großen Kapitulation‹ zur Unterwerfung aufrief, so wurde angenommen, dies sei die Moral von der Geschicht. Eindeutigkeit der Aussage ist Wesensmerkmal des Sozialistischen Realismus. Brecht jedoch ging es um die Schaffung widersprüchlich-komplementärer und damit polyvalenter Bilder.[28] Der Hinweis im Altermann-Artikel, es handele sich bei der Auseinandersetzung um Brecht um philosophische Differenzen, traf zu.

Auch Brecht war sich des grundsätzlichen Charakters des Konfliktes bewußt. Er schrieb:

> Denkweisen sind Teil der Lebensweisen. Was das Theater betrifft, werfen wir in den Bruch hinein die Modelle. Sie werden sogleich heftig umkämpft von den Verfechtern des Alten, der Routine, die als Erfahrung, und der Konvention, die als freies Schöpfertum auftritt.[29]

So wird verständlich, daß das, was für die Altermann-Seite Verteidigung des Sozialistischen Realismus und »Ausmerzung der ›Muttermale des Kapitalismus‹«[30] war, für Brecht gerade Bekämpfung jeden sozialistischen und realistischen Ansatzes und Aufrechterhaltung bourgeoisen Denkens sein mußte. Die Partei erschien hier in seinen Augen als Hemmschuh des Fortschritts, als Hort der Zurückgebliebenen, während diese Brecht als trojanisches Pferd empfand.

Mit der Verkündung der These, daß bei Brecht die Dekadenz beginnt, war die offizielle Haltung von SMAD und SED klar formuliert und der Streit entschieden. Ausgestanden aber war er noch längst nicht.

Im April 1949 veranstaltete die Hochschulgruppe Berlin im Kulturbund mit Erpenbeck und Harich eine Diskussion über episches und dramatisches Theater. Dabei wurde deutlich, daß sich Erpenbecks Vorstellungen vom idealen Drama am Muster einst bewährter und klassisch gewordener Regeln orientierte. Die Auseinandersetzung reduzierte sich auf

> die einfache Frage [. . .], ob die Durchbrechung der klassischen dramatischen Sätze ein fruchtbarer Weg in die Zukunft sein kann oder nicht.[31]

Erpenbeck warnte die jungen Autoren vor Irrwegen wie dem epischen Theater, während Harich daran die Synthese aus Emotion und intellektueller Überzeugung betonte. Die Angriffe auf Brecht, beruhend auf einem Konflikt zwischen klassisch-logischer und dialektischer Weltanschauung, wurden damit ergänzt durch den entsprechenden Kampf um aristotelische und nichtaristotelische Poetik. Damit aber erwies sich der Streit um die wahre marxistische Ästhetik als keineswegs so originell, wie er meist hingestellt wird: Er erscheint zu nicht geringen Teilen als Neuauflage des alten Streites »Aristoteles oder Shakespeare«. Während seine Gegner einen dramaturgischen Höhepunkt – letztlich also die aristotelische Peripetie – forderten, wies Brecht darauf hin, daß die Bezeichnung »Chronik« gattungsgemäß etwa dem Begriff »History« der elisabethanischen Dramatik entspreche.[32] Eine besondere Rolle in der Diskussion in der Hochschulgruppe Berlin des Kulturbundes spielte das Fehlen einer Lösung im Stück. Diese Bedenken, von Sprechern aus Kreisen der studentischen Jugend und der FDJ geltend gemacht,[33] stimmen überein mit den Ausführungen zum Fabelbegriff der Tragödie in der »Poetik« des Aristoteles.[34] Auch die Kritik am epischen Theater richtete sich gegen die Mißachtung kausallogischer, vollständiger Handlungsabläufe mit Anfang, Mitte und Ende zugunsten loser Komposition einzelner nach- und nicht auseinander folgender Haltungen. Das, was als Sozialistischer Realismus propagiert wurde, erweist sich so als letztlich den klassischen aristotelischen Regeln von Logik und Poetik folgend.

In der durch die Aufführung der COURAGE ausgelösten Debatte um das epische Theater enthielt sich der Angegriffene selbst weitgehend der Stimme. Den Streit trugen seine Jünger und Gegner aus. Ein großes Streitgespräch über das Thema COURAGE führte Brecht nur mit seinem Schriftstellerkollegen Friedrich Wolf. Dieses Zwiegespräch über FORMPROBLEME DES THEATERS AUS NEUEM INHALT wurde später in THEATERARBEIT aufgenommen.[35] Schon in den ersten Sätzen zitierte darin Wolf Aristoteles, während Brecht auf Shakespeare verwies. Wieder ist die Rede von Exposition, Peripetie und Lösung und durch Vernachlässigung dieses Schemas verursachter Entwicklungslosigkeit. Da die Courage nichts lerne, könne sie dem deutschen Volke im Jahr 1949 nicht als Vorbild dienen, meinte Wolf und verkannte damit ebenfalls den allegorischen Charakter der Gestalt. Der kurze Schluß von der Uneinsichtigkeit der Courage auf das Ausbleiben jeglicher Erkenntnis beim Publikum war in Brechts Augen ein Trugschluß:

> Wenn jedoch die Courage weiter nichts lernt – das Publikum kann, meiner Ansicht nach, dennoch etwas lernen, sie betrachtend.[36]

Das offene Ende läßt die Zukunft undeterminiert. Sie wird als Aufgabe und mögliche Chance gezeigt, die also auch verspielt werden kann.[37] Dies steht im Gegensatz zur Lehre der Partei, die die Zukunft mit Gewißheit zu prognostizieren behauptet. Ihr

geht es um das Ziel, um Antworten. Brecht ging es um richtiges Gehen und richtiges Fragen.
Aristoteles hatte gesagt:

> Da der Dichter ein Nachahmer ist [. . .], so muß man immer eines von den drei Dingen nachahmen, die es gibt: man soll die Wirklichkeit nachahmen, entweder so, wie sie war oder ist, oder so wie man sagt, daß sie sei, und wie man meint, oder so wie sie sein soll.[38]

Brecht bemühte sich um die Nachahmung der Wirklichkeit wie sie war oder ist, oder wie er meint, daß sie sei. Die Partei dagegen forderte die Künstler auf, sie nachzuahmen, wie sie behauptete, daß sie sei, oder so wie sie sein soll. Für sie war richtig in der Kunst, was in der Politik richtig war, während Aristoteles meinte:

> Außerdem ist die Richtigkeit nicht dieselbe bei der Politik und bei der Poetik [. . .][39]

In der Ablehnung letzterer These herrschte Einverständnis zwischen Brecht und der Partei. Nur divergierten die Meinungen z. T. entscheidend darüber, was in Politik und Poetik richtig ist. Auf jeden Fall aber hielt Brecht an seinem Grundsatz fest:

> *Ich aber rede so lange von Krankheit und nur von Krankheit, bis ich die genaue Ursache der Erkrankung kenne und die genauen Mittel weiß, um sie wirksam zu bekämpfen, und die ersten Anzeichen der Besserung sich zeigen. Dann erst rede ich vielleicht auch von Heilung.*[40]

*Anmerkungen*

1 Bertolt Brecht: *werkausgabe edition suhrkamp*. Frankfurt/M. 1967 (im Folgenden abgekürzt: wa) Bd. 16, S. 721.
2 Bertolt Brecht: *Arbeitsjournal*. Frankfurt/M. 1973 (im Folgenden abgekürzt: AJ) Bd. 2, S. 873 (Notiz vom 13. 12. 1948).
3 AJ 2, S. 879 (Notiz vom 20. 12. 1948).
4 AJ 2, S. 866 (Notiz vom 10. 12. 1948).
5 AJ 2, S. 880 (Notiz vom 21. 12. 1948).
6 AJ 2, S. 862 (Notiz vom 25. 11. 1948).
7 *Brecht*. In: *Materialien zu Brechts ›Mutter Courage und ihre Kinder‹*. Frankfurt/M. ⁶1969, S. 9. Im gleichen Sinne heißt es in *Theaterarbeit*

(S. 284): *Was eine Aufführung von Mutter Courage hauptsächlich zeigen sollte* »Daß die großen Geschäfte in den Kriegen nicht von den kleinen Leuten gemacht werden. Daß der Krieg, der eine Fortführung der Geschäfte mit anderen Mitteln ist, die menschlichen Tugenden tödlich macht, auch für ihre Besitzer. Daß er darum bekämpft werden muß.«

8 Margarethe Steffin. In: AJ 1, S. 243.

9 AJ 2, S. 891 (Notiz vom 17. 1. 1949).

10 Manfred Jäger: *Zur Rezeption des Stückeschreibers Brecht in der DDR.* In: *Bertolt Brecht I.* Sonderband TEXT + KRITIK, S. 109.

11 Paul Rilla: *Gegen den deutschen Kriegsmythos – Bert Brechts ›Mutter Courage‹ im Deutschen Theater.* In: Berliner Zeitung vom 13. 1. 1949.

12 Paul Rilla: *Schacht und die Mutter Courage.* In: P. Rilla, *Literatur – Kritik und Polemik.* Berlin 1952, S. 42-47.

13 Max Schröder: *Verflucht sei der Krieg! – Deutsche Erstaufführung von Bertolt Brechts ›Mutter Courage‹ im Deutschen Theater.* In: Neues Deutschland (ND) vom 13. 1. 1949.
Weitere Rezensionen Schröders im ND: M. Schröder: *Bertolt Brecht – Zur deutschen Erstaufführung seiner ›Mutter Courage‹.* In: ND vom 12. 1. 1949; M. Schröder: *Bertolt Brechts Bühnenstil und die Berliner Aufführung der ›Mutter Courage‹.* In: ND vom 16. 1. 1949.

14 *Auszüge aus Rezensionen zu ›Mutter Courage und ihre Kinder‹ von Bert Brecht.* In: Theaterdienst 1949, H. 3, S. 3 ff. (vom 21. 1. 1949).

15 Wolfgang Harich: *Der gemeine Mann hat kein' Gewinn.* In: Tägliche Rundschau vom 14. 1. 1949. Bei Harich kann man sogar lesen: »Man verzeihe den blasphemisch gewagten Vergleich: Mit dem biblischen Mose, der dem Volk die Gesetzestafeln bringt, hat Brecht manches gemein.«

16 Fritz Erpenbeck: *Mutter Courage und ihre Kinder.* In: Vorwärts vom 13. 1. 1949 (zit. nach: *Lebendiges Theater,* Berlin 1949, S. 314).

17 Vgl. Fritz Erpenbeck: *Bertolt Brecht: ›Furcht und Elend des Dritten Reiches‹. Deutsches Theater 30. 1. 1948.* In: *Lebendiges Theater.* Berlin 1949, S. 280 f.

18 Fritz Erpenbeck: *Mutter Courage und ihre Kinder;* zit. nach: *Lebendiges Theater,* S. 314.

19 Ebda., S. 314 f.

20 Fritz Erpenbeck: *Einige Bemerkungen zu Brechts ›Mutter Courage‹.* In: Die Weltbühne 1949, H. 3, S. 103 (vom 18. 1. 1949).

21 Wolfgang Harich: *Trotz fortschrittlichen Wollens...* In: Die Weltbühne 1949, H. 6, S. 215 (vom 8. 2. 1949).

22 Hans Wilfert: *Das Leiden am Krieg.* In: Neue Zeit vom 13. 1. 1949.

23 Ebda.

24 S. Altermann: *Wo beginnt die Dekadenz? – Bemerkungen zur Polemik um Brechts ›Mutter Courage‹.* In: Tägliche Rundschau vom 12. 3. 1949.

25 Ebda. Und den Vorwurf der Dekadenz bekräftigend heißt es: »Die Dekadenz beginnt dort, wo in dem Schaffen eines Künstlers die empörte

menschliche Vernunft schweigt und die Ohnmacht des Menschen vor dem geschichtlichen Schicksal bestätigt wird.«

26 Ebda.

27 »Was das Epische in der Aufführung des Deutschen Theaters betrifft, so war davon manches zu sehen, im Arrangement, in der Zeichnung der Figuren, in der akkuraten Ausführung der Details und in der Zügigkeit des Gesamtverlaufs. Auch war das Widersprüchliche in allem nicht überkommen, sondern herausgearbeitet, und die Teile, sichtbar als solche, fügten sich gut zum Ganzen. Jedoch wurde das eigentliche Ziel des Epischen nicht getroffen. Vieles zeigte sich, aber das Moment des Zeigens fehlte schließlich.« (Brecht: *Schriften zum Theater* Bd. 6. Frankfurt/M. 1964, S. 136 f.) Was Brecht noch zu wenig des Epischen war, war seinen Gegnern bereits zuviel: die Distanz.

28 Um zu belegen, daß es Brecht nicht um Eindeutigkeit ging, sei er zitiert: »Das Geheimnis der großen Dramenfiguren besteht zum Teil darin, daß sie nahezu jeden Körper haben können und Platz für eine Menge privater Züge in ihnen ist. Ebenso wie in den in Betracht kommenden Dramen mehrere Ansichten über den Stoff zugelassen werden vom Dichter, sind die Figuren ganz unfixiert. Eduard II. z. B. kann ebenso ein starker böser Mann wie ein schwacher guter sein.« (wa 15, S. 195) Und in einem 1926 erschienenen Interview mit Bernard Guillemin hatte er gesagt: »Der Zuschauer soll Psycholog genug sein, den Stoff, den ich ihm biete, selber zu durchdringen. Ich verbürge mich für die absolute – Echtheit und die Richtigkeit dessen, was in meinen Dramen geschieht – ich gehe Wetten auf Menschenkenntnis ein. Aber ich lasse der Deutung den weitesten Spielraum. Der Sinn ist meinen Dramen immanent. Man soll ihn sich holen. [. . .] Es gibt Schriftsteller, die nur den Vorgang geben. Zu diesen gehöre ich. Meine Stoffe *sind* verstehbar. Ich brauche sie darum nicht erst verstehbar zu *machen*.« (Brecht: *Schriften zum Theater* Bd. 2. Frankfurt/M. 1963, S. 268). Offenbar sind sie aber mißverstehbar.

29 wa 17, S. 1134.

30 S. Altermann, ebd. (vgl. Anm. 24).

31 ›*Mutter Courage*‹ *und ihre Kritiker – Eine Diskussion im Berliner Kulturbund*. In: Freie Presse, Zwickau, vom 4. 5. 1949.
Vgl. auch: W. L.: *Episch oder dramatisch? – Theaterkritiker diskutieren vor Studenten*. In: Berliner Zeitung vom 29. 4. 1949.

32 *Formprobleme des Theaters aus neuem Inhalt – Ein Gespräch zwischen Friedrich Wolf und Bertolt Brecht*. In: *Theaterarbeit*, S. 253.

33 Vgl.: Ltz.: *Ein Streitgespräch um Bert Brecht – Diskussion über episches und dramatisches Theater*. In: Tägliche Rundschau vom 29. 4. 1949. Positiv hatte diese grundsätzliche Offenheit des Stückes im Januar noch Carl Linfert gewertet: »Vom Unglück hat Brecht – wie er es immer tut – nichts verhohlen. Er will auch nichts mehr glauben. Ja, er läßt durchblicken, daß allzu rasch jede Doktrin gewonnenes Spiel zu haben

scheint, die sich anmaßt aus Unglück das Rezept für Glück zu ziehen.«
(Carl Linfert: *Unglück und großer Zorn.* In: Der Kurier vom 13. 1.
1949)

34 »Da wir dies unterschieden haben, müssen wir nun sagen, wie der
Aufbau der Handlungen sein soll, da ja dies das erste und wichtigste Stück
der Tragödie ist.

Vorausgesetzt, daß die Tragödie die Nachahmung einer vollständigen und
ganzen Handlung ist und von einer bestimmten Länge; es gibt ja auch ein
Ganzes, das keine Länge hat. Ganz ist, was Anfang, Mitte und Ende
besitzt. Anfang ist, was selbst nicht notwendig auf ein anderes folgt, aus
dem aber ein anderes wird oder entsteht. Ende umgekehrt ist, was selbst
aus anderem folgt, aus Notwendigkeit oder in der Regel, ohne daß aus ihm
etwas weiteres mehr entsteht. Mitte endlich, was nach anderem und vor
anderem ist.« (Aristoteles: *Werke* Bd. II, S. 401; eingeleitet und neu
übertragen von Olof Gigon. Zürich 1950 [Die Bibliothek der Alten Welt,
Griechische Reihe])

35 In: *Theaterarbeit – 6 Aufführungen des Berliner Ensembles.* Hg.:
Berliner Ensemble, Helene Weigel. Berlin ³1967, S. 253 ff.

36 Ebda., S. 255.

37 Auf die Offenheit des Schlusses als wesentliches Kennzeichen Brecht-
scher Dramaturgie hat neben Werner Hecht (»Aufsätze über Brecht«,
Berlin 1970, S. 83) vor allem Helga Gallas hingewiesen: »Eine episierende
Darstellung [. . .] wird gerade der schlechten Wirklichkeit den Impuls zur
Aktivierung dieses Publikums entnehmen. Die Vollendung der historischen Entwicklung wird nicht als selbsttätige und zwangsläufige ausgege-
ben, sondern dem Publikum als Aufgabe zugeschoben. Die Revolution
wäre die *Möglichkeit,* die Chance, die auch verpaßt werden kann.« (Helga
Gallas: *Marxistische Literaturtheorie.* Neuwied und Berlin 1971, S. 152).
Daß Friedrich Wolf auf den überkommenen Regeln aristotelischer Dramatik bestand, zeigt seine Äußerung über das von Brecht so heftig
bekämpfte Moment der Katharsis: »Das wahre Drama entläßt die Menge
nicht, ehe es sie nicht von Grund auf durchgerüttelt, durchgeknetet und
›gereinigt‹ hat; es verlangt sofortige innere Entscheidungen [. . .] Die
Entscheidung im Theater ist eine unmittelbare, sofortige, oft suggestive
der Massenseele«. (Zit. nach: Werner Jehser: *Friedrich Wolf – Leben und
Werk.* Berlin 1965, S. 180)

38 Aristoteles: *Werke* Bd. II, S. 430.

39 Ebda.

40 wa 18, S. 92.

# XIV. Ausgewählte Literatur

Berger, Manfred: *Gedanken zum Begriff der Verfremdung in der Theaterauffassung Bertolt Brechts.* Bernau 1964.

Bergstedt, Alfred: *Das dialektische Darstellungsprinzip des ›Nicht-Sondern‹ in Bertolt Brechts Stück ›Mutter Courage und ihre Kinder‹.* In: Wiss. Zschr. der PH Potsdam. Gesellsch.-Sprachw. Reihe 9 (1965), S. 71-77.

Boeddinghaus, Walter: *Bestie Mensch in Brechts ›Mutter Courage‹.* In: Acta Germanica 2 (1968), S. 81-88.

Brecht, Bertolt: *Courage-Modell 1949. Text, Anmerkungen* (Redaktion: Peter Palitzsch), *Aufführung* (Hrsg. Ruth Berlau). Berlin 1958.

Brinkmann, Karl: *Erläuterungen zu Bertolt Brechts ›Mutter Courage‹ und ›Der kaukasische Kreidekreis‹.* Hollfeld o. J.

Dort, Bernard: *Lecture de Brecht.* Paris 1960. (Hier besonders: S. 150 ff.)

Ekmann, Björn: *Gesellschaft und Gewissen. Die sozialen und moralischen Anschauungen Bertolt Brechts und ihre Bedeutung für seine Dichtung.* Munksgaard 1969. (S. 233-245.)

Engberg, Harald: *Brecht auf Fünen. Exil in Dänemark 1933-1939.* Wuppertal 1974. (S. 225-239.)

Engel, Erich: *Aus der Arbeit des Regieseminars.* (Zur ›Courage‹) In: Erich Engel: *Schriften. Über Theater und Film.* Berlin 1971, S. 144-157.

Erpenbeck, Fritz: *Einige Bemerkungen zu Brechts ›Mutter Courage‹.* In: Die Weltbühne. 1949, S. 101-103.

Erpenbeck, Fritz: *Polemik statt Diskussion.* In: Die Weltbühne. 1949, S. 325-328.

Esslin, Martin: *Brecht. Das Paradox des politischen Dichters.* München 1970 (Frankfurt/M. 1962). (S. 290-300.)

Ewen, Frederic: *Bertolt Brecht. Sein Leben, sein Werk, seine Zeit.* Frankfurt/M. 1973 (zuerst 1967). (S. 333-341.)

Fradkin, Ilja: *Bertolt Brecht. Weg und Methode.* Leipzig 1974. (S. 205-212.)

Fuegi, John: *Gespräch mit Richard Schechner über seine New Yorker Aufführung der ›Mutter Courage‹.* In: Brecht-Jahrbuch 1976 (Frankfurt/M.), S. 166-176.

Gersch, Hubert: *Film bei Brecht. Bertolt Brechts praktische und theoretische Auseinandersetzung mit dem Film.* Berlin 1975. (S. 268-293.)

Harich, Wolfgang: *›Trotz fortschrittlichen Wollens . . .‹. Ein Diskussionsbeitrag.* In: Die Weltbühne. 1949, S. 215-219.

Hebel, Franz: *Bert Brecht im Deutschunterricht der Oberstufe. Mutter Courage und ihre Kinder.* In: Pädagogische Provinz 11 (1957), S. 372-384.

Hecht, Werner (Hrsg.): *Materialien zu Brechts ›Mutter Courage und ihre Kinder‹.* Frankfurt/M. 1964 [12]1979.

Hennenberg, Fritz: *Dramaturgische Analysen / ›Mutter Courage‹.* In: Dessau/Brecht: *Musikalische Arbeiten.* Berlin 1963, S. 109-114.

Hill, Claude: *Bertolt Brecht.* München 1978. (S. 107-114.)

Hinck, Walter: *Die Dramaturgie des späten Brecht.* Göttingen 1959 [6]1977. (Hier besonders: S. 37-45, 80-82.)

Hof, Gert (Redaktion): *Mutter Courage und ihre Kinder von Bertolt Brecht. Eine Dokumentation der Aufführung des Berliner Ensembles 1978.* Berlin 1981 (Theaterarbeit in der DDR 5).

Holthusen, Hans Egon: *Versuch über Brecht.* In: H. E. Holthusen: *Kritisches Verstehen. Neue Aufsätze zur Literatur.* München 1961. (Hier: S. 57-137.) Gekürzt auch unter dem Titel: *Bertolt Brecht. Mutter Courage – Oder das Prinzip der nächsten Dinge.* In: Manfred Brauneck (Hrsg.): *Das deutsche Drama vom Expressionismus bis zur Gegenwart.* Bamberg 1970, S. 141-149.

Hurwicz, Angelika: *Was ist dramatisch? Eine Entgegnung auf Fritz Erpenbecks Bemerkungen zu ›Mutter Courage‹.* In: Die Weltbühne. 1949, S. 180-182.

Hurwicz, Angelika: *Einige couragierte Mitteilungen über ›Mutter Courage‹.* In: W. Hecht (Hrsg.): *Materialien zu Brechts ›Mutter Courage und ihre Kinder‹.* Frankfurt/M. [12]1979, S. 122-124.

Jendreiek, Helmut: *Bertolt Brecht. Drama der Veränderung.* Düsseldorf 1969. (S. 153-208.)

Knight, Kenneth: *›Simplicissimus‹ und ›Mutter Courage‹.* In: Daphnis 5 (1976), S. 699-705.

Knopf, Jan: *Brecht-Handbuch. Theater. Eine Ästhetik der Widersprüche.* Stuttgart 1980. (S. 181-195.)

Lindtberg, Leopold: *Persönliche Erinnerungen an Bertolt Brecht* in: Leopold Lindtberg: *Reden und Aufsätze:* Zürich/Freiburg 1972, S. 120-124. Vorabdruck in: Neue Zürcher Zeitung Nr. 243/28. 5. 1972, S. 53.

Ludwig, Karl-Heinz: *Bertolt Brecht. Tätigkeit und Rezeption von der Rückkehr aus dem Exil bis zur Gründung der DDR.* Kronberg 1976. (S. 43-53.)

Lupi, Sergio: *Il Drama Mutter Courage und ihre Kinder di Bertolt Brecht.* In: Studi germanici 3 (1965), S. 39-89.

Luthardt, Theodor: *Der Song als Schlüssel zur dramatischen Grundkonzeption in Bertolt Brechts ›Mutter Courage und ihre Kinder‹.* In: Wiss. Zschr. d. F. Schiller-Universität Jena. Ges. u. sprachwiss. Reihe 7 (1957/58), S. 119-122.

Mayer, Hans: *Anmerkung zu einer Szene [aus ›Mutter Courage‹]*. In: H. Weigel (Hrsg.): *Theaterarbeit*. Dresden 1952, S. 249-253. Auch in: H. Mayer: *Deutsche Literatur und Weltliteratur*. Berlin 1967, S. 635-641.

Mennemeier, Franz Norbert: *Brecht: Mutter Courage und ihre Kinder.* In: B. v. Wiese (Hrsg.): *Das deutsche Drama*. Bd. 2. Düsseldorf 1958, S. 383-400. Auch in: T. Buck (Hrsg.): *Zu Bertolt Brecht. Parabel und episches Theater*. Stuttgart 1979, S. 145-160.

Milfull, John: *From Baal to Keuner. The ›Second Optimism‹ of Bertolt Brecht*. Bern/Frankfurt/M. 1974. (S. 128-138.)

Mittenzwei, Werner: *Die Kritikerschlacht um die ›Mutter Courage‹*. Aus: W. Mittenzwei: *Der Realismusstreit um Brecht. Grundriß zu einer Brecht-Rezeption der DDR 1945-1975*. In: W. Mittenzwei: *Wer war Brecht? Wandlung und Entwicklung der Ansichten über Brecht*. Sinn und Form. Berlin 1977, S. 7-114. (Hier: S. 26-33.) Auch in: W. Mittenzwei: *Der Realismusstreit um Brecht*. Berlin/Weimar 1978, S. 36-48.

Müller, Joachim: *Dramatisches und episches Theater. Zur ästhetischen Theorie und zum Bühnenwerk Bertolt Brechts*. In: Wiss. Zschr. d. F. Schiller-Universität Jena. Ges. u. sprachwiss. Reihe 8 (1958/59), S. 365-382. (Hier: S. 373-375.)

Müller, Klaus-Detlef: *Die Funktion der Geschichte im Werk Bertolt Brechts. Studien zum Verhältnis von Marxismus und Ästhetik*. Tübingen 1967, ²1972. (S. 55 ff.)

Müller-Seidel, Walter: *Nachwort* zu: *Klassische Deutsche Dichtung*, hrsg. v. F. Martini/W. Müller-Seidel/B. v. Wiese. Band 15: *Bürgerliches Trauerspiel und soziales Drama*. Freiburg 1964 (S. 531-536).

Obermayer, August: *Die dramaturgische Funktion der Lieder in Brechts ›Mutter Courage und ihre Kinder‹*. In: *Festschrift für E. W. Herd*. Dunedin 1980 (Dept. of German. University of Otago), S. 200-213.

Olsson, Jan Esper: *Bertolt Brecht. Mutter Courage und ihre Kinder. Historisch-kritische Ausgabe*. Lund/Frankfurt/M. 1981.

Palitzsch, Peter: *›Mutter Courage‹, 20 Jahre danach. Arbeit an Brecht am Beispiel einer Aufführung*. In: Theater heute 6 (1965), H. 1, S. 60-64.

Parmet, Simon: *Die ursprüngliche Musik zu ›Mutter Courage‹. Meine Zusammenarbeit mit Brecht*. In: Schweizerische Musikzeitung 97 (1957), H. 12, S. 465-468.

Reichert, Herbert W.: *Hauptmann's Frau Wolff and Brecht's Mutter Courage*. In: German Quarterly 34 (1961), S. 439-448.

Rischbieter, Henning: *›Mutter Courage und ihre Kinder‹*. In: H. Rischbieter: *Bertolt Brecht* Bd. 2. Velber ³1970 (Friedrichs Dramatiker des Welttheaters Bd. 14) S. 20-31.

Rülicke, Käthe: *Einfühlung oder Kritik?* In: W. Hecht (Hrsg.): *Materialien zu Brechts ›Mutter Courage und ihre Kinder‹*. Frankfurt/M. ¹²1979, S. 129-135.

Schäfer, Walter E.: *War der Weg über die Lieder ein Umweg? Bertolt Brecht: ›Mutter Courage und ihre Kinder‹*. In: Wirkendes Wort 14 (1964), S. 407-413.

Thole, Bernward: *Die ›Gesänge‹ in den Stücken Bertolt Brechts*. Göppingen 1973. (S. 130-201.)

Unseld, Siegfried: *Die Brechtsche Chronik des Krieges*. In: W. Hecht (Hrsg.): *Materialien zu Brechts ›Mutter Courage und ihre Kinder‹*. Frankfurt/M. ¹²1979, S. 138-142.

Weigel, Helene (Hrsg.): *Theaterarbeit. Sechs Aufführungen des Berliner Ensembles*. Dresden 1952. Frankfurt/M. ²1961.

Wekwerth, Manfred: *Schriften. Arbeit mit Brecht*. Berlin 1975. (S. 83-88, 462 f.)

Wiese, Benno v.: *Der Dramatiker Bertolt Brecht*. In: B. v. Wiese: *Zwischen Utopie und Wirklichkeit*. Düsseldorf 1963, S. 254-275.

Wirth, Andrzej: *Über die stereometrische Struktur der Brechtschen Stücke*. In: Sinn und Form. 2. Sonderheft *Bertolt Brecht*. 1957, S. 346-387. Auch in: Reinhold Grimm (Hrsg.): *Episches Theater*. Köln 1972, S. 197-230.

Wölfel, Friedrich: *Das Lied der Mutter Courage*. In: R. Hirschenauer/A. Weber (Hrsg.): *Wege zum Gedicht*. München/Zürich 1963, S. 537-549.

Wüthrich, Werner: *Bertolt Brechts Aufnahme in der Schweiz 1923-1969*. Diss. Wien 1974 (Ms.). (S. 139-173, 204-210, 333-335).

Wyss, Monika: *Brecht in der Kritik*. München 1977. (S. 203-213.)

# Nachwort

*Für keines seiner Stücke – ausgenommen allenfalls ›Leben des Galilei‹ – hat Brecht Fragen der Fabel, der Form, des Gehalts und der Aufführung so intensiv reflektiert und kommentiert wie für ›Mutter Courage und ihre Kinder‹. Die Berliner Aufführung von 1949 war Gelegenheit und Anlaß, die Theorie des epischen Theaters zu verifizieren und zu erproben. Brecht hatte diese Theorie in der Emigration entwickelt und formuliert, in der erzwungenen Ferne von jeder Theaterpraxis, was seiner Arbeitsweise widersprach, und im Zeichen einer ›unnatürlichen Nichtverwertung‹ seiner Stücke, die er lebhaft beklagte. Die Arbeit an der ›Galilei‹-Inszenierung mit Charles Laughton von 1944 bis 1947 stand noch unter Zwängen, die eine volle Realisierung seiner Vorstellungen behinderten, und die Churer ›Antigone‹ von 1948 verstand er als eine ›Fleißarbeit‹, mit der er sich und Helene Weigel auf die bevorstehenden, wichtigeren Aufgaben systematisch vorbereitete. Die außerordentliche Bedeutung, die die Courage-Aufführung als Modell-Inszenierung gewinnen sollte, brachte es mit sich, daß Brecht hier zum gründlichen Interpreten seines eigenen Stückes wurde. Seine Einsichten und Erkenntnisse sind ebenso verbindlich geworden wie die von ihm gefundenen szenischen Lösungen. Sie müssen jeder Interpretation und jeder neuen Realisierung auf dem Theater zugrundegelegt werden, auch wenn damit zunächst eine ›Einschüchterung durch Klassizität‹ verbunden ist. Was zu dem Stück zu sagen ist, muß auf der Grundlage des schon (mit Autorität) Gesagten entschieden werden: es darf nicht hinter dem zurückbleiben, was Brecht und seine Mitarbeiter erkannt haben, sondern muß darüber hinausgehen.*

*Dieser Materialienband beruht auf einer neuerlichen Sichtung der Quellen. Er ist der Zusammenstellung, die Werner Hecht zuerst 1964 als Band 50 der edition suhrkamp vorgelegt und in 11 folgenden Auflagen erweitert und ergänzt hat, dankbar verpflichtet. Die meisten der von Hecht ausgewählten Brecht-Texte sind auch hier wieder abgedruckt. Außerdem wurde aufgenommen, was in verschiedenen anderen Publikationen veröffentlicht ist, jedoch nur dem zur Verfügung steht, der Zugang zu allen Editionen hat, so insbesondere Äußerungen in den Modellbüchern, dem*

›Arbeitsjournal‹, den Briefen. Aus den Manuskripten im Bertolt-Brecht-Archiv wurde eine größere Zahl neuer Texte ausgewählt. Einige sind schon in der (schwer zugänglichen) historisch-kritischen Ausgabe der ›Mutter Courage‹ von Jan Esper Olsson veröffentlicht. Sie werden hier aber nach den Originalvorlagen wiedergegeben. Das gilt insbesondere für die sehr aufschlußreichen Varianten der Erstfassung des Stücks von 1939, bei denen die erste (handschriftliche) Bearbeitungsschicht berücksichtigt ist.

Eine Auswahl exemplarischer Kritiken der Zürcher Uraufführung (1941) und der Berliner Erstaufführung (1949) dokumentiert die erste Rezeption, wobei freilich aus urheberrechtlichen Gründen Kompromisse notwendig waren. Die Forschungsliteratur zu ›Mutter Courage und ihre Kinder‹ ist, soweit sie textanalytisch und interpretierend vorgeht, vergleichsweise unergiebig. Nur selten erreicht sie das Niveau der Brechtschen Selbstdeutungen. Es schien deshalb sinnvoll, neben dem schon klassischen Aufsatz von Hans Mayer nur eine exemplarische Strukturanalyse aufzunehmen und das Augenmerk auf Arbeiten zur Vorgeschichte und Rezeption des Stückes zu richten. Eine ausführliche Auswahlbibliographie informiert über weitere Arbeiten.

Die Anordnung der Texte folgt – soweit es die systematische Gliederung zuläßt – einer Art innerer Chronologie, die allerdings mit den Entstehungsdaten nur bedingt übereinstimmt: eine fortlaufende Lektüre sollte sinnvoll sein. Die Abbildungen beziehen sich auf die beiden Modellinszenierungen im Deutschen Theater Berlin 1949/1951 und in den Münchner Kammerspielen 1950, auf die auch die Notate in den Modellbüchern verweisen. Die Schreibweise entspricht grundsätzlich derjenigen, die in den angegebenen Quellen verwendet ist, auch wenn dabei Inkonsequenzen hingenommen werden müssen. Lediglich eindeutige Fehler wurden stillschweigend korrigiert. Unveröffentlichte Brecht-Texte aus dem Bertolt-Brecht-Archiv werden in der Schreibung der Archivmaterialien wiedergegeben, mit einer Ausnahme: Brecht verwendet für Szenenanweisungen in der Regel Großbuchstaben. In diesem Band wird stattdessen Kursiv-Druck benutzt. Eine konsequente Kleinschreibung, wie sie in den meisten Texten üblich ist, wäre in diesem Falle eine Herausgeberentscheidung, die Irrtümer und Willkür nicht ausschließen kann. Aus diesem Grunde wurde eine normale Schreibung bevorzugt, allerdings unter Beibehaltung der Original-Interpunktion.

*Titel, die nicht von Brecht stammen, sind in eckige Klammern gesetzt, Erläuterungen und Hinzufügungen des Herausgebers erscheinen kursiv, die Bildunterschriften stammen zum größten Teil aus vorliegenden Publikationen.*

*Der Herausgeber hat zu danken: den Mitarbeitern des Bertolt-Brecht-Archivs, insbesondere Frau Herta Ramthun, für freundliche Hilfe, den Brecht-Erben für die Genehmigung zum Abdruck unveröffentlichter Texte, den Autoren der verschiedenen Aufsätze und ihren Verlegern für das Einverständnis mit dem Wiederabdruck, dem Berliner Ensemble und Frau Hildegard Steinmetz für das Fotomaterial.*

*Kiel, im Dezember 1981*                    *Klaus-Detlef Müller*

# Nachweise

Wir danken für die Erlaubnis zur Reproduktion der Fotos auf S. 24, 112, 115, 120 und 169 Frau Hildegard Steinmetz (München), der Fotos von Ruth Berlau auf S. 114, 121, 131, 150 f., 175, 193 und 226 (auch Umschlag) Herrn Johannes Hoffmann (Berlin), der Fotos auf S. 152 und 156 f. Herrn Hainer Hill (Karlsruhe); ebenso Frau Vera Tenschert, die uns die Vorlagen für die Fotos von Ruth Berlau und Hainer Hill zur Verfügung stellte.

Wir danken weiterhin für die Genehmigung zum Abdruck des Auszugs aus Harald Engberg, Brecht auf Fünen (diese Ausgabe, S. 259-273) dem Peter Hammer Verlag, Wuppertal, des Auszugs aus Helmut Jendreiek, Bertolt Brecht. Drama der Veränderung (d. A. S. 273-285) dem Pädagogischen Verlag Schwann, Düsseldorf, des Auszugs aus Karl-Heinz Ludwig, Bertolt Brecht. Tätigkeit und Rezeption (d. A. S. 292-305) dem Scriptor Verlag, Königstein/Ts., des Textes von Paul Rilla (d. A. S. 73-78) Frau Dr. Martina Rilla, des Textes von Fritz Erpenbeck (d. A. S. 81-84) Frau Hedda Zinner-Erpenbeck, des Textes von Anna Seghers, Die Sprache der Weigel (aus: Theaterarbeit, Berlin 1961; d. A. S. 242-244), und von Ruth Berlau, Modelle des Berliner Ensembles (aus: Theaterarbeit, Berlin 1961; d. A. S. 95-97), dem Henschelverlag, der Texte von Manfred Wekwerth, Zur Neueinstudierung 1951 (aus: M. W.: Schriften zum Theater, Berlin 1973, S. 83-88; d. A. S. 214-220) und Der Zeichencharakter des Theaters. Ein Experiment (aus: M. W.: Schriften zum Theater, Berlin 1973, S. 462-463; d. A. S. 220-222), ebenfalls dem Henschelverlag.

Die Beiträge von Paul Dessau, Zur Courage-Musik (d. A. S. 102-108), Ruth Berlau, Die holländische Courage (d. A. S. 209-214), Wekwerth/Palitzsch, Verfilmung (d. A. S. 257 f.), Hans Mayer, Anmerkung zu einer Szene (d. A. S. 285-291), sind dem Band ›Theaterarbeit‹ (Berlin: Henschelverlag 1961) entnommen. Sie waren bereits im Materialienband zu ›Mutter Courage‹, hg. Werner Hecht (es 50), enthalten.

Der Abdruck der bislang unveröffentlichten Texte von Bertolt Brecht erfolgt mit freundlicher Genehmigung der Erben Bertolt Brecht. Copyright Stefan S. Brecht 1982. Alle Rechte vorbehalten durch Suhrkamp Verlag.

## st 2001 Brechts »Leben des Galilei«
## Herausgegeben von Werner Hecht

Erstmals vor fast zwei Jahrzehnten erstellte Werner Hecht
einen Materialienband zu Bertolt Brechts *Leben des Galilei*.
Daß die Rezeption eines literarischen Werkes Bestandteil
seiner Geschichte, seines Fortlebens in der Zeit sei, gilt heute
wie damals. Die Neubearbeitung des alten Materialienbandes unternimmt die Verbindung des Aktuellen mit der Tra-
dition, indem sie einerseits das Verbürgte und Beständige
wieder bezeugt, andererseits Veränderungen in der Einschätzung, Entwicklungen in Forschung und Theaterpraxis
sowie neuen philologischen Funden gerecht wird.

## st 2002 Thomas Bernhard, Werkgeschichte
## Herausgegeben von Jens Dittmar

Bernhards großem und bereits singulärem Werk – seinen
Anfängen und seiner Entwicklungslinie – gilt der zweite
Band der neuen Materialienreihe des Suhrkamp Verlages:
eine Werkgeschichte, die sowohl germanistischen als auch
außerfachlichen Ansprüchen Rechnung trägt. Sie erfaßt alle
Texte, die als Einzelveröffentlichungen, in Zeitschriften
oder Anthologien erschienen sind und gibt eine Auswahl
der kritischen Stimmen mit dem Ziel, das Spektrum möglicher Standpunkte, aber auch Stereotypien der Literaturkritik sichtbar zu machen. Die Werkgeschichte dient damit
gleichzeitig als Lesebuch und als Bibliographie der Primär-
und Sekundärliteratur.

## st 2003 Über Martin Walser
## Herausgegeben von Klaus Siblewski

Martin Walser hat seit den Anfängen der Bundesrepublik
auf deren Entwicklung schreibend reagiert. Darüber eingehend Aufschluß zu geben, hat sich der neue Materialienband über Martin Walser zum Ziel gesetzt. Bei allen literarischen Detailfragen – nach Romanaufbau oder Sprach-

kritik – steht Martin Walser als ein Autor von Gesellschafts-
romanen, von politischen und sozialen Dramen im Vordergrund der hier vorgelegten Untersuchungen. Eingeleitet
wird dieser Band mit einem literarischen Porträt. Ihm folgen Interviews und exemplarische Studien zum Roman-
Werk und zur Rezeption seiner Dramen sowie des Romans
*Jenseits der Liebe*. Die Faksimilierung fast aller Roman-
anfänge in Manuskriptform – darunter der ersten drei Fassungen von Kapitel 1 des *Sturzes* – gewährt erstmals Ein-
blick in die Werkstatt des Dichters.

## st 2004 Über Peter Handke
### Herausgegeben von Raimund Fellinger

Im deutschen Sprachraum wie international hat das literarische Werk Peter Handkes ein großes Echo hervorgeru-
fen. Im Zentrum des neuen Materialienbandes stehen detaillierte und umfassende Analysen der einzelnen Werke.
Ein zweiter Teil gilt einmal der Untersuchung übergreifen-
der Zusammenhänge: der Zusammenhänge zwischen Werken
aus einer bestimmten Periode, zwischen Texten verschiedener Genres. Zum andern werden hier aber auch die Unterschiede in den Schreibhaltungen herausgearbeitet. Der dritte
Teil gibt ein Bild der bisherigen Rezeptionsgeschichte und
ihrer Phasen. Den Band beschließt eine komplette Bibliographie der Primär- und Sekundärliteratur.

## st 2005 Über Ödön von Horváth
### Herausgegeben von Traugott Krischke

Nach dem Erscheinen des Bandes *Über Ödön von Horváth*
vor neun Jahren war es an der Zeit, eine neue Sammlung
vorzulegen, die die wichtigsten neuen Fakten und Erkenntnisse in Beiträgen namhafter Wissenschaftler gesammelt präsentiert. Besondere Akzente liegen dabei auf der Prosa
Horváths, auf der Frage nach seiner thematischen Beein-
flussung, auf Spätwerk und Rezeption: Probleme, die erst
in letzter Zeit verstärkt ins Blickfeld getreten sind, Frage-
stellungen, die das Horváth-Bild wieder aus vorschnellen
Festlegungen gelöst haben. Ein ausführlicher Anhang mit
der auf den letzten Stand gebrachten Zusammenstellung
»Daten und Dokumente« sowie einer ausgewählten Biblio-

graphie unter Berücksichtigung der wichtigsten Sekundär-
publikationen bis zum Sommer 1981 schließt den Band ab.

## st 2006 Geschichte als Schauspiel
### Herausgegeben von Walter Hinck

Eine Wiedereroberung der Geschichte hat begonnen; überall
macht sich das Bedürfnis nach Aufklärung über unsere Vergangenheit bemerkbar. Keine literarische Gattung aber vermag Geschichte so unmittelbar zu vergegenwärtigen wie das
historische Drama. Gegenstand der – teilweise kritischen –
Deutungen dieses Bandes sind bedeutende Beispiele eines
Geschichtsdramas, das den vergangenen und den gegenwärtigen Zustand so miteinander verknüpft, daß im Geschichtlichen die Gegenwart zu einem vertieften Verständnis ihrer
selbst und zugleich zu einem Ungenügen an sich selbst gelangt, aber auch zu einem Bild oder zur Ahnung möglicher
Zukunft. Von Gryphius über Goethe, Schiller und Kleist,
Büchner und Grillparzer führt die Reihe zu Brecht und
Dürrenmatt, R. Schneider und Hochhuth, P. Weiss und
Kipphardt, Hacks, M. Walser und H. Müller.

## st 2007 Über Ludwig Hohl
### Herausgegeben von Johannes Beringer

Auf ungewöhnliche, auf unbedingte Weise ist Ludwig Hohl
dem nachgekommen, was er als seine Berufung erkannt
hatte: dem Schreiben. Er hat sich nicht dazu hergeben können, aus solcher Berufung einen Beruf zu machen, hat sich
zugleich geweigert, vor der Höhe und Schwierigkeit seiner
Aufgabe abzudanken und in eine Nebentätigkeit auszu-
weichen. Der Band stellt die wichtigsten Aufsätze, Rezensionen und Berichte über Hohl aus einem Zeitraum von
vierzig Jahren wieder vor. Eine sorgfältig erarbeitete Bibliographie wird neben den Sekundärtexten erstmals auch
den ganzen Umfang von Hohls Schaffen erkennbar machen.

## st 2008 Die Strindberg-Fehde 1910–1911
### Herausgegeben von Klaus v. See

Mit dieser Dokumentation, ausgewählt aus einer Sammlung
von nahezu 500 schwedischen Zeitungs- und Zeitschriften-

artikeln, ergänzt durch einige deutsche Texte und illustriert mit etwa zehn zeitgenössischen Karikaturen, philologisch erschlossen durch den Herausgeber, tritt die schwedische Dreyfus-Affäre ins Blickfeld. Mißgunst und Verbitterung sind im Spiel, als Strindberg – zwei Jahre vor seinem Tod – eine Pressekampagne inszeniert, die schließlich alles in Frage stellt, was dem offiziellen, monarchisch-konservativen Schweden lieb und heilig ist. Doch kommt in den persönlichen Querelen sogleich immer wieder Grundsätzliches zum Austrag: die Frage nach der politisch-sozialen Rolle des Dichters in der Gesellschaft, die Frage nach der öffentlichen Verantwortung einer subjektiv wertenden Literaturkritik, die Frage nach den Möglichkeiten einer sozialdemokratischen Kulturpolitik und einer proletarischen Ästhetik.

## st 2010, 2011 Rilkes »Duineser Elegien«
## Zweiter und dritter Band
## Herausgegeben von Ulrich Fülleborn
## und Manfred Engel

Mit diesen beiden Bänden und dem ersten bereits als st 574 erschienenen liegen die Materialien zu R. M. Rilkes *Duineser Elegien* in einer bisher einmaligen Vollständigkeit und Abrundung vor. Der erste Band belegt zum ersten Mal umfassend und genau die krisenreiche äußere und innere Entstehungsgeschichte von Rilkes lyrischem Hauptwerk und enthält alle Selbstdeutungen des Dichters. Während der zweite Band die Forschungsgeschichte von 1930–1981 dokumentiert und daraus die Konsequenzen für ein angemessenes künftiges Verständnis der Elegien in einem eingehenden Vorwort erarbeitet, gibt der dritte Band eine reiche Auswahl der allgemeinen Rezeption. Wie der zweite Band wird auch dieser dritte durch ein Vorwort erschlossen und enthält überdies eine erschöpfende Bibliographie der internationalen Rezeption.

## st 2012 Literarische Utopie-Entwürfe
## Herausgegeben von Hiltrud Gnüg

Wie eine bessere Welt als die jeweils gegenwärtige zu denken sei, welche Chance auf heilere Zukunft diese in sich

berge, darüber sind die Ansichten verschieden. Von mittel-
alterlicher Gralsutopie bis zur Utopie-Diskussion unserer
Zeit spannt sich der Bogen dieses Materialienbandes von
über dreißig Essays und Texten namhafter Literaturwissen-
schaftler, Philosophen, Literaturkritiker und Autoren, der
nicht nur den Utopismus der ›hohen‹ Literatur, sondern
auch die politische Perversion utopischer Wunschphantasie,
auch Genres wie Science-fiction oder Schlager-Utopien
thematisiert.

## st 2013 Plenzdorfs »Die neuen Leiden des jungen W.«
### Herausgegeben von Peter J. Brenner

1972 in der DDR, 1973 in der Bundesrepublik erstmals erschienen, in der Theaterbearbeitung hüben wie drüben zugleich umstrittenes und umjubeltes Ereignis, hat Plenzdorfs
»Neuer Werther« den Erfolg seiner klassischen Vorlage
eingestellt. Wie diese 200 Jahre zuvor, so enthält auch
Plenzdorfs *Werther* das Gefühl, trägt ihn die Strömung
seiner Zeit, artikuliert er einer Generation Trauer und
Sehnsucht. Den Mythos von Plenzdorfs Werther historisch
und kritisch zugleich zu belegen und aufzuhellen, gleichzeitig aber zum ersten Mal Plenzdorfs Erstling einzuordnen
in den größeren Zusammenhang eines umfassenderen Schaffens: dies macht der neue Materialienband sich zur Aufgabe.

## st 2014 Horváths »Der Fall E.« oder Die Lehrerin von Regensburg
### Herausgegeben von Jürgen Schröder

Horváths Dramenfragment über »Den Fall E.« fußt auf
einem Fall von Berufsverbot und seinen tragischen Folgen
im Jahre 1930. Die Voraussetzung für das Verständnis
von Horváths Arbeitsweise als des »Chronisten« der Wei-
marer Republik bildet eine möglichst genaue Dokumentation des authentischen Falles. Sie ist in den letzten beiden
Jahren fast lückenlos gelungen. Neben der Edition des Dra-
mentextes und aller Varianten, ausführlicher historischer
und literaturwissenschaftlicher Interpretation bietet der Ma-

terialienband u. a. die umfangreichen Personalakten der seinerzeit zuständigen Kreisregierung, die Protokolle des bayerischen Landtags, ein handschriftliches Tagebuch des Opfers, Fotografien und mündliche Äußerungen noch lebender Zeugen.

## st 2015 Über Herbert Achternbusch
## Herausgegeben von Jörg Drews

Der Bezeichnungen für Herbert Achternbusch, den Mann und das Werk, sind viele: Den Ungebändigten, Wütenden, den Eigensinnigsten, den Anarchisten hat man ihn genannt, zugleich aber den Schwierigen, den Versponnenen. In seinem Werk, ob Dichtung oder Film, entdeckte man den »Sog des Existentiellen« ebenso wie das Sentimentale, das Satirische wie das Utopische, das Volkstümliche wie das Exzentrisch-Esoterische. Auf eines jedoch wird man sich wohl verständigen: Achternbusch steht in der Reihe der wenigen wirklich großen Unzeitgemäßen, der Schöpfer ihres provokant eigenen Lebens, der wahren Poeten. Der Materialienband von Jörg Drews unternimmt eine Annäherung, ohne hinter den Facetten dieses Autors den großen Nenner, dem er sich und sein Schaffen verweigert, zu suchen.

## st 2016 Brechts »Mutter Courage
## und ihre Kinder«
## Herausgegeben von Klaus-Detlef Müller

*Mutter Courage und ihre Kinder* ist Brechts vermutlich erfolgreichstes, mit Sicherheit aber folgenreichstes Stück. Der neue Materialienband mit dem Bestreben, »Einschüchterung durch Klassizität« zu verhindern, ersetzt und ergänzt die ältere Sammlung von Werner Hecht (edition suhrkamp 50). Der Offenheit und Aktualität von Brechts Werk wird er gerecht durch den Abdruck weiterer Dokumente zur Entstehung des Stücks und bisher unveröffentlichter Varianten, eine Zusammenstellung von Äußerungen Brechts zum Werk und zur Aufführung, eine Dokumentation zur Rezeption, den Wiederabdruck wichtiger Deutungen, Bibliographie und Aufführungsverzeichnis. Er versteht sich als Anregung zu erneuter Auseinandersetzung mit dem Stück in Theater, Universität und Schule.